金融教育论丛

2023年第1辑（总第9辑）

主编◎郑迎飞

中国金融出版社

责任编辑：丁　芊
责任校对：刘　明
责任印制：陈晓川

图书在版编目（CIP）数据

金融教育论丛. 2023年. 第1辑：总第9辑/郑迎飞主编. —北京：中国金融出版社，2024.1

ISBN 978 – 7 – 5220 – 2340 – 3

Ⅰ. ①金…　Ⅱ. ①郑…　Ⅲ. ①金融学—教学研究—中国—文集　Ⅳ. ①F830–42

中国国家版本馆CIP数据核字（2024）第047762号

金融教育论丛. 2023年. 第1辑：总第9辑
JINRONG JIAOYU LUNCONG. 2023 NIAN. DI–1JI: ZONG DI–9 JI

出版
发行　中国金融出版社
社址　北京市丰台区益泽路2号
市场开发部　（010）66024766，63805472，63439533（传真）
网 上 书 店　www.cfph.cn
（010）66024766，63372837（传真）
读者服务部　（010）66070833，62568380
邮编　100071
经销　新华书店
印刷　北京九州迅驰传媒文化有限公司
尺寸　169毫米 × 239毫米
印张　16.5
字数　242千
版次　2024年1月第1版
印次　2024年1月第1次印刷
定价　35.00元
ISBN 978 – 7 – 5220 – 2340 – 3

目　录

2023年第1辑　　总第9辑

新时代背景下资产评估的行业发展与学科定位

应尚军　王进江*

摘　要：本文描述了资产评估行业面临的新时代背景，分析了资产评估对象的拓展情况，讨论了资产评估行业及资产评估师应该履行的新功能，同时本文认为资产评估行业的监管正在逐渐加强。在此基础上，本文提出了资产评估的学科定位，即资产的价值构成、资产的定价因子、资产的评估体系。

关键词：资产评估　行业发展　学科定位

一、资产评估学科发展的行业背景

党的十八大以来，资产评估的学科发展进入了新时代。资产评估学科发展的新时代背景是在多种因素的共同影响下形成的。新时代催生了新发展理念。新发展理念强调创新、协调、绿色、开放和共享五个方面。在资产评估领域，新发展理念的引入带来了显著的影响。中国资产评估协会发布的《“十四五”时期资产评估行业发展规划》明确指出，要把新发展理念贯穿于资产评估行业的全过程，以实现更高质量、更有效率、更可持续的发展。

---

* 应尚军，上海对外经贸大学资产评估研究所教授，研究方向为资产评估、金融复杂系统。王进江，北京中企华资产评估有限责任公司上海分公司总评估师。

根据该规划，资产评估行业需要在多个方面进行改革创新，包括转变发展方式、提升服务质量和效率、拓展服务领域等。该规划还提出了一系列具体任务，包括完善资产评估行业治理体系、深化专业研究、推进人才培养体系建设等。

中国资产评估行业经过近30多年的发展，已经逐步走出了一条适合中国市场经济的评估服务专业之路。2016年7月2日，全国人大常委会审议通过《资产评估法》，标志着中国资产评估行业进入了依法治理的时代。这不仅为资产评估行业提供了更加明确的法律指引，而且为行业的健康发展奠定了坚实的基础。

实体经济高质量发展目标被提出后，资产评估行业也将高质量发展列入发展规划。深圳市财政局已经发布实施《加快注册会计师和资产评估行业高质量发展行动计划（2023—2025年）》。此计划旨在通过一系列行动方案，包括加强品牌建设、人才建设、诚信建设等，引导资产评估机构做大做强，并向高能级和国际化发展。

二、新技术的发展大大拓宽了资产评估对象的边界

资产评估对象的边界范围包括单项资产、资产组合、企业价值、金融权益、资产损失或者其他经济权益，即对评估对象进行详细描述的评估范围边界，包括物理形态构成、经济权益归属、法律权责约束等方面，标的边界由这三个方面综合确定，资产评估对象边界的拓宽表现为评估新业务的拓宽。中国资产评估协会的《“十四五”时期资产评估行业发展规划》将新业务拓展列入行业发展目标。2012年《中国资产评估协会关于开展资产评估新业务报备工作的通知》指出，资产评估新业务是指随着评估新技术、新方法的应用，以及新的经济行为和新的资产类型出现而出现的新的评估、评价、调查和管理咨询业务，主要包括传统评估领域中的延伸业务，以及传统评估领域之外的新兴业务，如新经济、新业态触发的新业务，数字经济时代数据资产的评估，“双碳”战略下的评估业务等。新时代新业务的开展不仅需要新的

评估方法，而且需要新的核查手段和分析工具[1]。

目前，对数据资产价值的评估理论研究和评估实践尝试是新技术的发展拓宽资产评估新业务的典型，其有信息技术的发展达到一定水平的背景因素。信息技术变革随处可见，但如今的信息技术变革的重点在“T”（技术）上，而不是在“I”（信息）上；现在，我们是时候把聚光灯打向“I”，开始关注信息本身了[2]。技术发展到一定程度，如出现云存储、传感技术后，大量信息可以被廉价地捕捉和记录。目前新技术包括人工智能、边缘计算、量子计算、5G技术、物联网、区块链、虚拟现实和增强现实、机器人流程自动化（RPA）、全栈开发和网络安全等，新技术发展拓宽了资产评估对象的边界至少体现在三个维度上。

一是新技术发展产生新业态、新模式企业，进而带来对新企业及新资产评估的需求。新技术应用可以比传统技术更能体现效率，可以实现智能制造和智能产品，可以产生或延伸出一定规模的新型经济活动，可以从现有产业和领域中衍生叠加出新环节、新链条、新活动形态。通过对企业经营的各种内外要素进行整合和重组，形成高效并具有独特竞争力的商业运行模式。这些新业态、新模式企业及新资产因经济行为需要评估时，是不同于常规企业评估的，需要理解其运营特征和价值属性，甚至需要采用新的评估技术和方法。

二是新技术发展促进新评估技术产生，进而带来可评估标的及内涵的拓宽。目前人工智能等新技术发展迅速，资产评估过程需要对大量的数据进行分析，新技术应用在提高评估质量、提高工作效率、节约人工成本、增强竞争能力的同时，也促进了为适应新业务的评估技术研发，包括评估方法、参数确定等技术的研发，进一步拓宽了可评估标的和内涵，为新时代经济提供更深入的服务，如复杂股权分配评估、科创企业评估等。

三是新技术发展使新发展理念不断涌现，进而带来与之配套的新评估业务。新技术具有边际效应递增特征，新技术发展在便捷生产、生活的同时，促进新发展理念不断涌现，继而引起社会经济更深层次的变革。如“双碳”战略，它是中国提出的两个阶段碳减排奋斗目标，也是基于新技术发展到一定程度时对环保、可持续发展理念的深化，“双碳”战略下的评估业务如碳排放权、生态补偿价值、环境损失和森林生态价值等评估，就是与该理念配套的新评估业务。

三、资产评估的功能得到进一步拓展

在我国全面建设社会主义现代化国家的新征程中，资产评估行业面临着重要的战略机遇期。资产评估不仅在服务国有资产管理、提高上市公司质量、防范重大金融风险、保障社会公共利益和维护国家经济安全等方面发挥着重要作用，而且在企业改制、对外投资、与外资合资或合作等场景中为非货币资产的现时公允价值提供专业估价意见。然而，几十年来，资产评估的功能主要以鉴证和管理为主，咨询性并未充分发挥出来。资产评估师看重的是程序性正确，对于评估结果缺乏高质量的追求，勤勉尽责方面缺乏以评估结果应用质量为导向的依据。如果拿券商的分析师与资产评估师来做对比就能发现，券商的分析师更注重对宏观和行业发展趋势的把握，对资产的价值有更多的创造性思考，其分析报告的价值由客户从事经济活动的损益来衡量；但缺点是没有规定的章法，不一定会履行特定的分析过程，因此也不会承担更多的法律负担。而资产评估师有条件从资产占有方获取内部资料，得到公司生产经营的第一手信息，包括公司未来发展战略甚至是订单的详细信息，能够按照《资产评估法》规定的资产评估程序、方法等要素出具一份规范的资产评估报告；但这又有可能易于陷入另一个极端，即对委托方提供的资料产生很大的依赖心理，缺乏主动寻求更多的价值因子从而进行更有想象力的评估。

然而，新时代带来了评估环境的变化，新技术、新产品、新业态、新模式的发展使竞争加剧，企业有更市场化的评估需求。资产评估的本质属性有一个发展过程，随着资产评估的发展，评估的属性会慢慢从鉴证性质向咨询服务性质转变。资产评估的新功能与传统功能比较有两个主要特点：

一是更注重服务内容和专业意见本身对客户的价值，淡化基于经济行为对评估报告的法定需求。客户一方面追求价值评估结果本身的合理性，另一方面追求评估报告所提供的关于评估过程的严密逻辑和关键信息。这些都将为经济行为中交易假设对应的价格决定提供有益的依据。

二是注重提供以评估为核心的全方位金融服务。新时代以来，国际形势多变，经济增长调速换挡，高质量发展深入人心，产业数字化发展和数字产业化发展日新月异，企业跨界发展的阻力大大减少了，市场竞争趋于激烈。资产评估实务除了提供评估服务，还需要根据评估服务背后的经济行为进行全方位分析，帮助企业解决一揽子金融相关问题。

四、资产评估行业的监管正在逐渐加强

监管部门近期密集出台了一系列文件加强行业监管、加大处罚力度，如《国务院办公厅关于进一步规范财务审计秩序　促进注册会计师行业健康发展的意见》，中共中央办公厅、国务院办公厅印发的《关于进一步加强财会监督工作的意见》，财政部制定印发的《资产评估行业财政监督管理办法》等。这些举措旨在加强对资产评估行业的监督管理，促进资产评估行业健康有序发展。

在《“十四五”时期资产评估行业发展规划》中，加强资产评估行业的自律监管被明确为一项重要任务。该规划认为，强化行业自律监管是提升整体执业质量、增强公众信任度以及更有效地服务社会经济发展的关键环节。实际上，为了贯彻并实施这种监管，财政部监督评价局和中国资产评估协会于2021年2月共同发布了《加强资产评估行业联合监管若干措施》。这一政策旨在将行政监管与行业自律有机融合，协同推进，以期更好地将资产评估行业的监管制度优势转化为治理效能，推动行业的持续健康发展。

此外，中国资产评估协会还针对资产评估机构和注册资产评估师的执业行为制定了具体的自律监督和管理方法。这些方法主要围绕规范执业行为、提升职业道德水平、维护社会公众利益和资产评估当事人的合法权益等方面展开。通过这种方式，中国资产评估协会不仅负责组织和协调全国范围内的

质量检查工作，而且对地方协会的质量检查工作进行指导。

结合行业发展现状，预计未来几年，中国资产评估行业收入增速将保持在10%~15%，预计到2024年，中国资产评估行业收入将突破300亿元。然而，资产评估行业仍然面临着制约发展的痛点，如漏评、错评、虚评等监管关切；资产评估机构面临效率、质量与风险的矛盾及困境。因此，未来监管趋向可能会更加注重解决这些问题，以促进行业的健康发展。

五、资产评估的学科定位

一是要研究价值构成规律。价值构成规律也可成为价值形成规律，按照已有的理论，这些规律包括劳动价值论、效用价值论、供求价值论，这三个理论已经成为成本法、收益法、市场法评估途径的理论基础。资产评估学科应该回到理论源头，对这三个理论进行新的审视，从而构建符合新时代和中国特色的资产评估学科基础。在劳动价值论中，对劳动价值的计量还缺乏应有的研究，各类资产形成的社会必要劳动时间还缺乏统计工作。在效用价值论中，概念本身难以捉摸，因为每个人的需求和欲望是不同的，这使对效用的评价变得主观且因人而异。在供求价值论中，一系列理想化的假设往往得不到满足，其应用可能受到限制；此外，供求价值论只能解释价格和数量的变化，而对于其他市场现象，如市场失衡、价格波动等，供求价值论的解释力可能不足。

二是要研究资产定价的因子。资产评估学科要研究价值是由哪些因子决定的，并且通晓这些因子是如何决定资产价值的。在评估实践中，我们都知道宏观经济因素、行业因素、公司基本面因素等都会影响公司的价值，但评估理论界和实务界很少有人研究它们的价值作用机理、机制和程度。有人说上述三个方面的因素都已经在公司财务经营状况中体现出来了，但我们想说的是，潜在的、长期的影响可能并没有体现出来，但很有可能会体现在未来收益中，比如公司基本面因素中的内部治理和外部治理水平。过去的企业社会责任和现在的ESG水平都是企业价值的定价因子，要研究它们及其他潜在的定价因子对公司价值的影响。

三是要研究三种途径下的资产评估方法体系。成本途径、收益途径、市场途径提供了以劳动价值论、效用价值论、供求价值论为支撑的价值评估思路，在我们看来，这三种途径对应的就是成本法、收益法、市场法。这三种基础理论将催生新的资产定价因子，可以归属为成本途径因子、收益途径因子、市场途径因子，这些因子将更新现有的资产评估方法体系。在成本法中，资产重置根据实体重置还是功能重置，其数值很可能会有很大的不同。在收益法中，不同时期资产的效用评价也会由不同的货币衡量。在市场法中，调整系数如何根据价值与功能之间的关系作出具体计量，其计量结果在各类资产之间的差异性很大，需要大量的实证研究。新时代以来，各种新的要素资产市场正在形成，它们的市场交易还不活跃，可以尝试运用均衡理论求解其中的市场价值。

六、结论与展望

随着经济全球化和数字化时代的到来，资产评估行业在新时代背景下面临着新的机遇和挑战。未来，资产评估行业将更加注重技术创新和服务升级，提高评估效率和合理性。同时，学科定位也将更加明确，并向纵深发展，回到价值的本源，注重发掘新的定价因子，重塑资产评估方法体系。展望未来，资产评估行业将在服务实体经济、促进经济发展等方面发挥更加重要的作用，为构建现代化经济体系和服务高质量发展作出更大的贡献，最终构建出中国特色估值体系。

参考文献

[1] 岳修奎. 新时代资产评估新业务[N]. 中国会计报，2022-09-16（B8）.

[2] 维克托·迈尔-舍恩伯格，肯尼迪·库克耶.大数据时代[M]. 盛杨燕，周涛，译.杭州：浙江人民出版社，2013.

The Industry Development and Discipline Positioning of Asset Appraisal in the Context of the New Era

Abstract: This article describes the new era background of the asset appraisal industry, analyzes the expansion of asset appraisal objects, discusses the new functions that the asset appraisal industry and asset appraisers should fulfill, and also believes that the supervision of the asset appraisal industry is gradually strengthening. On this basis, this article proposes the disciplinary positioning of asset appraisal, which includes the value composition of assets, the pricing factors of assets, and the evaluation system of assets.

Key Words: Asset Appraisal，Industry Development，Discipline Positioning

“金融+”交叉学科发展的调查研究

郑迎飞*

摘　要：随着大数据、人工智能等技术的发展，以及中国金融业持续对外开放，金融领域亟须大量兼具金融和大数据分析能力、懂国际规则的复合型人才。上海对外经贸大学金融管理学院在建设数字金融产业学院，提升数智金融、离岸金融等交叉学科的人才培养方面不断探索。本次围绕“金融+”交叉学科发展的调研活动，首先了解了学院在校师生和毕业生当前和未来合作所涉及的学科领域，其次调查了国内外“金融+”学科建设现状，最后总结提出了上海对外经贸大学建设“金融+”交叉学科的建议。

关键词：金融　交叉学科　人才培养　学科建设

在金融相关专业的人才培养中积极布局新型交叉学科，不仅是学校提升核心竞争力的关键、冲击世界一流大学的重要抓手，更是引领未来财经类学科发展的必然和有效路径。上海对外经贸大学需围绕国家战略需求，瞄准科技前沿和关键领域，切实用好学科交叉融合的“催化剂”，育一流人才，聚一流师资，创一流成果，做一流贡献。为此，上海对外经贸大学展开了“金融+”学科结构布局，加快开展新兴交叉学科发展的调研活动。

---

* 郑迎飞，管理学博士，上海对外经贸大学教授，研究方向为金融科技、产业组织理论与政策。

一、调研数据分析

（一）金融管理学院毕业生的合作伙伴专业分布

从金融管理学院毕业生当前工作的合作伙伴来看，大部分合作伙伴的专业属于经济管理学科内部专业，另外与法学、计算机、信息科学之间的合作相对较多。这种现象与学院毕业生的就业行业较为集中是密切相关的（见图1）。

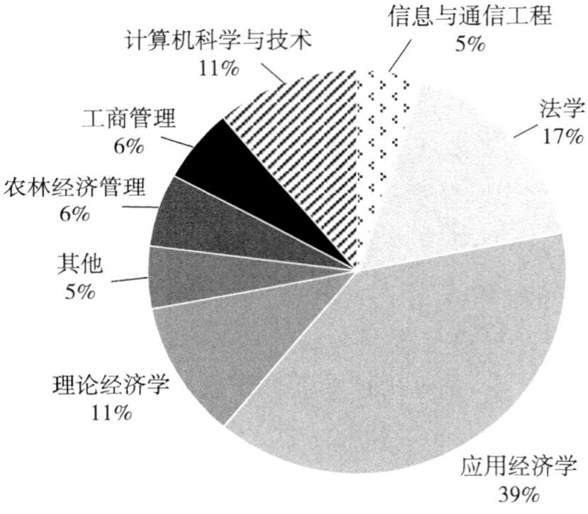

图1　金融管理学院毕业生的跨专业合作现状

毕业生的就业去向与人才培养方向高度契合。近三年来，本科毕业生的去向落实率分别为91%、94.69%和94.24%；毕业生的去向以就业为主，但深造比例逐年攀升；就业行业流向主要为其他金融投资业、储蓄信用中介、会计/审计与税务服务业等领域；就职岗位与所学专业的对口度分别为71.08%、72.07%和81.82%。

约60%的学生到金融机构、咨询机构及会计师事务所工作，在其他行业实习的学生也多从事与专业相关的工作。这更有助于促进学生学以致用，用理论联系实际的方法来解决现实问题。细分行业分布见图2和图3。

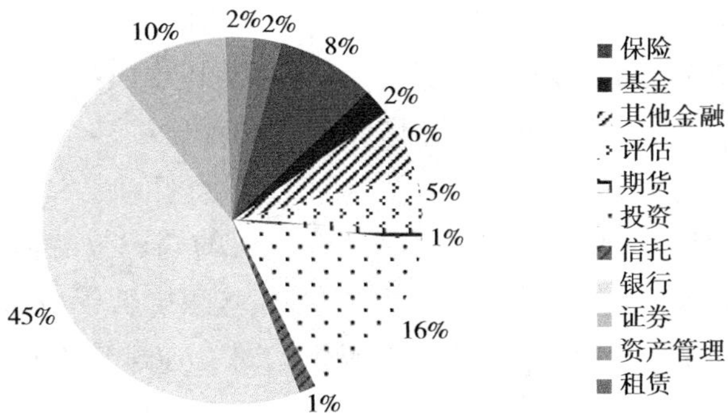

注：由于四舍五入的原因，小计不等于合计。

图2　金融机构实习的细分行业

（二）金融管理学院毕业生认为将来合作伙伴的专业分布

从金融管理学院毕业生预测自己将来合作伙伴的专业分布来看，他们的合作伙伴行业分布广泛，且与理工科背景的人员合作紧密。这可能是因为在金融科技高速发展的现实背景下，金融从业人员需要对实体经济的不同领域具备基本的学习和识别能力，这样才能作出正确的投融资选择。

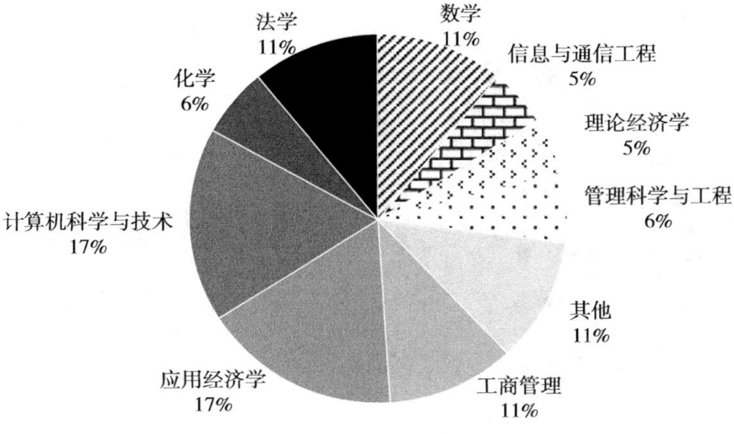

图3　金融管理学院毕业生预计的跨专业合作伙伴的专业分布

（三）金融管理学院在校生对跨专业知识技能的需求

金融管理学院学生获得的学位类型有经济学和管理学两种，我们分学位调查他们对跨专业知识技能的需求情况，结果如下。

1. 经济学专业在校生

经济学学生的思维比较活跃，对其他行业的知识技能需求较强，认为自己需要的技能涉及众多不同学科。其中，需求集中度较高的法学、新闻传播学、历史学都是上海对外经贸大学提供的跨专业选修课或基础课覆盖的范围。

这项调查结果并不令人意外，与麦可思提供的《2017届毕业生中期发展与培养达成评价报告》提供的数据吻合。2017届金融管理学院毕业生也表达了对前沿、交叉、实践类知识的渴求。55%的毕业生认为“涉及学科前沿动态的内容偏少”，54%的毕业生认为“与行业、企业需求对接不紧密”，46%的毕业生认为“学科交叉融合的内容偏少”。

2. 管理学专业在校生

管理学学生对跨学科知识的需求范围相对较集中，对经济学、计算机、信息科学、管理学、法学等领域知识的需求比较多（见图4）。

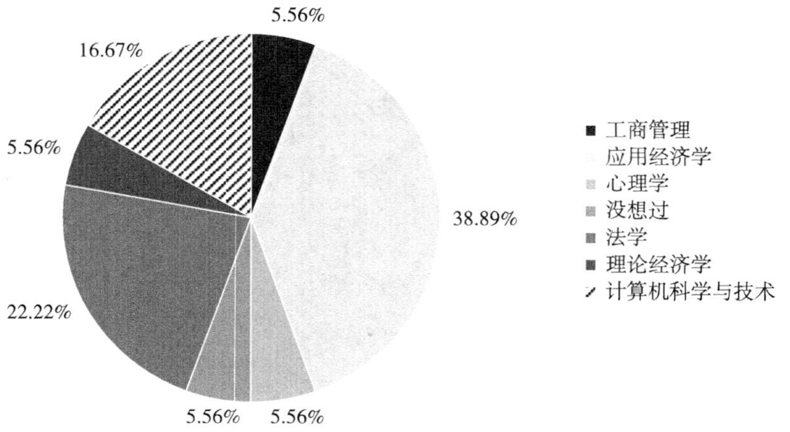

注：由于四舍五入的原因，小计不等于合计。

图4 金融管理学院管理学专业在校生对跨专业知识技能的需求状况

（四）金融管理学院在职教师的合作

从经济学教师正在进行的跨专业合作来看，经济学内部合作占绝大多数（约为74%），与其他学科合作的频率较低，且主要发生在针对特定行业的经济学问题进行研究时（见图5）。

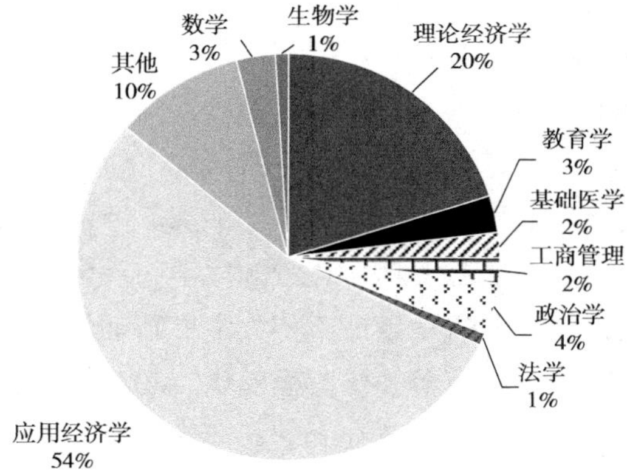

图5　金融管理学院经济学教师的跨专业合作现状

管理学教师在本专业领域的合作只占40%，跨专业合作占比更高、更多元化。跨专业合作对象包括应用经济学、计算机科学与技术、电子科学与技术、数学、法学等（见图6）。

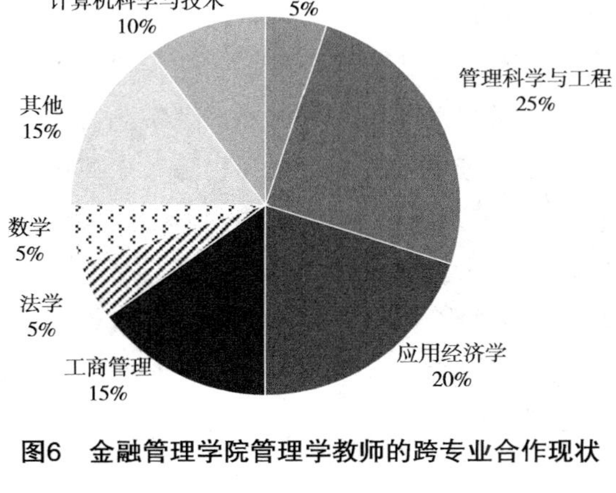

图6　金融管理学院管理学教师的跨专业合作现状

二、金融相关学科优化与交叉学科建设调研

（一）金融与其他学科的交叉融合现状

1. 金融与科技交叉融合

金融科技实践快速发展，促进了学科知识体系的形成，相应的理论也在构建当中。2017年香港中文大学设置金融科技本科专业，2018年香港科技大学设置金融科技学术硕士项目。2017年以来，美国的杜克大学福库商学院、南加州大学马歇尔商学院、哥伦比亚大学商学院、纽约大学斯特恩商学院等设置了金融科技类硕士学科专业，麻省理工学院、斯坦福大学、加利福尼亚大学伯克利分校、宾夕法尼亚大学、乔治城大学，英国的剑桥大学、牛津大学、伦敦大学学院，加拿大的麦克马斯特大学，新加坡国立大学等在硕士项目中开设了金融科技方向或金融科技课程模块。2018年，教育部批准设立了金融科技本科专业。清华大学、北京大学、浙江大学、中国人民大学、中央财经大学、上海财经大学、西南财经大学等在金融学学科下设置了互联网金融方向、金融科技方向、数字金融方向、人工智能与金融方向、大数据金融方向等，本科层面设置了金融科技实验班、大数据金融实验班、数字金融实验班、人工智能+金融实验班等。金融科技在本科、硕士和博士层面的教育快速兴起，一个崭新的学科体系已具雏形。

2. 金融与法律交叉融合

金融学科与法律学科的深度融合具有紧迫性以及重要的现实意义。金融行业的规范与监管是保证行业健康可持续发展的重要前提之一，即金融规制是保持金融稳定的必要制度安排。综观世界上金融业比较发达、金融市场比较成熟的国家的金融规制与金融监管历程和趋势，法律手段在金融规制与金融监管体系中的地位越来越重要。但目前我国金融业发展相关法律缺失、法规不完善、立法滞后，因此，亟须对上述问题进行跨法律学科和金融学科、从金融学和法学等多视角的综合研究，为今后出台或修订相应的法律法规提供理论支撑。培养金融学与法律相融合的复合型人才是金融业发展的内在要求。

（二）国内外金融科技学科归属情况

从国外金融科技学科归属情况看，少数设置在工程学院或计算机科学技术学院，多数设置在商学院。国内高校金融科技学科专业设置在金融学院、商学院或经济学院，也有个别院校设置在信息学院。教育部新增的金融科技本科专业归在金融类专业下，是金融类专业下的第十个专业，专业代码为020310T。金融科技本科毕业授予的学位类型为经济学学士。金融科技学科归属到应用经济学一级学科符合金融科技内涵定义，因为金融科技是技术推动下的金融创新，本质上是金融服务的新形式。如果高校将金融科技专业设置在工程学院、信息学院或计算机科技学院，学位授予建议为经济学学位，特殊情况可在工程方向下授予工学学位。

（三）上海对外经贸大学金融学科与其他学科结合建设交叉学科情况

首先，在本科招生专业层面，新增数字金融实验班，2021年通过在金融管理学院新生中进行第二次招生的办法选拔第一届学生。在师资方面主要和统计与信息学院合作。

其次，在研究院平台方面，金融管理学院成立了长三角金融研究院。其中一项任务是编制长三角地区各类金融发展指数，2021年下半年发布了第一期课题招标，随后多次招标涉及数据挖掘、云计算等技术，需要与金融管理学院以外的师资合作。

再次，学院内部各学科之间进行交叉合作。金融管理学院的财务管理、技术经济及管理两个管理类学科又与金融类学科是交叉融合的，共同承担许多工作，如共同申报、共同管理博士点。此外，一些方法在金融和管理科学之间也是共用的，如系统工程的方法、复杂系统的方法。

最后，在金融管理学院的课程体系中引进了诸多新课程，包括python在金融领域的应用、人工智能、区块链金融、量化投资等。这样能为所有学生提供选修交叉学科课程的机会，有助于完善人才培养知识结构。

三、学科交叉如何落地

（一）斯坦福大学研究生跨学科培养模式

斯坦福大学依据自身的跨学科文化专门设有多个提供研究生学位的跨学科教育项目，选拔具有跨学科研究兴趣与能力的研究生参与，从而培养出能解决综合性科技前沿问题和复杂性社会问题的高层次复合型创新人才。在跨学科教育项目中，研究生需要满足相应的培养要求，通过不同学科知识的整合学习与研究的互动，最终从多学科综合视角产生完整且科学的研究论文或成果。为了保证这些研究生跨学科教育项目的顺利实施，斯坦福大学还专门设立计划委员会主管负责协调跨学科教育项目实施中的各种问题。

斯坦福大学的研究生跨学科教育项目根据依托组织机构的不同可以分为三种模式：学院内部整合式、跨学院协同式、独立建制式。

其中，独立建制式是通过设立相对独立的跨学科研究机构，如跨学科研究中心／研究所，设置研究生跨学科教育学位项目以培养跨学科研究生的方式。与传统的基于某一学科的组织机构不同的是，跨学科研究机构在最初建立时便具备跨学科属性，拥有独立的跨学科师资队伍和部分兼职教师，从而为跨学科课程的开设和实践训练提供保障，并统一管理学生的培养工作。斯坦福大学目前拥有多个实验室、研究中心和研究所。其中，大部分机构只为研究生提供跨学科科研和学习的机会（包括提供学分），只有一小部分机构提供跨学科硕士／博士学位项目，如计算和数学工程研究所提供计算与数学工程硕士／博士学位项目、弗里曼斯波利国际研究所提供国际政策研究硕士学位项目、斯坦福跨学科生物科学研究中心（BIO-X）提供跨学科生物科学博士学位项目（见表1）。

表1　　独立建制式研究生跨学科学位项目

序号	组织机构	项目名称	涉及学科	授予学位
1	计算与数学工程研究所	计算与数学	经济学、统计学、数学、应用物理学、计算机科学、能源资源工程、系统科学	硕士
2	弗里曼斯波利国际研究所	国际政策研究	历史、政治学、法律、传播学、社会学等	硕士
3	斯坦福跨学科生物科学研究中心	跨学科生物科学	生物学、计算机科学、物理学、化学等	博士

（二）浙江大学的互联网金融博士点建设经验

浙江大学在2015年开始申报互联网金融的博士点，当时遇到一个最关键的问题就是为什么有金融学博士还要另外再专门设立互联网金融博士点。我们认为，互联网金融运行本身就包括经济、管理、法律、数学、计算机等学科要素，同时互联网金融又具有高度的实践性和应用性，其交叉性和实践性决定了它具有传统金融学科难以包容的内容和要求，因此有必要有一个相对独立的且包括经济、管理、法律、数学、计算机等学科要素的新金融学科。2016年，互联网金融获批招生，这也是全国新金融学科（包括互联网金融、金融科技、数字金融等）第一个博士点。此后，浙江大学又在2016年与相关机构联合招收了互联网金融的博士后。2019年，浙江大学正式招收数字金融专业的本科生。至此，浙江大学形成了一个包括本科生、硕士研究生、博士研究生和博士后各层次的完整的新金融人才培养体系，旨在培养高层次应用型、创新型和复合型的新金融人才。并且，在探索新金融理论的前沿、打造领先的新金融教学研究基地的同时，落实“产学研”思路，解决新金融的实际问题，将教学研究转化成生产力。

（三）学科交叉如何落地的若干条件

建立学科交叉团队是培养创造力的关键。搭建学科交叉团队的意义在于形成协同创新研究、交叉培养研究生的组织载体，但多学科交叉团队要发挥作用必须具备一定的条件：一是团队负责人具有统筹协调相关导师的能力，二是团队成员的研究结构、学缘结构、年龄结构科学合理。另外，通过信息化路径将具有公共性的课程对全校相关学科的研究生开放，以帮助研究生掌握研究方法、打好科研基础、提升科研能力。

具体的交叉合作需要深层次的融入而不是表面的交流。从培养意义上讲，学生接受更高层次的教育是为了得到更大的提升，增加就业砝码，同时，这个过程也对学院和教师的个人发展有一定的积极作用。从培养目标上看，如果是以就业为主要目标，有必要调研培养人才的主要需求单位，从而在课程设计、实习基地选择方面有所侧重；如果考虑以深造为主要目标，可以考虑加入更多的实验设计，制定发表文章、参与课题的激励机制。

（四）学科交叉如何落地的建议

一是建议成立有利于各学科人才合作交流的平台，如以研究院所、中心为载体的研究型平台；以交叉学科本科专业、硕士、博士学位点为实体的学生培养项目。

二是学科交叉培养的课程体系建设。要培养交叉学科学生，在培养方案的制定上就应按照学科交叉来设置课程，本科生和研究生就应按照学科交叉要求选一些交叉学科的课程，管理部门也可以设置一些供全校学生选择的公选课。例如，斯坦福大学抢开“元宇宙”第一课——“虚拟人”课程，该课程由来自全校最广泛的学科范围的数百名学生注册参与。

三是学科交叉培养的制度建设。为了保证学科交叉，在外审、导师负责制、科研成果的统计等方面进行制度规范，外审专家的选取，应保证学科交叉的学位论文顺利通过外审；外审机制中增设导师负责制，如果外审专家的意见不合理，导师有权复议外审专家的意见。科研成果的统计要成为学科交叉的有力支撑。

四是整合校内资源，加强教师之间的交流与联合培养。充分利用学校资源共享、共建一流专业的有利条件，引导自然科学、人文科学与社会科学之间的交叉，联合培养学科交叉创新、复合型人才。没必要要求一位教师既懂自然科学，又懂社会科学。以研究生培养为例，建议教师把主要精力投入自己的专长学科，与在另一个学科有专长的教师联合培养学生，真正实现资源共享，提高教学效率。

参考文献

[1] 王玉东.打造交叉特色鲜明的经济管理学科，助力学校世界一流大学建设[J]. 南京理工大学学报（社会科学版），2023，36（4）.

[2] 翟书斌，曹利强，邝金丽. 新文科建设背景下高质量金融学专业人才培养研究——以河南工业大学为例[J]. 河南工业大学学报（社会科学版），2023，39（4）.

[3] 徐承龙，刘继军，顾桂定，等. 金融数学人才培养的实践与探索[J].财经高教研究，2022，7（1）.

[4] 尚玉皇，Wang Qiyuan. 新金融时代背景下高校金融学科建设问题探讨[J]. 高教学刊，2021，7（24）.

[5] 牛华伟，颜荣卿，李旭东. 金融科技背景下金融工程专业课程体系优化研究——基于5所“985工程”高校的调研[J]. 金融教育研究，2019，32（5）.

[6] 孙璐，孙榆棋. 金融科技背景下金融专业人才培养创新研究[J]. 对外经贸，2018（10）.

Investigation and Research on the Development of “Finance+” Interdisciplinary Discipline

Abstract: With the development of technologies such as big data and artificial intelligence, as well as the trend of China’s financial industry actively opening up to the outside world, there is an urgent need for a large number of composite talents in the financial field who possess both financial and big data analysis capabilities and understand international rules. The School of Financial Management in SUIBE is continuously exploring the construction of a digital finance industry college and enhancing talent cultivation in interdisciplinary fields such as digital finance and offshore finance. This survey focused on the development of "Finance+" interdisciplinary discipline. Firstly, we learned about the current and future disciplines involved in the cooperation between teachers, students and graduates of the university. Secondly, we investigated the current situation of "Finance+" discipline construction at home and abroad. Finally, we summarized and put forward suggestions for building "Finance+" interdisciplinary discipline in SUIBE.

Key Words: Interdisciplinary Discipline, Finance, Education, Discipline Construction

设置离岸金融实验班的可行性分析

——金融学国家一流本科专业人才培养体系的新探索

吴腾华　苏立峰*

摘　要： 离岸金融是当代金融创新、金融自由化和经济全球化的重要产物，也是现代科技与金融有机结合的必然趋势。在我国坚持高水平对外开放的新发展格局要求下，全国各地自由贸易试验区将成为离岸金融的试验田。随着离岸金融活动、离岸金融业务与离岸金融服务的快速发展，经济社会发展对于离岸金融的高素质专门人才需求也愈发迫切。为满足上述领域对离岸金融人才的新需求，金融管理学院拟开设离岸金融实验班。本文重点分析了设置离岸金融实验班的必要性、市场需求情况以及人才培养目标与培养特色等。

关键词： 离岸金融实验班　市场需求分析　人才培养目标

*　吴腾华，经济学博士，金融学博士后，上海对外经贸大学金融管理学院金融学系教授、系主任，硕士研究生导师。主要研究方向为国际金融与全球金融治理。苏立峰，经济学博士，上海对外经贸大学金融管理学院金融学系副教授、系副主任，硕士研究生导师。主要研究方向为数字金融与商业银行管理。

为深入贯彻落实党中央、国务院关于金融改革开放和自贸试验区建设的总体部署以及教育部《普通高等教育学科专业设置调整优化改革方案》的指示精神，紧紧围绕服务全国、面向世界的战略要求和上海国际金融中心建设的战略任务，强化上海“四大功能”，推进“三大任务、一大平台”的重大战略，进一步推进上海国际金融中心建设在新起点上迈向更高能级；坚持以服务实体经济、促进贸易和投资便利化为出发点，持续聚焦促进中国（上海）自由贸易试验区临港新片区高质量发展。近年来，随着跨境贸易、跨境电商、离岸金融资产管理等新业态、新模式的快速发展，离岸金融活动、离岸金融业务与离岸金融服务等日趋活跃，在此背景下，经济社会发展对离岸金融服务方面的高端人才需求也愈发迫切。为满足上述不断增长的新现象、新趋势、新业务和新需求，特设置本实验班。

一、设置离岸金融实验班的必要性

第一，设置本实验班，比较符合上海对外经贸大学发展定位和办学条件、彰显学校办学特色和专业优势。作为长三角地区唯一一所长期深耕对外经贸领域的大学，独特的区位优势、良好的办学传统、鲜明的学科特色、突出的国际化品牌和上海自贸区金融开放与金融创新发展的战略需要，为学校探索设置新专业（方向）提供了前所未有的机遇与条件，有利于抢占金融学专业（方向）设置优化升级的突破点、制高点与创新点。

第二，设置本实验班，在上海市乃至在全国尚属首次，它不仅可以填补上海市金融学专业（方向）的空白，更加主动适应新技术、新产业、新业态、新模式发展的新需求，而且可以引领上海市金融学专业（方向）设置优化升级的新理念、新领域、新特色和新视角。

第三，设置本实验班，能够较好地对接上海建设国际经济、金融、贸易、航运中心和具有全球影响力的科技创新中心对高素质应用型高端人才的需求，特别是推进学校与上海自贸区临港新片区等战略合作，为临港新片区制度创新、科技创新和离岸金融业务等提供持续有力的学科专业支撑等。

第四，设置本实验班，能够较好服务国家战略、上海经济社会和产业发展需求，加强专业交叉创新，推进产教融合、校企合作，从而带动人才培养规格、培养结构与培养方向转型和人才质量的综合提升，力争在更高起点、更高层次、更高水平上实现金融学专业人才培养的高质量跨越式发展。

第五，设置本实验班，能够主动适应国家和区域经济社会发展需要，适应知识创新、科技进步以及学科发展的需要，更好地满足人民群众接受高质量高等教育的需求；同时也遵循了高等教育规律和人才成长规律，适应学生全面可持续发展的综合需要。

第六，设置本实验班，有利于提高人才培养质量和办学效益，有利于构建产教协同育人的长效机制，有利于形成合理的专业结构和布局，有利于优化升级和“做大、做强、做优”金融学科，有利于探索“招生+培养+定制+就业”联动的国际化高端人才培养模式，有利于加强现代信息技术与教育教学的深度融合，有利于实现“大数据+”“人工智能+”“区块链+”等新技术与现有专业方向的深度融合交叉等。

二、设置离岸金融实验班的市场需求情况

通过调研和走访相关用人单位，我们比较深入地了解到经济社会对本实验班人才的需求规模和结构。

第一，上海自贸区建设为本实验班人才需求提供了巨大“蓄水池”，预计每年可创造离岸金融服务人才岗位需求约80人。2013年9月29日，中国（上海）自由贸易试验区在外高桥正式挂牌成立。中国（上海）自由贸易试验区范围涵盖五大片区：保税区片区、陆家嘴片区、金桥片区、张江片区、世博片区。中国（上海）自由贸易试验区建设是国家战略，是中国第一个与此前的经济特区、开发区、产业园区在指导思想、战略定位、总体目标、任务措施等方面均具有新内涵的改革开放载体。建立中国（上海）自由贸易试验区是党中央、国务院作出的重大决策，是深入贯彻党的十八大精神，在新

形势下推进改革开放的重大举措，对加快政府职能转变、积极探索管理模式创新、促进贸易和投资便利化，为全面深化改革和扩大开放探索新途径、积累新经验，具有重要意义。2015年1月29日，国务院印发《关于推广中国（上海）自由贸易试验区可复制改革试点经验的通知》，对中国（上海）自由贸易试验区可复制的改革试点经验在全国范围内的推广工作进行了全面部署。2019年8月20日，临港新片区挂牌。2020年5月16日，洋山特殊综合保税区揭牌。截至2020年10月，中国（上海）自由贸易试验区临港新片区先行启动了南汇新城、临港装备产业区、小洋山岛、浦东机场南侧等区域。设立中国（上海）自由贸易试验区临港新片区，是以习近平同志为核心的党中央总揽全局、科学决策作出的进一步扩大开放重大战略部署，是新时代彰显中国坚持全方位开放的鲜明态度以及主动引领经济全球化健康发展的重要举措。根据目前上海自贸区各个片区，特别是从临港新片区（共计6个片区）的业务范围（如离岸金融、跨境发债、跨境投资并购、跨境资金集中运营、跨境证券投资以及跨境保险资产管理等）来看，其每年可创造离岸金融服务人才岗位需求约100人。

第二，全国自贸区每年可创造离岸金融服务人才岗位需求约300人。在2013年9月27日成立中国（上海）自由贸易试验区的基础上，2015年4月20日，国务院批复成立中国（广东）自由贸易试验区、中国（天津）自由贸易试验区、中国（福建）自由贸易试验区。2017年3月31日，国务院批复成立中国（辽宁）自由贸易试验区、中国（浙江）自由贸易试验区、中国（河南）自由贸易试验区、中国（湖北）自由贸易试验区、中国（重庆）自由贸易试验区、中国（四川）自由贸易试验区、中国（陕西）自由贸易试验区。2018年10月16日，国务院批复同意设立中国（海南）自由贸易试验区。2019年8月2日，国务院批复同意设立中国（山东）自由贸易试验区、中国（江苏）自由贸易试验区、中国（广西）自由贸易试验区、中国（河北）自由贸易试验区、中国（云南）自由贸易试验区、中国（黑龙江）自由贸易试验区。2020年6月1日，中共中央、国务院印发了《海南自由贸易港建设总体方案》，并发出通知。2020年9月21日，国务院批复同意设立中国（北京）自由贸易试验区、中国（湖南）自由贸易试验区、中国（安徽）自由贸易试验区，以及中国（浙江）自由贸易试验区扩展区域。目前中国已批准设立的自由贸易区共计22个。虽然各地的自贸区在战略定位、发展目标和功能划分上各具特色、各有不同，但离岸金融等方面的业务则是大同小异的。因此，每个自贸区每年可产生离岸金融服务就业岗位需求10人左右，全国自贸区每年累计可产生约220人的离岸金融服务人才需求。

第三，长三角自贸区［含除上海之外的三个省份：中国（江苏）自由贸易试验区、中国（浙江）自由贸易试验区、中国（浙江）自由贸易试验区扩展区域、中国（安徽）自由贸易试验区共4个］每年累计可创造离岸金融服务人才岗位需求约100人。

第四，就上海地区而言，商业银行与其他金融机构根据未来业务拓展的需要，也将创造离岸金融服务人才岗位需求约100人。

从以上情况可以看出，全国各自贸区以及商业银行和其他金融机构均有较大的离岸金融服务人才缺口，具体情况见表1。

表1　　全国各自贸区和上海金融机构离岸金融人才需求一览表

自贸区/金融机构	人才专业（方向）	人才需求数量/每年	人才层次
上海自贸区（含临港新片区）	离岸金融	约80人（含临港新片区40人）	高端
长三角自贸区（不含上海）	离岸金融	约100人	高端
全国自贸区（不含上海）	离岸金融	约220人	高端
上海地区商业银行与其他金融机构	离岸金融	约100人	高端
合计	约500人		

三、经济社会和用人单位对离岸金融人才的具体要求

第一，根据“上海市重点领域（金融类）十四五紧缺人才开发目录”的内容要求，一是要完善紧缺金融人才集聚政策体系。对接国家和上海市重大人才开发计划，将符合目录要求的金融人才优先列入上海金融人才开发计划。对入选重大人才开发计划的金融人才在居留、出入境、工作许可证、落户、安居等方面提供更多支持和便利。加大青年金融人才集聚力度，及时将符合条件的用人单位推荐纳入上海市人才引进重点机构范围，其紧缺急需的核心业务骨干，符合条件的可直接引进落户。各有关单位根据人才发展需要，制定和落实相关配套服务措施。二是要加大紧缺金融人才培养开发力度。坚持紧缺急需的开发导向，对符合目录要求的金融人才，优先推荐参加上海金融人才实践基地实践锻炼和上海金融人才培训基地专题培训。政府各部门用于金融领域人才发展、海内外人才培训、留学人员创业资助等的资金，优先用于符合目录要求的人才培养。支持金融机构根据目录分类，结合单位实际开展紧缺急需和重点专业领域金融人才培训工作。支持高等院校参照目录需求目标，调整和改革学科专业、课程设置。鼓励符合国家规定要求的各类培训机构按照目录开展合作培训，拓宽培训渠道。三是要创新紧缺金融人才评价机制。根据目录对于紧缺金融人才的功能分类，以品德、能力、业绩和贡献为导向，发挥市场、政府、专业组织、用人单位等多元评价主体作用，逐步建立科学化、专业化、市场化、社会化的金融人才分类评价体系。进一步畅通人才评价渠道，在金融人才选拔中完善所在区人才主管部门、本市金融类协会的人才推荐“直通车”制度，以及“以才引才”“以才荐才”等制度。创新金融人才评价手段，加强与有关部门和专业机构的合作，探索开展以金融科技人才为代表的金融人才定量化评价，逐步建立紧缺金融人才综合评价模型。上海市重点领域（金融类）“十四五”紧缺人才开发目录的主要内容如表2所示。

表2　　上海市重点领域（金融类）“十四五”紧缺人才开发目录

人才大类	人才子类	能力需求	经历业绩要求	紧缺程度等级
监管类金融紧缺人才	金融机构监管人才	精通金融行业相关国际公约、决议和条款，熟悉国内金融监管法律、法规和政策，对金融机构国际合规监管趋势具有一定的洞察力；了解国内金融监管调查流程，监管重点、难点；具备扎实的金融专业知识，具有良好的沟通能力。	具有大型金融机构合规、风险控制管理工作经验并担任相关部门负责人，在相关领域的工作业绩比较突出，或在人民银行、证监会等金融管理部门参与或主持现场检查，或拥有丰富的监管信息系统管理经验。	☆☆
	金融科技监管人才	熟悉金融行业与业务的发展特点，熟悉国内金融监管法律、法规和政策；熟悉国内外金融业务的监管模式和监管制度以及“监管沙盒”；具备互联网、计算机、信息技术、统计和控制等多领域复合型的知识储备和快速学习的能力，能够把金融科技应用到金融业务、产品发展的监管。	具有大型金融机构或金融科技公司从事合规、风险控制管理工作经验并担任相关部门负责人，有独立主导金融科技监管业务的成功案例，并获业界认可，或在人民银行、证监会等金融管理部门参与或主持金融科技监管相关工作。	☆☆☆
业务类金融紧缺人才	供应链金融业务人才	熟悉供应链金融相关业务操作流程，具有对供应链业务的产供销各环节提供全方位综合金融服务的能力，对供应链金融业务的相关法律、国际规则有清晰的掌握。	具有在海内外金融机构从事供应链金融业务的工作经历及较为丰富的相关工作经验；有独立主导为供应链业务提供一揽子金融服务的成功案例，并得到业界认可。	☆☆
	航运金融业务人才	熟悉航运金融相关业务操作流程，对航运金融业务的融资、担保、结算、保险等有清晰的掌握，对航运金融业务的相关法律、国际规则有清晰的掌握。	具有在海内外金融机构从事航运金融业务的工作经历，或在航运部门从事银行、保险等业务的工作经历；有独立主导为航运业务提供一揽子金融服务的成功案例，并得到业界认可。	☆☆

续表

人才大类	人才子类	能力需求	经历业绩要求	紧缺程度等级
业务类金融紧缺人才	融资租赁业务人才	熟悉航运金融相关业务操作流程，清晰掌握对简单融资、回租融资、杠杆融资、委托融资、项目融资等模式，清晰掌握对融资租赁业务的相关法律、国际规则。	具有在海内外金融机构从事融资租赁业务的工作经历；有作为融资租赁项目责任人的成功案例，并得到业界认可。	☆
	跨境金融业务人才	熟悉跨境金融国际规则和业务产品，掌握中国外汇管理政策和特殊领域跨境金融管理措施，具备较强的跨境投融资能力。善于推动人民币国际化进程。	具有海内外跨境金融从业经验，主持或参与重大跨境投融资项目，具备相应跨境金融业务分析师资格。	☆☆☆
	离岸金融业务人才	熟悉离岸金融相关业务操作流程，对离岸金融业务的相关法律、国际规则有清晰的掌握。	具有在海内外金融机构从事离岸金融业务的工作经历；有着丰富的在岸、离岸市场工作经验；有独立主导一单综合型的离岸金融业务的成功案例，并获业界认可。	☆☆

第二，必须紧密契合《中共上海市委、上海市人民政府关于促进中国（上海）自由贸易试验区临港新片区高质量发展实施特殊支持政策的若干意见》第十九条的内容："对标国际标准，开展跨境金融业务。支持金融机构在依法合规、风险可控、商业可持续的前提下，参照国际通行规则，为新片区内企业和非居民提供跨境发债、跨境投资并购和跨境资金集中运营等跨境金融服务。支持新片区内企业开展真实、合法的离岸转手买卖业务，金融机构可按照国际惯例为新片区内企业开展离岸转手买卖业务提供高效便利的跨境金融服务。"

第三，《中国（上海）自由贸易试验区临港新片区总体方案》第六条规定："实施资金便利收付的跨境金融管理制度。在风险可控的前提下，按照法律法规规定，借鉴国际通行的金融监管规则，进一步简化优质企业跨境人民币业务办理流程，推动跨境金融服务便利化。研究开展自由贸易账户本外币一体化功能试点，探索新片区内资本自由流入流出和自由兑换。支持新片区内企业参照国际通行规则依法合规开展跨境金融活动，支持金融机构在依法合规、风险可控、商业可持续的前提下为新片区内企业和非居民提供跨境发债、跨境投资并购和跨境资金集中运营等跨境金融服务。新片区内企业从境外募集的资金、符合条件的金融机构从境外募集的资金及其提供跨境服务取得的收入，可自主用于新片区内及境外的经营投资活动。支持符合条件的金融机构开展跨境证券投资、跨境保险资产管理等业务。按照国家统筹规划、服务实体、风险可控、分步推进的原则，稳步推进资本项目可兑换。先行先试金融业对外开放措施，积极落实放宽金融机构外资持股比例、拓宽外资金融机构业务经营范围等措施，支持符合条件的境外投资者依法设立各类金融机构，保障中外资金融机构依法平等经营。经国家金融管理部门授权，运用科技手段提升金融服务水平和监管能力，建立统一高效的金融管理体制机制，切实防范金融风险。”第十七条规定：“拓展跨境金融服务功能。大力提升人民币跨境金融服务能力，拓展人民币跨境金融服务深度和广度。支持开展人民币跨境贸易融资和再融资业务。鼓励跨国公司设立全球或区域资金管理中心。加快发展飞机、船舶等融资租赁业务，鼓励发展环境污染责任保险等绿色金融业务。”根据上述第六条和第十七条内容的要求，在风险可控的条件下，为新片区内企业和非居民提供跨境发债、跨境投资并购和跨境资金集中运营等离岸金融服务，是中国（上海）自由贸易试验区临港新片区金融机构拓展新业务的基本方向。

第四，2020年5月8日，上海自贸区临港新片区管委会会同人民银行上海总部、上海银保监局、上海证监局、上海市金融工作局共同发布的《全面推进中国（上海）自由贸易试验区临港新片区金融开放与创新发展的若干措施》紧扣“服务国家大局、对标国际一流、聚焦先行先试”三个总体要求，从落实对外开放、强化制度创新、培育金融体系、服务实体经济、加强服务保障五个方面提出创新举措。其中第15条措施规定：“探索外汇管理转型升级，推动低成本、高效率、有标准的经常项目可兑换，率先实现非金融部门资本项目可兑换，建设跨境投融资便利设施和跨境资金流动监测分析中心，形成国际收支及汇兑全新管理体系。”第16条措施规定：“支持和推荐更多临港新片区企业纳入优质企业名单，享受跨境人民币结算便利化等政策先行先试。”第17条措施规定：“支持临港新片区内企业参照国际通行规则依法合规开展跨境金融活动，支持金融机构在依法合规、风险可控、商业可持续的前提下为临港新片区内企业和非居民提供跨境发债、跨境投资并购和跨境资金集中运营等跨境金融服务。”上述内容均为临港新片区开展离岸金融业务提出了具体要求。

第五，《中国（上海）自由贸易试验区临港新片区支持金融业创新发展的若干措施》要求，“对标国际标准，开展离岸金融业务。支持金融机构在依法合规、风险可控的前提下，参照国际通行规则，为区内企业和非居民提供跨境发债、跨境投资并购和跨境资金集中运营等离岸金融服务”。“支持区内企业开展真实合法的离岸转手买卖业务，金融机构可按照国际惯例，为新片区企业提供高效便利的离岸金融服务。”这一内容为临港新片区开展离岸金融业务提出“对标国际标准”“按照国际惯例”的操作规范。

综合上述情况，设置离岸金融实验班，不仅完全契合国家发展战略，而且完全符合教育部《普通高等教育学科专业设置调整优化改革方案》的指示精神；不仅具有稳定可靠的经济社会发展基础，而且具有持续不断增长的社会需求；同时，经济社会和用人单位对于离岸金融实验班的基本内涵和人才培养目标也提出了具体要求，这些都将成为本实验班人才培养规格的重要内容，主要包括：（1）培养目标：服务自贸区离岸金融业务的复合型金融人才。（2）人才专业（方向）：离岸金融服务。（3）人才层次：本科层次。（4）能力要求：熟悉离岸金融相关业务操作流程等。（5）人才属性：应用型创新人才。（6）学制与学位：四年，经济学学士。

四、离岸金融实验班的培养规模

本实验班培养规模将列入招生计划，每年拟招生30人左右。

首次办班学生拟从当年金融管理学院相关专业的新生中遴选，其遴选办法与规则将根据学校要求另行安排。

五、离岸金融实验班与金融学其他专业（方向）的区分情况

（一）现已设置的金融学专业（方向）

经过多年的积累与凝练，上海对外经贸大学的金融学专业现已设置以下几个专业（方向），主要包括金融学（通用型）专业、金融学（中加合作）专业、金融学（全英语）专业、金融学（数字金融）实验班。

（二）离岸金融实验班的培养目标、课程体系与培养特色

1. 培养目标

本实验班旨在培养适应新时代经济社会高质量发展需要和金融开放与创新发展新需求，德智体美劳全面发展，具有正确的价值观、强烈的责任感和卓越的开拓创新意识，掌握离岸金融相关业务和国际贸易实务操作流程，熟悉离岸金融业务相关法律法规和国际规则，能够适应离岸金融业务发展要求的侧重金融学、国际贸易、法学复合交叉的高素质专门人才。

2. 课程体系与培养特色

本实验班的课程体系兼顾金融学专业基本课程框架和离岸金融特色课程的主要优势。其中，学科基础课程包括微观经济学、宏观经济学、货币银行学、公司理财（英）、国际金融（英）、国际金融法（英）等；专业必修课程包括商业银行经营管理（英）、离岸金融概论、离岸银行业务、金融科技概论、证券投资分析、金融市场与机构、金融风险管理、离岸金融资产管理等。在学科基础选修和专业选修课程中，还专门设置了国际贸易与投资规则、国际税收、国际结算（英）、离岸金融实务与案例等特色课程。

本实验班的培养特色：主要聚焦于培养适应离岸金融业务操作、离岸资金运营管理以及离岸金融资产管理等发展要求的应用型金融人才。专业知识与技能方法的“复合型+国际化+特色化”培养，使学生具备良好的身心及政治素质，扎实的金融专业理论知识与跨文化的沟通交流能力；能够熟悉离岸

金融市场国际运行规则与惯例，初步掌握离岸金融业务、产品及相关法规政策等；适应自贸区和金融机构等从事离岸金融实务需求的复合型高素质专门人才。

（三）离岸金融实验班与金融学其他专业（方向）的区分情况

本实验班与已设置的金融学类专业（方向）存在着清晰的边界，是已有专业没有涵盖的专业方向领域。从金融学专业人才培养体系来看，上海对外经贸大学已设置的金融类专业，如金融学（通用型）、金融学（全英语）、金融学（中加合作）、数字金融实验班以及涉外金融法等专业乃是办好本实验班的重要基础。我们将在已有金融学专业建设的基础上，进一步拓宽丰富和优化升级金融学专业人才培养体系，使之更加契合国家发展战略和经济社会高质量发展要求，特别是上海自贸区新一轮金融开放和金融创新的新趋势和新需求。可见，设置本实验班后的金融学类专业人才培养体系（如图1所示），其层次布局更加合理、专业结构更加优化、品质质量更加优良，这些都将有利于促进金融学类专业人才培养体系的进一步优化和综合办学质量的进一步提高。

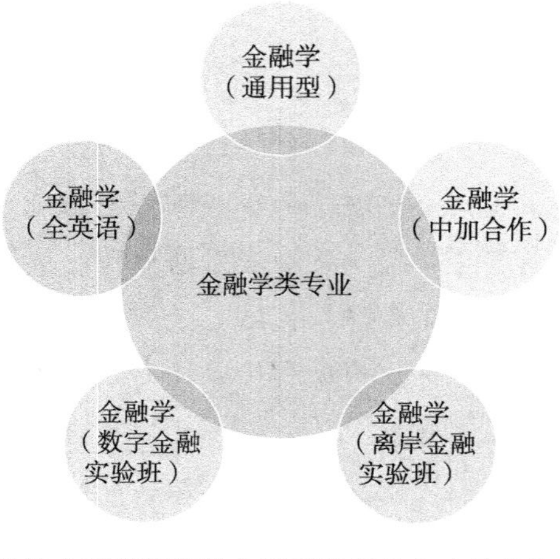

图1　设置本实验班后的金融学类专业人才培养体系架构

综上所述，设置离岸金融实验班较好地契合了上海自贸区新一轮金融开放和金融创新的新趋势和新要求，具有可观的市场需求和广阔的就业前景，完全符合上海对外经贸大学的办学定位、办学特色和专业优势。不仅有利于金融学专业内涵的优化升级，而且有利于金融学国家一流专业人才培养模式的新探索。金融学专业现有的“创新开放的办学理念、宽厚牢固的专业基础、富有活力的教研团队、科学合理的课程体系以及积极向上的育人文化”，必将为本实验班的良好建设提供必备的条件和坚实的基础。

参考文献

[1] 国务院《关于推广中国（上海）自由贸易试验区可复制改革试点经验的通知》（2015）.

[2] 国务院《中国（上海）自由贸易试验区临港新片区总体方案》（2019）.

[3] 中共上海市委、上海市人民政府《关于促进中国（上海）自由贸易试验区临港新片区高质量发展实施特殊支持政策的若干意见》（2019）.

[4] 上海自贸区临港新片区管委会《中国（上海）自由贸易试验区临港新片区支持金融业创新发展的若干措施》（2019）.

[5] 上海自贸区临港新片区管委会《全面推进中国（上海）自由贸易试验区临港新片区金融开放与创新发展的若干措施》（2020）.

[6] 上海市地方金融监督管理局《上海市重点领域（金融类）十四五紧缺人才开发目录》（2021）.

[7] 教育部《普通高等教育学科专业设置调整优化改革方案》（2023）.

[8] 中国（上海）自由贸易试验区临港新片区管委会、上海市商务委员会《关于支持临港新片区深化高水平制度型开放推动服务贸易创新发展的实施方案》（2023）.

Feasibility Analysis of Setting up Offshore Finance Experimental Class: New Exploration of the Training System of National First-class Professional Talents in Finance

Abstract: Offshore finance is an important product of contemporary financial innovation, financial liberalization and global financial integration, as well as an inevitable trend of the organic combination of modern technology and finance. Under the requirements of China's new development pattern of adhering to a high level of opening up to the outside world, the free trade pilot zones across the country will become the test fields of offshore finance. With the rapid development of offshore financial activities, offshore financial business and offshore financial services, the economic and social development has become more and more urgent for high-quality professionals in offshore finance. In order to meet the new demand for offshore financial talents in the above fields, the School of Financial Management in USIBE intends to set up an offshore financial experimental class. This paper focuses on the necessity of setting up offshore financial experimental class, market demand, talent training objectives and training characteristics.

Key Words: Offshore Finance Experimental Class, Market Demand Analysis, Talent Training Objectives

新精算考试体系下我国精算人才培养的问题与对策

初立苹　孙辰权一*

摘　要： 随着经济高速发展，保险行业日新月异。2023年7月17日，新的《精算师职业资格考试实施办法》发布，给开设保险精算专业的院校带来了新的挑战。针对我国保险精算教育的现状，结合现行模式下精算教育存在的问题，提出以下建议：改革当前的教学内容与教学模式、加强保险精算课程的实践部分、建立高水平教师队伍、完善人才选拔体系、结合大工程观视角培养更适合保险业的精算人才。期待通过这些措施可以有效解决当前精算教育面临的难题，争取将学生培养为具备扎实的专业知识、通晓多学科知识、掌握信息技术、具有实务能力的人才，逐步适应新的考试体系，更好地满足未来保险精算行业对人才的更深层次的要求。

关键词： 新考试体系　精算人才　问题与对策

一、引言

2023年7月17日，国家金融监督管理总局、人力资源和社会保障部联合

* 初立苹，经济学博士，上海对外经贸大学金融管理学院副教授、硕士研究生导师，研究方向为社会保险与企业年金。孙辰权一，上海对外经贸大学金融管理学院硕士研究生，研究方向为寿险精算。

发布《精算师职业资格规定》和《精算师职业资格考试实施办法》，自发布之日起施行。早在2021年，《国家职业资格目录（2021年版）》将精算师纳入水平评价类职业资格。但某寿险公司总精算师在接受《中国银行保险报》记者采访时表示："作为世界第二大经济体和第二大保险市场，据测算，我国需精算师约2.5万人，但目前在我国工作的精算师约5000人，缺口仍有20000人。"在向社会公开征求意见后，形成了《精算师职业资格规定》和《精算师职业资格考试实施办法》。这两个文件坚持以下起草原则：一是立足国情，走中国特色精算发展之路；二是借鉴国际经验，推动保险市场高水平对外开放；三是结合实际情况，吸引和培养更多精算人才；四是加强管理，打造高质量精算人才队伍。相信在此次精算考试变革下，我国以往存在的以下问题将得到不同程度的解决：对保险精算重视程度较低，寿险、非寿险人才需求比例不平衡，保险精算经验不足，专业人才极为匮乏以及很多业务领域缺少直接作为计算的依据，尽管这些问题也与我国精算教育起步较晚、人才培养体系不够健全等相关。

二、我国保险精算教育的现状

随着精算学理论技术的发展，最初以概率统计为基础的精算学逐渐转变为涵盖模糊数学、神经网络、偏微分方程、随机过程、动态最优分析等数学与分析方法相结合的一门综合性学科，并在证券交易、资产管理、产品定价等多方面得到广泛应用。精算师就是运用精算方法和技术解决经济问题的专业人士，是评估经济活动未来财务风险的专家，是集数学家、统计学家、经济学家和投资学家于一身的保险业高级人才。因此，成为一名合格的保险精算师，不仅要通过准精算师考试，而且要通过精算师考试，才能获得相应的职业资格。

目前，我国的精算教育形成了以专业化人才培养为主、职业化培养为辅的发展格局。从发展历程来看，我国的精算教育始于南开大学。1988年，南开大学将精算引入研究生教育，并招收了首届精算研究生，随后湖南财经学院（现湖南大学）在1991年秋开设了保险系下精算方向的本科专业。至今，中国人民大学、复旦大学等高校都开展了精算方向的本科、硕士甚至博士研究生教育，还有包括上海财经大学在内的六所高校获得北美精算师、英国精算师职业资格考试课程的豁免认证。经过长期努力，我国以高校为主的专业化精算人才培养体系已发挥了极大的作用，但相比部分发达国家长达300年的精算历史，我国精算教育仍处于萌芽阶段，因此，我国精算教育体系存在的问题和相应的对策亟待研究。

精算（包括寿险精算和非寿险精算）课程作为保险学专业核心课程，不仅丰富了保险学课程，而且开拓了学生的就业渠道与职业视野。目前，我国精算教育主要以学校培养为主，其中本科和硕士研究生成为接收保险精算教育的主力军，虽然也有个别学校承担了博士研究生的教育，但相比国外更加全面的培养模式，我国高校的保险精算教育还处在探索阶段，专业化、职业化的人才融合模式还有待发展。

目前，多所综合类大学以及财经类院校开办的精算专业和相关课程都存在教育经验少、发展时间短、学习深度不够等问题。在本科教育中，一般侧重保险精算原理的讲述，要求学生掌握基础知识和原理并可以简单模拟涉及原理的产品定价；在硕士研究生的教育中，增加了高级精算课程，同时拓展实验实践课程和实务专题选修课。然而，我们可以发现，在精算教育过程中明显缺乏理论联合实际的特色教学体系。进一步观察可以发现，在精算专业的设置上，多数高校将精算专业配置在数学与统计专业下，而财经类院校往往将其设立在金融学院的金融学大类专业或作为保险学专业的一门主要课程而已，偏向于数学类专业则以提高精算的准确度为目的，注重统计的技术和方法；即便在保险学专业中设立的课程也只是更加注重精算理论和在实务中的简单应用。当前，在财经类院校中，相比金融学等热门专业保险学仍无法占据主要地位，保险学院更是只在中央财经大学等六所高校中存在，而高校是培养精算专业人才的重要基地，只有打好高校专业化教育的基础，才有可能在后续职业化教育中获得就业竞争力。可见，在对学生通过专业化教育夯实理论基础、衔接职业化教育的前期教育阶段的培养中还存在很多问题。

在精算教育的职业化培养阶段，精算师的职业教育与规划是专业化教育的后续阶段。保险公司中精算师占据极为重要的地位，从经营中的风险控制、生产规划到产品设计定价、准备金计提、负债预算和投资预算等环节都需要精算师的参与。同时，精算师也是集法律、金融、保险、统计、数学等多种学科知识于一身的高级人才，为保险公司的可持续发展谋求可能。

2000年之前，我国在精算职业资格的取得上采用的是国外考试的认证课程体系，一般采用北美精算师考试和英国精算师考试。2000年，我国首次开展中国精算师资格考试。在2011年实施了新体系，并将精算师考试分为准精算师和精算师两个层级，其中准精算师由八门考试科目组成，每门考试均为3个小时笔试。在通过了准精算师的课程考试之后，还要完成相关法律和监管规定教育、职业道德教育，在学历和工作年限符合相应条件后才能获得准精算师职业资格证书。在取得准精算师职业资格证书的基础上还要通过精算师的相应科目考试，以及从事相关工作满5年并完成职业道德教育才能获得精算师资格证书。与2011年的体系相比，此次改革又作出进一步调整，其目的在于加强精算专业人才建设，推进我国精算事业和保险业高质量发展。新精算考试体系与旧精算考试体系对比如表1所示。

表1　　新旧精算考试体系对比

考试体系	考试名称	课程数量	考试内容
旧精算考试体系	准精算师资格考试	8门	A1–A8全部科目
	精算师资格考试	5门	寿险方向：通过F1L、F2L、F3和F8科目，并在F4、F9和F10这3门科目中至少通过1门科目 非寿险方向：通过F1G、F6、F7和F8科目，并在F2G、F5、F9和F10这4门科目中至少通过1门科目
新精算考试体系	准精算师资格考试	5门	概率论与数理统计、经济金融综合、精算数学、精算模型与数据分析、精算风险管理
	精算师资格考试	5门	7个专业类别，每个类别包含1门公共科目、3门专业科目、1门选考科目，对应专业类别选择专业和选考科目

新精算考试体系的建立虽然优化了考试的内容结构，缩小了我国与发达国家之间的差距，但基于我国只有30多年的精算发展史来看，仍存在教学课程、实践学习、师资力量等诸多方面不够完善的问题，这些也对我国精算人才培养提出了巨大挑战。根据我国现阶段精算教育体系的现状与面临的问题，本文有针对性地提出对策，为未来精算教育体系的发展提供参考方向。

三、我国保险精算教育体系的问题

（一）教育模式难以培养复合型人才

精算师作为管理队伍的重要成员，不仅要有扎实的数学基本功，而且要在经济、金融、保险、财务管理等方面有所建树。目前，精算课程主要集中在统计学或数学相关专业下开设，这些专业注重统计技术和方法在精算中的应用，有利于提高精算的准确度。相比之下，金融学和保险学等专业下开设的精算课程偏重于传统保险精算理论和简单实务教育。对非数学专业的同学来说，传统的“高等数学”“线性代数”“概率论与数理统计”等数学类公共课程可能无法为后期课程的学习奠定基础，主要表现为数学知识不足、数学基础比较薄弱。况且课堂时间有限，老师无法详细讲解每一个数学的推导过程，导致学生无法在课堂上理解每一个数学知识点；同时对数学专业的学生来说，其经济学基础较差，仅在精算课程中夹杂一些会计、金融学科专业知识，严重影响了教学效果。

（二）精算教育独立性、特色性相对较差

一方面，为了培养学生成为精算师，需要系统地学习专业理论知识，同时应有计划地培养学生部分或全部通过中国准精算师考试；另一方面，学校培养不同于职业培养，应着重考虑对人才综合能力的培养，但本科教育很难让学生具备参加职业资格考试并通过的能力。这些因素导致了高校在专业性和职业性的培养方面一直存在着矛盾。除上述两点之外，由于国内精算教材质量参差不齐，高校的精算教育更多的是参考国外翻译过来的教材，缺乏适

应我国发展情况的精算教材及课程。另外，研究型高校和应用型高校的教学区分模棱两可，缺乏特色。

（三）精算课程难以将理论紧密结合实际

以保险学为背景的精算学应随着社会发展、数学方法的创新应用而不断更新。然而，当前的教材虽时有更新，但其发展速度远远滞后于经济形势的变化，致使学生的理论学习跟不上实务变化，难以做到有效、及时应用。而且精算课程主要以线下老师授课为主，课堂上只注重原理和公式的讲解，缺乏处理实务问题的经验解读，学生只学会了精算公式这种工具，却不会应用，导致学生学识较高但动手能力不强；同时，过多的理论课时也压缩了学生学习实务的机会。不仅如此，目前，仅有中央财经大学等少数高校设有保险实验室，没有保险实验室难以将精算模型应用到实践中，学生的动手能力和创新思维都会受到不同程度的限制。

（四）师资力量难以支撑精算人才培养的诉求

目前，我国通过准精算师资格考试的只有数千人，而通过精算师考试的更是只有数百人，其中大部分通过精算师考试的人更加倾向于去保险公司等金融机构发展，仅有少部分会选择到高校任职，这种情况导致我国目前精算教育力量严重不足。再加上精算教师不仅需要精通数学，而且需要熟识保险学、经济学、统计学等知识，能够将数学方法巧妙地与精算有机融合，用数学方法解决经济问题，这些都加大了对教师执教能力的挑战。

（五）学生对精算的偏好存有差异

仅有少数高校存在精算实验班，大多数精算课程集中于保险学专业的基础课，相较于数学和统计学专业的学生而言，保险学专业的学生有相当一部分在高中时为文科生。因此，相比理科生，这些学生普遍存在数理基础较差的问题。在精算课程的学习中，他们很容易存在畏难心理，往往在基础部分的教学中就听不懂或一知半解，结果在后续的课程学习中跟不上，再加上考虑到未来的就业方向主要是费率计算、准备金计提等数理占比较重的工作，这些因素在学习过程中往往会劝退很多学生。

四、精算教育体系的发展建议

（一）改革教学内容与教学模式

针对不同专业的学生配备不同的教材，比如针对数学与应用数学、应用统计等数学类专业的学生，应适当增加经济类教材，以加强学生的经济素养；针对保险学专业等的学生，应增加数学类教材，以加强学生的数学思维。根据学生先前学习的知识难度，选取相应的匹配学生能力的教材。同时，知识不应局限于书本内容，需要不断推陈出新，丰富学生的视野。另外，可以将准精算师资格考试纳入教学培养体系，特别需要提醒的是，专业课的设置不应该与职业资格考试完全相同，通常应加入适当的课程以增加知识的广度和深度，这样既能满足职业资格考试的需求，又不影响学生学习专业知识的要求。

精算课程的应用性较强，案例式教学能够弥补学生对实际问题一知半解的缺陷。因此，在精算课程学习时应着重结合案例进行教学，激发学生解决实际问题的兴趣，比如硕士研究生在必要时可以选修保险案例课程，通过案例教学帮助学生更好地做到从案例出发再回到案例中去的方法和思维模式，弥补理论知识培养的不足，并与理论知识的学习相得益彰。

（二）加强保险精算课程的实践部分

以上海立信会计金融学院的保险学院为例，该学院在与中华联合财产保险股份有限公司的产学研合作中，定期邀请行业内的专家为学生讲授有关保险业最新发展态势、前沿动态等知识，主要是通过讲座、沙龙等方式为学生开阔视野。另外，该学院与中华联合财产保险股份有限公司上海市分公司共同设立“互联网创意保险人才职业素养培育基地”，实现校内观摩，使学生有机会接触电销、理赔等岗位的实践。

在设计实践课程时，应充分考虑学校的资源条件，除了与校外师资团队实现有机结合外，还可以开设跨专业的综合性实验课程，但这些课程的设立需要立足于保险学专业，主要侧重产品设计、营销、核保、核赔、服务模式等方面，旨在加强精算实践环节的保险背景认知。

在实践机会方面，倘若学校能与相应保险企业有效合作，比如共同打造校外实训基地、创建以培养精算人才为目的并适合学生学习的平台，则学生可以借此平台更好地了解乃至熟悉公司架构、保险价值、营销技巧、销售方式、业务管理和保险产品的具体条款，这样必将大幅度地提升学生的专业能力，助推学生将社会情景融入精算学习中，从而在更高程度上把握精算的脉搏。学校根据实训基地反馈回来的信息，能够有效知悉学生能力的不足之处，及时优化课程设置、修订人才培养方案，进而实现将学校讲授的理论知识同实训基地的实务知识结合，真正提高学生的业务能力；此外，在数据获取方面，可以考虑借助保险管理机构，充分挖掘其在数据获取方面的优势，努力实现构建精算数据共享、交流计划、完善精算标准等，这些举措能够大幅度增强学生在精算实践中的可操作性，降低获取数据成本，提高教学质量。

（三）组建高水平的教师队伍

高水平的师资团队不仅能将书本上的知识传授给学生，而且能为实践类课程的发展打下坚实的基础。这就要求专任教师经常进行实践学习和不断提升自我认识，其中，组织教师到保险公司参观学习就是非常好的方式之一，通过同职业精算师的沟通能够获取最新的行业动态，同时也能学习实践类的操作应用，将所见所闻传授给学生有助于提高教学质量，加快应用型人才的培养。在一些财经类大学，往往有会计学院、金融学院等与保险知识相关的学院，可以组建由多个学院组成的高水平精算教师团队，将会计、统计等知识传授给保险精算专业的学生。这样一来，不仅能提高学生的金融素养，而且能与学生保持密切联系，进而通过不断反馈学生动态来改进教学方法。此外，派教师到国内较早开设精算专业的学校进修，聘请国内外专家讲学，也会对师资储备有所帮助。

（四）改善精算人才选拔体系

并非所有的学生都倾向于精算事业，选择式的培养方式非常重要。通过设立试点班的形式，从数学与应用数学、统计学等专业挑选成绩优异、对精算事业感兴趣的学生进行培养，实行双轨制管理，即学生学籍仍属于原班级，在原班级所学内容的基础上加入精算课程，逐步验证试点班成效。

（五）结合大工程观培养更适合保险业的精算人才

具体来说，大工程的“大”是指综合性，即把工程活动所需要各种知识、技术、能力、方法、条件系统地整合到一起；“工程”是指实践性，即工程活动要直接面向应用，满足社会的具体需要。在精算领域，金融、统计等理论知识和计算机等信息技术在促进保险产品开发方面扮演着重要角色，这也就要求学生在大工程观的指导下，学习如何提出一个问题并解决这个问题，只有不断地提出问题并解决问题，社会才能向前发展，保险业也是如此。同时，在学习多种理论知识的前提下，学生到保险公司学习服务模式、营销、礼仪、话术等技巧，将有利于精算教育更好地满足系统性、实践性和创造性的要求，也能使学生进一步扩大专业知识的视野和提高解决实际问题的能力。

参考文献

[1] 樊毅，陈文俊.高校保险精算专业教学改革探讨[J].长沙铁道学院学报（社会科学版），2011，12（4）：83–84.

[2] 胡祥.《非寿险精算》课程教学体系改革研究[J].劳动保障世界，2018（8）：69.

[3] 何小亚，刘桂东.准精算师卓越人才培养模式研究[J].教育教学论坛，2014（35）：146–147.

[4] 李秀玲.精算数学人才培养的课程体系建设研究[J].数码世界，2019（10）：175.

[5] 乔琪.应用型保险精算人才培养思路及实践[J].中国市场，2020（12）：119–120.

[6] 王军.保险精算人才培养专业化和职业化模式探讨[J].安徽电子信息职业技术学院学报，2017，16（3）：83–87.

[7] 许梦楠，倪飞.保险精算课程教学探究——以医学院校为例[J].太原城市职业技术学院学报，2022（3）：101−103.

[8] 张薏，李玮.国内外高校精算教育的比较研究[J].金融教育研究，2011，24（5）：76−80.

[9] 朱海滔.保险精算师：金领中的贵族[J].中国大学生就业，2011（11）：36−37.

The Problems and Countermeasures of Cultivating Actuarial Talents in China under New Actuarial Examination System

Abstract: With the rapid development of economy, the insurance industry is changing with each passing day. On July 17, 2023, the new *Actuary Professional Qualification Examination Implementation Measures* was released, which brought new challenges to the education system of institutions offering actuarial majors and related majors offering actuarial courses. In view of the current situation of actuarial education in China and the existing problems in actuarial education under the current model, the following suggestions are put forward: Reform the current teaching content and teaching mode, strengthen the practical part of the actuarial course, establish a high-level teacher team, improve the talent selection system, and cultivate actuarial talents more suitable for the insurance industry from the perspective of large-scale engineering. It is expected that the implementation of these measures can effectively improve the current problems faced by actuarial education, and strive to train students to have solid professional knowledge, multi-disciplinary knowledge, information technology, and practical ability, so as to gradually adapt to the new examination system and better meet the deeper requirements of the future actuarial industry.

Key Words: New Examination System，Actuarial Talent，Problems and Countermeasures

“金融强国”建设目标下的金融学专业课程思政的教学目标与实施路径研究

吴婷婷　吴腾华　苏立峰*

摘　要：本文旨在研究中国“金融强国”建设目标下，如何通过金融学专业课程思政改革来培养符合国家金融事业发展需求的高素质金融人才。首先，我们分析了当前金融学科发展和金融专业建设的背景与挑战，以及金融学人才的需求趋势。其次，分析了“金融强国”建设目标下深度推进金融学课程思政改革的重要意义。再次，探讨了金融学专业课程思政的教学目标，包括政治认同感、爱国爱家的情怀、爱岗敬业的职业情操、扎实的专业能力、优秀的思辨能力、创新素质培养、卓越的国际沟通与学术交流能力等方面。最后，基于这些教学目标，逐一提出了与之相匹配的金融学专业课程思政实施路径及对应的具体举措，包括：以课程思政为抓手，落实立德树人根本任务；利用学科教学，做好爱国爱家情感引导；基于新金融时代的发展要求，动态优化课程体系；“四维并举”培养全球通用技能等措施。

关键词：金融强国　金融学　课程思政　教学目标　实施路径

---

*　本文受上海对外经贸大学“基于党的二十大精神进课堂的‘国际金融研究’课程思政研究”和“‘外汇业务’混合式课程建设项目”资助。

吴婷婷，上海对外经贸大学金融管理学院副教授，研究方向为国际金融。吴腾华，上海对外经贸大学金融管理学院教授，研究方向为国际金融。苏立峰，上海对外经贸大学金融管理学院副教授，研究方向为商业银行经营管理。

在中国特色社会主义进入新时代的背景下，建设金融强国业已成为国家战略的重要组成部分之一。作为金融专业的主要学科之一，金融学专业在实现国家金融强国目标中承担着重要使命。中国积极推进“金融强国”建设，不仅为金融学科教育和金融学专业发展提供了广阔的发展空间和机遇，而且对金融人才培养提出了全新的挑战与要求。为了更好地适应这一新形势，我们需要重新审视“金融强国”建设目标下金融学专业人才培养目标与育人方式。

“课程思政”作为高校教育教学改革的重要内容，对于培养德智体美劳全面发展的社会主义建设者和接班人具有重要意义。本文旨在探讨在“金融强国”建设目标下，金融学专业课程思政的现实意义、教学目标、实施路径和具体举措，分析如何在金融学专业课程中有效融入思政元素，实现知识传授与价值引领的有机统一，以培养兼具高度思想道德素养和优秀专业能力的金融人才，为建设金融强国提供强有力的人才支持。

一、“金融强国”建设目标下金融学的专业定位与培养目标

上海对外经贸大学金融学专业人才培养重点服务于上海国际金融中心和上海自由贸易试验区建设。基于“宽口径、厚基础、强能力、重素质、展个性”的培养标准，培养具有正确的价值观、强烈的社会责任感、扎实的专业知识技能、广阔的国际视野与交流能力，能胜任现代金融发展趋势、善于探索创新的高素质、高质量、复合型金融人才，持续为中国 “金融强国”建设注入人才活力。

国家建设金融强国从客观上对金融学专业人才培养的知识目标、能力目标和素质目标等多方面提出了新的要求：第一，在知识方面，金融学专业学生应系统、扎实地掌握经济学、金融学、财务管理、投资学、保险学等广泛的学科理论知识，了解国内外金融市场的运行机制、政策法规与发展动态，熟悉常用金融工具和风险管理方法，并能够运用这些知识和理论去分析、解决实际的金融问题，为中国金融业健康、稳步、高质量发展贡献自己

的专业力量。第二，在能力方面，金融学专业学生应具备洞察现实金融问题的能力，能使用数据分析软件进行计量分析、趋势判断和风险管理，能基于宏观环境分析与财务报表分析的有机结合，制定适应金融市场变化的动态投资策略，同时还需具备优秀的思辨能力、实践能力和创新能力，能够识别、评估、管理金融风险以从容应对复杂多变的金融市场挑战，能够提供创新的金融产品和服务以适应市场需求的变化，能够在金融领域中提供创新的解决方案以推动中国金融业的迭代升级，从“金融大国”走向“金融强国”。第三，在素质方面，金融学专业学生应具备遵纪守法、诚实守信、勤勉尽责的职业操守，能够自觉遵守金融市场的制度规则和金融监管的法律法规，同时还需具备强烈的金融服务意识和专业责任感，有意愿为中国金融业可持续的高质量发展和“金融强国”建设作出积极贡献。

二、“金融强国”建设目标下深度推进金融学专业课程思政教学改革的意义

在“金融强国”建设目标驱动下，深度推进金融学专业核心课程的“思政改革”，并非是在专业课程教学中增设几次思政专题课，而是要着眼于培养“又红又专、德才兼备、全面发展”人才的根本要求，以“学科德育”“课程思政”为核心的教学理念，以金融学专业理论与技术知识为载体，探索“知识传授与价值引领相结合”的有效路径，把价值观的塑造和教书育人的内涵通过课堂教学这一主渠道落实下去，最大限度地发挥专业课程的育人功能，缓解专业课程“重教学、轻育人”的现象，让立德树人“润物细无声”，充分提升金融学核心课程“专业知识传授”与“核心价值引领”两大教学功能同频共振的效应：一方面，推行金融学课程思政，旨在引导学生树立正确的人生观、价值观和世界观，使其具备正确的金融伦理观念、道德底线和职业操守，促进学生的全面发展和健康成长；另一方面，推行金融学课程思政，让学生在收获金融专业知识的同时，清楚地意识到金融行业对社会和经济发展的重要影响力，从而增强其作为金融学子的专业使命感和社会责任感。

总之，“三全育人”需要任课老师不断挖掘所任教专业课程的德育内涵和章节内容的课程思政元素，将“学科德育”的核心内容有机分解到每一门金融学专业课程之中，积极探索“知识传授与价值引领相结合”的有效路径，推进金融学专业课程的思政改革，以充分发挥每一门课程的育人功能和每一位专业课教师的育人责任，并最大限度地发挥金融学专业课的“三全育人”功能——专业课任教师全员参与、课内课外全程育人、所有金融学课程全方位育人。

三、“金融强国”建设目标下金融学专业课程思政的教学目标

上海对外经贸大学金融学专业课程本着“教育的根本是帮助学生发现潜力、挖掘潜力、发展潜力”的基本思想，基于“快乐教育”“情境教育”“成功教育”“主体教育”等先进的教育理念，围绕“知识传授与价值引领相结合”“专业教学与课程育人相融合”的总体课程思政目标，培养金融学专业学生具备高度的政治认同感和爱国爱家的情怀，铸就学生过硬的金融职业道德和素养，培养其优秀的金融专业能力和思辨能力，塑造其卓越的国际沟通能力和出色的学术交流能力，以此增强其在经济全球化时代中的国际竞争力，为中国“金融强国”建设添砖加瓦。

（一）政治认同感

政治认同感体现为金融学专业学生对中国特色社会主义的认同，包括对中国特色社会主义道路自信、理论自信、制度自信与文化自信的认同。自1978年以来，改革开放成为中国的一项基本国策，成为中国坚实的强国之路，是中国特色的社会主义事业发展的强大动力。改革开放促使建立了社会主义市场经济体制，中国在各个领域取得了令世界瞩目的辉煌成就。以金融业的改革与开放为例，中国始终坚持稳扎稳打、循序渐进的渐进式改革与开放政策导向，在对内改革、对外开放的过程中，从未爆发过大规模、波及面广、影响度大的金融危机，这在世界金融开放史上实属罕见。这与党中央坚

守“不爆发系统性金融风险”的底线，坚持适宜的金融改革路线与金融开放次序以及应对金融风险和处理危机的能力密不可分。

在金融学诸如货币银行学、国际金融、商业银行经营管理等核心主干课程中，涉及大量的本土案例和素材，可以借助其对学生进行“四个自信”的案例教育，增强其政治认同感和制度自豪感。

（二）爱国爱家的情怀与爱岗敬业的职业情操

未来复合型金融人才一定是德才兼备的人才。而“德才兼备”一定是“德行”先行。要有胸怀天下的爱国情怀，要有严谨诚信的职业道德，要有扎实过硬的工作作风。“过硬的职业道德与素养”要求金融人才必须具备两个层面上的“诚信”：一是法律层面，即在明确的法律、法规下不能逾越的法律界线。在金融业日新月异的今天，金融人才不仅要学法、懂法、用法，更要守法、维法。二是道德层面，即要自觉遵守金融伦理法则，爱岗敬业，不能逾越道德的底线，需秉持专业忠诚度去从事金融这样的高风险行业。这主要包括：（1）诚实守信，爱岗敬业；（2）诚信进行工作报告，确保金融机构与公司的资产安全；（3）抵抗利益诱惑，不向竞争对手泄露商业机密，不从事内幕交易；（4）主动承担责任，不计较个人得失；（5）充分利用所学专业知识，服务金融机构与公司的利益最大化决策。

（三）扎实的专业能力

在金融科技赋能的今天，金融业日新月异的变化客观上要求金融学专业要塑造的学生，首先应是具备金融、IT、数学等知识的综合性人才。进而在以复合型知识结构为底层支撑的基础上，具备“一专多能”。主要的专业能力包括：（1）对金融实务工作环境的适应力以及对具体业务操作的应对力；（2）对国内、国际金融市场的洞察力、分析力和把控力；（3）对中国乃至世界金融运行趋势变化的预判能力；（4）对金融机构产品、运营、管理和制度的设计创新能力；（5）对金融交易业务风险的管理能力；（6）对繁杂金融业务的统筹领导力。

（四）优秀的思辨能力

金融学专业的毕业生要能适应新时代金融改革开放的新格局，适应更新换代速度极快的金融业务与交易，除了夯实金融专业知识与技术方法外，更重要的是优秀思辨能力的塑造。从狭义上讲，思辨能力就是思考、分析、辨别的思维能力；从广义上讲，思辨能力则在这些思维能力的基础上，还包括说服、解释的语言表达能力。

总体而言，对金融市场动向能有敏锐的观察和深刻的洞见，能透过眼花缭乱的金融业表象，直击金融领域的核心、关键和实质，并能运用金融学专业术语和理论方法，对金融现象进行客观、冷静的剖析，最终形成能够切实解决问题的决策或方案，进而能在书面和口头两个维度通顺地表达出来，这是金融学子思辨能力的最高体现。

（五）创新素质培养

在前沿科技赋能金融业的今天，国际金融领域发生着迅速且深刻的变化。如今，中国金融业也进入了一个围绕“开放与创新”为主旋律的全新发展阶段：金融开放空前加速，各种新兴的金融概念层出不穷。

例如，国际金融管理、投资分析与组合管理、衍生金融工具等金融学专业课程中有大量的金融产品层面的实务案例。课程组老师应借助远期、期货、期权、互换等案例，引导学生拥有“善于发现金融产品不完美之处的眼睛”。在此基础上，利用好这些实务案例，充分调动学生的“产品设计”“交易策略设计”等方面的主观能动性，进而达到增强学生金融创新意识和塑造创新能力的课程思政目标。具体而言，要培养学生三个层面的“创新”素质：

第一个层面是“创新意识”的培养，即要引导学生善于从金融产品层面、交易规则、风险管理、组织架构等多维度，发现潜在的问题。

第二个层面是“创新技术”的赋能，即要在课内通过课堂教学教授学生基础的金融知识、金融风险管理技术与方法，夯实其理论基础，要引导学生适应教育全球化背景下自主式、自驱式学习时代的到来，在课外主动去学习人工智能、大数据和区块链等现代技术，并有机地将其与自己的学科专业相结合，以期从课内、课外两个渠道构建学生的"个人技术库"，为进一步的创新工作奠定所需的技术基础。

第三个层面是"创新能力"的塑造，即要培养学生在发现问题的基础上，能综合运用课内所学的金融专业知识、技术和方法以及课外自学的人工智能、大数据和区块链等前沿技术手段，对具体产品与交易规则提出建设性的改进意见；能对现行风险管理方法和金融机构组织结构提出改善方案；能在市场创新需求、金融监管制度与金融机构自身抗风险能力的三元约束下，找到解决既有问题的可行性方案集合。

（六）卓越的国际沟通与学术交流能力

扩大金融业对外开放是迈向"金融强国"的必由之路。随着中国金融改革开放的进一步深化，金融业对外开放的速度与程度空前提升。金融业国际性和跨文化交流的特点，客观上要求高质量的应用型金融人才应具备良好的国际沟通能力，这样才能适应跨国金融机构全球运营的需求，设计出适合具有不同文化背景的国家和地区的特色金融产品，有效推动中资金融机构的国际化进程。良好的国际沟通与学术交流能力要求金融学子兼具"国际化视野+多元文化背景+全球通用技能"。

1. 国际化视野

通过引进金融学主干课程全球流行的原版教材，培养学生以全球的视角，高屋建瓴式地跟踪世界金融业发展前沿，并引导学生将国际金融业的最新动态与本土金融业的发展密切结合，探寻在经济全球化的背景和约束条件下，本土金融业在风险与效率之间最优的平衡发展模式与国际化的战略路径。

2. 多元文化背景

通过定期聘请各国金融学学界教授和实务界专家为学生讲授金融学专业课程或举办相关专题讲座，让学生在课堂上就能接受东方文化、英美文化、犹太文化等多元化的文化熏陶，从而培养其跨文化的适应、沟通与团队协作能力。

3. 全球通用技能

通过中外籍教师对金融学专业核心课程进行英语授课，让学生沉浸在英语的环境之中，培养其既能做到娴熟掌握国际金融领域的产品业务、技术方法、管理工具和制度规则，清楚知晓其最新的发展动态，又能在与国际同行进行实务工作交流和学术交流时无语言和术语表达上的双重障碍，以提升其在英语工作环境下的适应力与竞争力。

四、“金融强国”建设目标下的金融学专业课程思政的实施途径与举措

为高质量地服务于“金融强国”建设目标，基于上述六个维度的金融学专业课程思政教学目标，现将金融学专业未来拟开展的课程思政改革实施途径与具体措施总结如表1所示。

表1　金融学专业课程思政的实施途径与具体措施：基于六个维度的课程思政目标

课程思政目标	实施途径	具体措施
1.政治认同感	1.1　以课程思政为抓手，落实立德树人根本任务	从金融学核心主干课程开始，逐步在各金融学课程中展开课程思政德育内涵的提炼和思政元素的梳理工作。多门课程协同发力，充分发挥专业课程思政教育价值，提升专业课的“价值引领”功能，提升学生对中国道路、理论、制度、文化的认同度和自信心。
2.爱国爱家的情怀	2.1　利用学科教学，做好爱国爱家情感引导	在课程教学中，教师应有意识地引导学生深入社会实践、关注现实问题，培育学生经世济民的大胸怀和爱国爱家的大情怀。
	2.2　开设“红色金融”特色课程	目前，金融系党员教师面向全校开设金融思想选修课“中国红色金融史”，以此更有针对性地对学生进行爱国主义教育。该课程以发掘红色历史、宣讲红色政治、打造红色印记为立足点，以大革命、土地革命战争、全民族抗日战争和解放战争四个主要革命历史时期为框架，对红色金融进行系统的诠释，让学生领略金融事业与祖国、人民共奋进的非凡历程，让红色精神激发力量，使红色基因得以传承。

续表

课程思政目标	实施途径	具体措施
3.爱岗敬业的职业情操	3.1 课内教导学生	（1）专门开设“金融职业伦理道德”课程，为学生构建良好的职业道德规范。 （2）结合金融行业特点和校训中“诚信”一词，在所有金融专业课程中，利用案例教学，突出金融相关领域的规制和职业伦理教育。
	3.2 课外引导学生	（1）担任班主任的任课教师协同辅导员一起举行“金融职业道德教育”专题班会，开展班级讨论，让学生通过实例切实感受金融从业人员遵循金融职业道德的重要性。 （2）任课教师以“德高为师、身正为范”为标准，鞭策自己，在工作、生活中为学生的为人为学做好楷模，以个人的职业道德情操去感染学生。
4.扎实的专业能力	4.1 构建“1+1+1”人才培养模式，培养复合应用型实干金融人才	契合金融科技化、产业数字化的时代发展需求，按照学科交叉融合的“新商科”理念，以增强专业的“复合性”“应用性”“实践性”为导向，探索“金融专业+微专业（或辅修专业）+实践实训”的培养模式：以学生兴趣为导向，以对学生实行“因材施教”的多元化培养为目的，探索“金融+法律+实践实训”“金融+会计（财务）+实践实训”“金融+贸易+实践实训”“金融+AI+实践实训”“金融+区块链+实践实训”“金融+大数据+实践实训”等多种复合应用型实干金融人才培养的路径。与此同时，基于新金融发展的趋势和对金融人才的客观要求，适时对每年的人才培养方案进行修订。
	4.2 基于新金融时代的发展要求，动态优化课程体系	响应人工智能、区块链、大数据等技术的飞速发展，目前，金融学专业的课程体系中已陆续增设“互联网金融”“区块链金融”“大数据与金融”等多门新课程。今后将继续紧扣人才定位、知识、能力、素质、研究、服务“六向度”要求，结合学校提出的通用语言、通用工具、通用规则、通用管理的“四通能力”特色培养目标，动态构建新专业课。与此同时，继续保持金融学院课程体系国际化程度高的突出特色，从教学内容、教学方法、教学资源、考核方式等方面持续优化目前开设的近20门的全英文课程。

续表

课程思政目标	实施途径	具体措施
4.扎实的专业能力	4.3 多维度提升教学质量	（1）加强专业核心课程建设，从课程维度提升教学质量。第一，加强金融学课程体系的系统化建设。一方面，课程设置需要全面、科学、系统地覆盖金融学的核心理论知识与技术方法；另一方面，应降低不同课程之间教学内容的重叠比例，提升教学效率，即课程设置应“去真空化”与“去重叠化”并行。第二，加强金融学课程体系的特色化建设。一方面，课程建设将密切关注国内、国际金融领域的最新发展，聚焦上海国际金融中心与自贸区建设的动态，定期更新课程教学内容或增设专题课程，让教学内容与金融业的最新业态与发展趋势保持同步；另一方面，将发挥金融学专业老师在学术研究和决策咨询方面的优势，增设一些学术论文、研究报告写作方法方面的选修课程以及金融科技、区块链、人工智能与金融等前沿的选修课，以满足学生对新兴领域知识的需求。第三，加强金融学课程体系的实践化建设。以强化学生综合素质、创新思维、实践能力培养为目标，以校内、校外双维度共同提升金融学课程体系的“实践性”：一方面，在校内授课时，基于真实的案例，为金融学子提供金融案例分析类课程和金融实务模拟类课程，培养其逻辑分析与实务操作能力；另一方面，在更广的范围内，与更多类型的金融机构和企业建立更为紧密的校企合作关系，通过金融机构实践基地实习实训、企业社会实践、业界专家系列课程等多元路径，在校外为金融学子提供业务情景类实践课程，基于金融行业需求，注重理论课程与金融实务工作的有机结合，强调金融理论在金融业务与交易中的实际应用，塑造其实务工作环境适应能力、问题解决能力与金融职业必备素养。 （2）革新教学组织形式，从教学模式维度提升教学质量。例如，继续培育精品在线课程，重视线上教学资源开发与拓展，每年新推出1~2门在线课程，与线下课程有机结合，实施混合式教学，提高课程教学效率。 （3）采用“因章制宜”多元教学方法，从教学方法维度提升教学质量。例如，针对不同课程的不同章节，采用适宜该章节内容的教学方法（如案例启发式教学、问题引导式教学法、合作探究式教学、情景体验式教学、模拟实验式教学、实训实践式教学等多样化的方法）。

续表

课程思政目标	实施途径	具体措施
4.扎实的专业能力	4.3　多维度提升教学质量	（4）补充、更新课程内容，从教学内容维度提升教学质量。第一，对现行金融核心课程采用的原版材料欠缺“中国元素”这一缺陷进行补充完善，引入中国本土案例；增加中国金融改革开放史中的成绩和经验教训的专题内容；补充中国金融发展的有关数据与资料，融入相关的课程教学章节。第二，将金融行业的最新发展动态和金融学科中的前沿研究以及任课教师的相关科研成果融入课程教学。 （5）继续加强师资队伍建设，从任课教师维度提升教学质量。第一，打造“双师型”教学团队：一方面，聘请企业高管和金融机构高管担任实践导师或校外导师，对学生的金融业务模拟操作进行专业指导；另一方面，根据课程章节内容授课的需要，聘请实务界专家作为客座教授或兼职教授，针对金融专业课程中实务部分的教学内容进行专题讲座。第二，定期选派老师赴国外合作大学学习英语教学法，了解国外院校的教学理念，掌握科学、先进的教学方法与技巧。第三，加大对教师教学法的培训，开展案例教学、研讨式教学的交流和研究，提升任教老师的专业能力。第四，定期在金融系或学院层面，召开教学研讨会，任课教师总结教学心得，请专家参会分享经验并指导教学。第五，鼓励并支持任课教师利用寒暑假时间，参加国内著名高等院校举办的提升教师科研能力的假期进修班，开拓学术视野，做好科研，并进一步引导教师开展科研反哺教学，以研促教、教学相长。 （6）继续加强教研投入，从教学研究维度提升教学质量。第一，鼓励支持教师新申报教研教改课题和课程建设项目，同时引导前期已结题的教师做好教研成果的梳理与总结，并进一步把教学方法的改进、教学模式的革新等方面取得的研究成果在教学活动中予以实践。第二，鼓励教师从“教”和“学”两个维度设计教学效果调查问卷，对修读某课程的学生在课程结束时实施问卷调查。通过分类整理和分析问卷统计数据，归纳出课程教学存在的困难与问题，梳理出课程教学未来完善的方向，并在此基础上发表形成教研论文，以此激励教师对课程教学进行深度反思，从而提升教学质量。

续表

课程思政目标	实施途径	具体措施
4.扎实的专业能力	4.4　多轮驱动培养学生实干业务能力	（1）进一步加强培养学生业务能力的硬件设施建设。在金融学院现有具备自主知识产权的“数字金融实验室平台”上，完善量化投资平台，开发股票投资、期货投资、期权投资、外汇交易、国际结算等虚拟仿真模块，引入智能投顾技术。 （2）强化学生在实训课后的自我总结。在每次实验课后，通过让学生撰写金融实务模拟实训报告，强化其对这部分专业知识的理解与运用，提升学生的实操能力。 （3）加强并拓展教学实践基地建设。一方面，与已建的学生实习实践基地加强定期联系，创新合作模式，拓展合作维度；另一方面，进一步与商业银行、证券公司、基金公司、期货公司等各类金融机构新建对口的教学实践和实习基地，深化金融学院“产融结合”的办学特色。
5.优秀的思辨能力	5.1　以课内活动为契机，培养学生科研习惯	在课程的课堂教学中，针对适宜采用案例教学的篇章，为学生提供丰富的案例素材，鼓励学生在思考、辨析现有素材的基础上，合理运用网络资源，自主查找更多的相关数据与资料，整合所有可获得的素材之后，有逻辑地撰写案例分析报告，并有条理地进行全班汇报。
	5.2　以课外活动为推手，提升学生分析研究能力	以金融学院的特色品牌活动“金融案例分析大赛+金融投资模拟大赛+金融报国专项暑期社会实践”以及全国大学生“挑战杯”课外学术科技活动、上海市大学生创业创新大赛为推手，在课内鼓励学生组团申报，在课外对组团学生予以持续性跟踪指导，以期实现课内、课外合力提升学生分析研究能力。
	5.3　构建师生合作研究模式，提升学生学术科研能力	鼓励任课教师向学生公布自己最新的研究成果和在研项目，为学生提供金融研究的热点清单，以引导学生的研究想法，激励学生的科研热情，鼓励对科研感兴趣的学生与老师进行合作研究。
6.卓越的国际沟通与学术交流能力	6.1　培养学生的国际化视野	（1）深化国际化办学水平。第一，在现有的中加合作办学项目的基础上，从合作广度和深度上进一步拓展合作，促进师生互访交流；第二，继续加强与英国曼彻斯特大学的师生交流；第三，积极开拓与其他国外大学的互动与合作。 （2）提升师资队伍国际化程度。第一，通过师资培训、出访交流等形式，学习国际英文教学理念与方法，提升老师的英语教学水平；第二，坚持目前每年聘请5~6名外教为学生系统讲授专业课程，承担教学任务的传统。

续表

课程思政目标	实施途径	具体措施
6.卓越的国际沟通与学术交流能力	6.1　培养学生的国际化视野	（3）加强学生践习国际化程度。第一，通过各种渠道拓宽学生在国际商业银行、世界知名会计师事务所、跨国公司等机构和企业的实习实践机会；第二，在新冠疫情稳定后，重启学生的国际交流和践习的途径。
	6.2　创设多元文化背景	定期聘请各国金融学学界教授和实务界专家为学生讲授金融学专业课程或举办相关专题讲座，让学生在课堂上就能接受东方文化、英美文化、犹太文化、法国文化等多元化的文化熏陶，从而培养其跨文化的适应、沟通与团队协作能力。
	6.3　“四维并举”培养全球通用技能	（1）精通国际通用语言。通过中外籍教师对金融学专业的核心课程进行英语授课，让学生沉浸在一个英语的环境之中，提升其在学术交流和实务工作交流时的书面与口语表达能力。
		（2）掌握通用分析工具。培养学生娴熟掌握金融领域前沿的分析手段与技术方法，并能在科研工作和实务工作中灵活运用这些分析工具。
		（3）熟知国际通用规则。引导学生紧跟国内、国际金融领域的产品业务创新动态和业态发展趋势，熟知国际通用惯例和制度规则。
		（4）掌握通用管理方法与技能。教授学生国际金融机构对金融风险管理和机构运营管理的最新方法，引导学生去金融企业实践，并从“干中学”中收获相应的管理技能。

参考文献

[1] 卢盼盼，孙伟. 党的二十大精神融入金融学课程思政探讨 [J]. 现代商贸工业，2023，44（23）：186−188.

[2] 何暑子，陆凯旋，吴龙龙.《金融学》课程思政的理论思考与设计 [J]. 金融理论与教学，2022（6）：114−118.

[3] 孟德锋，朱鸿钰. 金融科技背景下《金融学》课程思政的优化路径研究 [J]. 金融教育研究，2022，35（2）：68−73.

[4] 梁玉，蔡幸.“金融学”课程的思政困境与教学渗透 [J]. 广西财经学院学报，2021，34（6）：128−138.

[5] 杨雪莱. 浅谈金融学课程思政 [J]. 中国金融，2021（21）：104.

[6] 张雷，李由，曹瓅. 基于OBE教育理念下的金融学课程思政改革路径探索 [J]. 对外经贸，2021（9）：83–86.

[7] 王伟，黄颖. 讲好金融故事："金融学"课程思政改革的有效路径 [J]. 思想理论教育导刊，2021（3）：112–116.

[8] 周弘，颜廷峰，欧鲲. 金融学课程群课程思政与课堂教学融合探索——以安徽财经大学金融学院为例 [J]. 内蒙古农业大学学报（社会科学版），2020，22（5）：50–54.

[9] 何淑兰，黄荣斌，孙有发. "课程思政"视角下高校金融学专业教学改革探索——以金融学课程为例 [J]. 大学：教学与教育，2020（36）：109–111.

Research on the Teaching Objectives and Implementation Path of Ideological and Political Education in Finance Major under the Goal of Building a Financial Power

Abstract: This article aims to study how to cultivate high-quality financial talents that meet the development needs of the national financial industry through the reform of ideological and political education in finance major courses under the goal of building a financial power in China. First, we analyze the background and challenges of current financial discipline development and financial major construction, as well as the demand trends of financial talents. Then, we analyze the important significance of deeply promoting the reform of ideological and political education in finance major courses under the goal of building a financial power. Subsequently, we explore the teaching objectives of ideological and political education in finance major courses, including political identity, patriotism and nationalism, professional ethics of love for work, solid professional abilities, excellent critical thinking abilities, innovation quality training, and excellent international academic communication abilities. Finally, based on these teaching objectives, we propose corresponding implementation paths and specific measures for ideological and political education in finance major courses. These measures include taking ideological and political education as the starting point to implement the fundamental task of cultivating students' moral character, utilizing subject teaching to guide students' patriotism and nationalism, dynamically optimizing the curriculum system based on the development requirements of the new financial era, and cultivating global general skills through a four-dimensional approach.

Key Words: Financial Power, Finance, Ideological and Political Education, Teaching Objectives, Implementation Path

交叉学科发展视角下财经类研究生培养模式探索

陈晓静　施　琪　付子怡*

摘　要：随着经济和科技的蓬勃发展，社会对于复合型高素质人才的需求急剧增多。跨学科的交叉融合为学科建设和人才培养提供了一种突破传统思维、追求突破性发展的重要内在推动力，从而实现了弯道超车的目标。因此，交叉学科建设也成为财经类高校研究生教育背景下的必然形式，这也是一种新型的复合型创新人才培养模式。基于上述现实背景，本文首先阐述了交叉学科建立和发展的必要性；其次以交叉学科为切入点，探讨了财经类研究生人才培养存在的现实困境；最后提出财经类多学科研究生人才的培养路径。

关键词：交叉学科　研究生教育　财经类人才　培养模式

2021年1月，教育部公布《国务院学位委员会　教育部关于设置“交叉学科”门类、“集成电路科学与工程”和“国家安全学”一级学科的通知》，交叉学科“自立门户”，正式成为我国第14个学科门类。2023年，教育部等五部门印发《普通高等教育学科专业设置调整优化改革方案》，进一步提出“要打破学科专业壁垒，深化学科交叉融合，创新学科组织模式，改

*　陈晓静，上海对外经贸大学金融学院教授，研究方向为金融科技、风险监管。施琪，上海对外经贸大学硕士研究生。付子怡，上海对外经贸大学硕士研究生。

革人才培养模式”。在现有的定义中，交叉学科是指多学科不断融合、交叉、渗透而产生的新兴学科，其特征是知识范围广、结构复杂。政策的不断发展为高校推进学科交叉融合提供了坚实的制度基础，同时也给予交叉学科一定的发展空间。

截至2021年6月，全国 187个学位授予单位共设立了 616 个二级交叉学科；截至2022年7月，400多所高校共设立了729个交叉学科。相较于2021年公布的名单，此次共增设交叉学科108个，增设交叉学科总量113个，由此可见，我国交叉学科已初具规模。学科交叉已经成为科技创新的主要源泉，是当今科学时代不可替代的研究范式。

对不同的学科来说，学科的交叉与融合使各个学科之间有了更为紧密的交流与合作，有利于整合不同学科的资源，催生新兴学科的诞生；对科学研究来说，交叉学科的发展能够突破传统意义上单一学科对专业领域的研究，扩大了研究的范围，进而推动学者更加关注许多关系国家和人民生活的重大问题；对人才培养来说，交叉学科的培养模式可以打破学生的固有思维，扩大他们的知识面，提高他们的创造力以及科研水平，并能提供新理论、新方法、新思维。

然而，在数字化时代金融行业面临挑战以及高校财经类人才培养面临困境的背景下，“业务+技术”深度融合的财经类复合型人才的培养显得尤为重要。虽然目前国内外关于跨学科的研究和实践已经越来越多，但学科交叉发展仍存在复杂性。对财经类学科来说，越来越多的诸如法学、统计学、计算机和信息管理等复杂学科正与其深度融合，因此，财经类研究生人才培养成为一项充满无限机遇和挑战且又紧迫的复杂工程，有待在长期探索中前进。

一、交叉学科建设与发展的必要性

新一轮科技革命和产业变革深入发展，数字经济、数字社会、数字政府三者互为支撑、相互交融，对新财经知识创造和新财经人才培养提出了新要求。新技术、新产业、新业态催生了交叉型、复合型新财经专业的产生以及人才培养模式的变革。交叉学科是一种新兴的学科，它是由多个学科在一个特殊的领域中互相渗透、互相作用而形成的，这些学科有着共同的研究对象。将不同学科之间的知识相互融合、相互促进，从而孕育出一种全新的研究模式。

我国高等教育的发展趋势正逐渐朝着“跨学科”方向发展。因此，社会对高校培养人才的期望也从“专业化”向“多元化”转变。作为学科建设的重要基地和人才培养的摇篮，高校应主动承担交叉学科的建设和发展责任，培养具备交叉性和综合性的复合型人才。如今，高校转变了使用单一学科固化的目标方向和培养方式，取而代之的是综合运用多个学科的研究范式培养研究生人才。交叉学科的建设不仅有利于完善学生的学科基础，充分帮助学生全面学习多个学科领域的理论知识、研究方法和前沿问题，而且能使学生抓住问题，解决难题，激发探索的积极性。可以说，交叉学科的建设和发展既满足了社会对培养跨学科人才的需求，又以显著的优势促进了学生的长远发展。

此外，随着信息技术与社会生产、生活的紧密融合，学科建设走向交叉融合，以满足对科学研究整体性和统一性的要求。在我国已进入工业革命4.0的背景下，基因组合与编辑、人工智能、全球气候变化、生态环境问题以及与新冠疫情相关的医学和生物学等领域成为研究的热点和前沿。只有通过多个学科的交叉融合，才能提供全面的视角来解决复杂的问题。就财经类高校而言，随着数字经济时代的到来，元宇宙、大数据、区块链等信息技术正在加快为金融等领域赋能，推动行业快速发展，重塑未来产业形态，我国金融领域迫切需要对未来金融业务场景有深刻理解、信息技术实力很强的跨界交叉型人才。

二、交叉学科财经类人才培养模式面临的现实困境

自2021年1月以来，教育部宣布交叉学科成为独立的学科后，越来越多的财经类高校开始统筹推进交叉学科建设，在本科、硕士研究生、博士研究

生教育阶段积极培养交叉学科人才。“深化学科交叉融合”理念不断深入促进了交叉学科研究生培养体系的成熟。调查显示，在设置财经类学科的高校中，“985”“211”高校建设交叉学科的占比非常高，而普通高校的比例非常低。基于此，财经类研究生人才培养模式存在着诸多的现实困境：交叉学科评价体系不完善、相应的交叉型师资不足、实践体制不够健全及传统学科壁垒难以突破等。

（一）交叉学科评价体系有待创新

首先，从学科评价体系上看，这是一个能够反映出一门学科未来走向的显性指标。但当前的学科考核评价体系都是一成不变的，一般是以发表的论文质量和影响因子的大小来衡量学科的学术影响力，尚未形成一个相对成熟和完整的体系，无法对财经类学科这种具有强实践性的学科进行多类型、多层次、全方位的评估。因此，当单一的学科评价体系延伸到研究生人才培养模式，就造成了高校在评估研究生培养质量时仍停留在单一的传统学科水平上。这让许多以财经类专业为一流学科、进行交叉培养的研究生处于非常尴尬的境地，无法将交叉学科的竞争优势完全发挥出来。

其次，目前国内各高校还没有为跨学科领域的硕士研究生教育构建一个有效的资源共享体系，因此，跨学科领域的硕士研究生教育面临很大的挑战。就财经类研究生人才培养而言，课程培养和实体经济的融合显得尤为重要。高校应持续扩大学科交叉的深度和广度，对多学科领域的研究生培养进行深化，建立一套复合型人才培养体系，为培养交叉学科人才提供科学、合理的顶层设计，提高高端拔尖人才的比重。

（二）交叉学科型师资不足

一方面，在传统的研究生培养体系下，基本形成了单一导师制的体系。即研究生的研究方向、论文选题基本由一个导师负责。若是导师缺乏交叉学科背景，或是对其他学科的掌握程度以及科研能力并没有自身学科强，则会导致师生都无法走出各自的“学科孤岛”。近年来，随着交叉学科的兴起与发展，为了缓解单一导师制度带来的局限性，许多高校已开始实行交叉学科的双导师制度。但我国的现状是具有金融、统计学、运筹学、计算机科学等多学科交叉背景和能力的教师较少，且大多对交叉学科不够重视，教师与学生之间无法进行充分的跨学科交流，造成了“挂名”式教学的现象。

另一方面，很多财经类高校无法踏出固有的“舒适圈”，即为了巩固一流学科或重点学科的固有优势，不愿将发展许久的一流学科与其他学科进一步创新和融合，因而在交叉学科建设上很难有突出的成绩；与此同时，交叉学科导师制度还不明确，缺乏对其指导原则、目标、责任和绩效评价的规范。该堵点已经成为交叉专业研究生教育系统构建中的瓶颈。

（三）交叉学科培养管理机制缺失

当前，我国高校培养组织混乱，培养机制僵化，培养目标不明确，急需以新观念引导跨学科人才培养模式创新。由于交叉学科的交叉特性，人才培养经常会牵扯多个不同的领域，在培养过程中，各院、系、所之间的合作是必不可少的，这就给高校机构的人员流动和组织配置带来了很大的困难，导致院、系、所之间组织结构不合理。而且，目前的交叉学科人才培养计划并未真正落实到课程和教学之中，只是停留在表面化的层面上，造成了在实践中的挫折。

（四）与传统学科间的现有壁垒难以突破

从本科教育开始，传统的教育模式就呈现出明显的专业壁垒。因此，无论是院系到专业，还是到研究生教育依旧没有突破传统教育模式的限制。我国长期实行从上到下、分层分级的学科体系，学科内部有较为固定的研究范式以及人才培养模式，因此学科间的壁垒逐渐形成。

一方面，学科障碍会阻碍多学科的沟通。由于中国缺乏此类资源，学科之间竞争激烈。每个学科都渴望拿走一块“大蛋糕”，以满足自己教育和科研发展的需求。科研课题、项目、经费是学科发展的必要条件，这凸显了不同学科争夺自身发展资源的事实，严重忽视了学科之间的合作和互补以及学科之间的交叉、融合、创新。

另一方面，交叉学科是一种全新的范式和新的知识体系。但学科壁垒的存在会对不同学科之间的交流和融合产生不利影响。在经过长期发展、积累和沉淀的知识体系下，各学科已经形成了常规模式进行科学研究和人才培养，难以打破常规。

三、交叉学科视域下财经类研究生人才培养路径

为培养交叉型、复合型跨学科人才，不同大学体系中的研究生培养模式各有不同。如今，在交叉学科的迅猛发展之下，社会提倡培养具备扎实专业背景的学生，鼓励学生进行跨学科学习，高校应不断修正和完善现有的人才培养模式，探索出一条切实可行的实现途径，以培养跨学科财经类人才。

（一）明确定位财经类人才培养理念

一方面，高校需更新或转变对“财经类+X”复合型人才培养目标的认识。在培养过程中，针对学科专业间存在的壁垒，树立“学科融合”“融合培养”的观念，培养出具有跨学科素养的人才。同时，整合不同学科专业知识内容，以建设高校交叉学科专业集群为目标，最终培养出符合新经济、新产业发展需要的多学科财经类人才。

另一方面，高校的运行体制和管理机制也能在一定程度上反映高校对人才培养的重视程度。高校需建立起跨部门运行机制和扁平化的教师队伍管理机制，让各学科不同层级的管理者都能直接参与交叉学科人才的培养工作，在提高管理效率的同时，也保障了交叉学科人才培养各项任务的探索与创新。

（二）提供多元化领域的师资队伍指导

高校多元化的师资队伍对于培养复合型、交叉学科人才是极其重要的。首先，高校需要组建交叉学科人才培养学术团队、推进复合型教师队伍建

设，充分发挥汇聚多学科资源的优势，以交叉学科项目团队形式运作，积极承接多学科的国家及区域重大科研项目、产学研合作项目，带领学生一同参与，从而满足跨学科人才培养的需求；其次，要加强不同学科学生、不同学科教师之间的合作与交流，健全全职教师与外聘教师的考核录用体系，对课程进行整合与优化。

（三）完善交叉学科融合的教学体系

一是开设跨学科和综合化的课程，为跨学科的知识整合创造良好的环境；人才培养的基础也可以通过课程的建设和实施来实现。通识课程作为学科交叉的重要基础，体现了跨学科性或学科广度。而专业课程则强调学科的学科性或学科深度。以金融学科为例，高校可以在物联网、大数据、AI、区块链等领域，建设“金融科技”“大数据管理与应用”“计算金融”“数字经济”“大数据会计”等多个新兴专业，形成自身特色；以“金融统计”“金融数学”为主要特色，在加强专业交叉、重新塑造学科形象的基础上，开设了一批以“金融+ X”为核心的复合型人才培养专业。

二是注重学科水平的整合，构建“学科群”，并根据高校的具体情况，对原有的院系专业设置进行调整，在不同的学科范围内，为进行交叉学科的教学和研究留出足够的发展空间，实现资源共享，优势互补，统一管理。一流学科非财经类的高校，可适当地将经费向培养财经类交叉研究生倾斜，用建设一流学科的范式赋能和高水平的一流学科来培养同样出色的领军人才。

三是优化交叉学科研究生的教学模式。财经类学科更强调学生对实践的探索，所以以“智能+”和大数据赋能传统专业教学，实行跨学科综合情景教学方式，以跨学科为导向，注重案例分析与实际应用相结合，将专业教育与实践相结合，能够促进学生知识、能力和素质的融合。

（四）建立完善交叉学科的科研基地与矩阵平台

一方面，对我国来说，科研基地的建设是科学探究的基础，自然科学中很多重大的发现和发明都是在科研基地进行的。建立前沿交叉学科基地，有助于将各专业学科的优势进行整合，聚集多领域的人才，为他们提供一个进行思想碰撞的场所，并以此为机遇，探索学科交叉融合的机制方法和新的学科增长点。为了培养复合型、创新型人才，在跨学科基地建设过程中应该积极推进学科的交叉和融合，并与其他高校（尤其是财经类高校）共建多门国家级一流跨学科课程和微专业，开展诸如“商科类+法学类”“商科类+理工类”联动的交流与合作。通过平台共建、资源共享，形成一流的多学科交叉融合学术协同创新平台，合作共育跨领域交叉融合、优势互补的人才联盟。

另一方面，高校能够利用互联网搭建横纵贯通的矩阵平台来培养复合型人才。伴随虚拟现实、元宇宙、ChatGPT等人机交互技术的日益创新发展，便捷、高效的互联网变得更加立体、真实，这也成为跨学科交流、互动的关键渠道。利用好“互联网+”思维与模式，联通不同国家、学校以及院系的跨学科科研人员，举办科研会议、讲座论坛、学术研讨等，能够进一步实现信息矩阵的横向互通，构建新时代新型高校智库体系。通过跨学科的科研基地与矩阵平台，能够提高复合型人才的质量，使培养出的交叉学科人才更具竞争力。

四、结论

随着我国经济实力的不断增强和科技水平的日益提升，一系列经济新业态与新模式不断涌现，催生了社会对于培养一批兼具理论和实践能力的复合型高素质人才的需求。交叉学科建设已成为财经类高校研究生教育背景下的必然形式，也是为社会输送复合型、高素质财经类人才的有效途径。当前高校推进交叉学科研究生培养融合机制工作任重道远。因此，高校要从交叉学科建设和发展的角度出发，明确定位财经类人才培养理念、提供多元化领域的师资队伍指导、以一流学科建设为主，完善跨学科融合的教学体系，建立和完善交叉学科的科研基地与矩阵平台，这样才能更好地培养具备综合素养和创新能力的财经类研究生。

参考文献

[1] 康诚轩，李保忠. 交叉学科建设的现实困境及转向路径[J]. 现代教育科学，2023（4）：151−156.

[2] 刘虹，熊文. 计算机金融交叉学科人才培养探析[J]. 研究生教育研究，2022（4）：49−54.

[3] 胡童. 交叉学科视域下高校创新型人才培养体系优化研究[J]. 应用型高等教育研究，2022，7（1）：49−54.

[4] 徐林. 交叉学科人才培养高质量发展：逻辑脉络、关键挑战与实现策略[J]. 高校教育管理，2023，17（1）：35−46.

[5] 李爱彬，邵楠，杨晨美子，等. 一流学科群视域下研究生跨学科培养模式研究[J]. 研究生教育研究，2022（3）：44−50.

[6] Mansurjonovich, J. M.,and Davronovich, A. D.Interdisciplinary Integration is an Important Part of Developing the Professional Training of Students. Open Access Repository,2023,9(1), 93−101.

[7] Wang C, Xie J. Research on Application Adaptability of Big Data and IoT in Discipline Construction of Mechanical Engineering Specialty in Universities[J]. Security and Communication Networks,2021: 1−10.

On the Personnel Training of Postgraduates in Finance and Economics from the Perspective of Interdisciplinary Development

Abstract: With the rapid development of economy and science and technology, the demand for compound high-quality talents is increasing rapidly. The cross-disciplinary integration provides an important internal driving force for discipline construction and talent training to break through traditional thinking and pursue breakthrough development, so as to achieve the goal of overtaking on corners. Therefore, interdisciplinary construction has become an inevitable form under the background of graduate education in finance and economics colleges and universities, and it is also a new type of composite innovative talent training mode. Based on the above background, this paper first expounds the necessity of the establishment and development of interdisciplinary disciplines, then discusses the practical difficulties existing in the talent training of finance and economics graduate students from the perspective of interdisciplinary disciplines, and finally puts forward the cultivation path of multi-disciplinary graduate talents in finance and economics.

Key Words: Interdisciplinary Discipline, Postgraduate Education, Financial and Economic Talents, Personnel Training

自媒体账号价值评估教学案例探索

乔明哲　谢子璇　游婕宁*

摘　要： 随着"互联网+"时代快速发展，自媒体账号所富含的内容价值和商业价值持续凸显，自媒体账号投资、交易等行为日渐增多，如何准确评估自媒体账号价值，为市场提供价值参考，成为一个重要问题。本案例通过Interbrand品牌价值评估模型，结合自媒体账号的特点、盈利模式等，引入梅特卡夫定律和齐普夫定律对其作用系数进行修正，然后根据影响自媒体账号价值强度的因素，运用层次分析法和模型综合分析法计算出强度系数，完成自媒体账号价值评估模型的构建。在实际教学中，把任务分解成不同的步骤，通过小组协作的方式，鼓励学生创新性地优化估值模型和参数，加深对评估理论的认识，锻炼建模实操能力。

关键词： 自媒体账号　Interbrand模型　价值评估

进入21世纪以来，中国互联网在不断变革中正以前所未有的速度发展。中国互联网网络信息中心2022年8月31日在北京发布《中国互联网网络发展状况统计报告》，到2022年6月，中国网民数量达到10.51亿人，互联网普及率达74.4%。随着互联网应用持续发展，网民规模也在继续稳步增长。其中，我国短视频用户规模增长最为明显，达9.62亿人，比2021年12月增长2805万

*　乔明哲，上海对外经贸大学金融管理学院副教授。谢子璇，上海对外经贸大学金融管理学院本科生。游婕宁，上海对外经贸大学金融管理学院硕士研究生。

人，占所有网民的91.5%；网络直播用户规模达7.16亿人，较2021年12月增长1290万人，占网民整体的68.1%。不难看出，互联网的发展趋于活跃，互联网的广泛普及是自媒体产业迅速占领市场的坚实基础，而稳定的互联网环境也是自媒体产业蓬勃发展的必要条件。

随着自媒体行业的发展和市场化进程的加快，自媒体账号价值评估自然而然成为行业发展的重要研究课题。在评估过程中，通常需要考虑多方面因素，包括账号互动量、粉丝活跃度、内容创作质量等指标。同时，由于自媒体账号在广告营销、品牌推广等方面的商业应用越来越广泛，其市场价值也显得越发重要。

然而，传统评估方法并不适用于自媒体账号价值的评估。自媒体账号往往没有明确的盈利模式和收入来源，难以通过其准确收益确定评估值，并且账号的运营成本主要由个人或小团体的时间和精力投入组成，无法进行准确计算。同时，由于自媒体账号的独特性，很难选择可比案例，传统市场法并不可行。因此，研究合适的自媒体账号估值方法，有助于更好地了解自媒体行业的发展趋势和市场需求，为自媒体账号的创作者和商业伙伴提供参考依据。

基于此，本文的教学案例首先从自媒体账号的基本背景资料入手，引导学生收集并了解相关评估背景知识；其次在此基础上分析和讨论自媒体账号评估方法和模型的适用性；最后结合相关估值模型进行案例分析并进行讨论。通过教学，帮助学生深刻理解自媒体账号这一类特殊的评估对象在价值评估上与其他行业显著的不同之处，进而提升相关资产评估课程的教学效果，提高学生分析问题、解决问题的能力。

一、教学案例的基础背景资料

教学案例的基础背景资料有助于学生了解自媒体账号评估的发展现状、什么是自媒体账号评估、自媒体变现模式以及评估对象的基本情况。案例基础背景资料的导入为学生提供一些基本信息，并引入一系列与评估有关的问题，比如，自媒体账号发展前景可能是怎样的，行业的结构是怎样的，自媒体账号的价值评估具有怎样的特点，各种评估方法的适用性如何，或者可能存在哪些问题，等等。通过引导，学生收集补充资料并进行进一步分析，对上述问题进行思考和讨论，然后进行价值评估等实际操作。

（一）自媒体账号的发展现状

目前，我国自媒体规模不断扩大。根据艾瑞咨询的数据，中国全职从事自媒体的人数已经达到370多万人，兼职从事自媒体的人数已经超过600万人，总计达970万人。自媒体已经成为了一个庞大的产业。大数据时代加速了自媒体账号的发展，利用SNS和社交网络开展聚合营销、捆绑销售等已经成为常态化现象（见图1）。通过技术手段的提升和不断完善的神经网络分析机制，目前大部分自媒体账号都能实现精准营销从而变现。

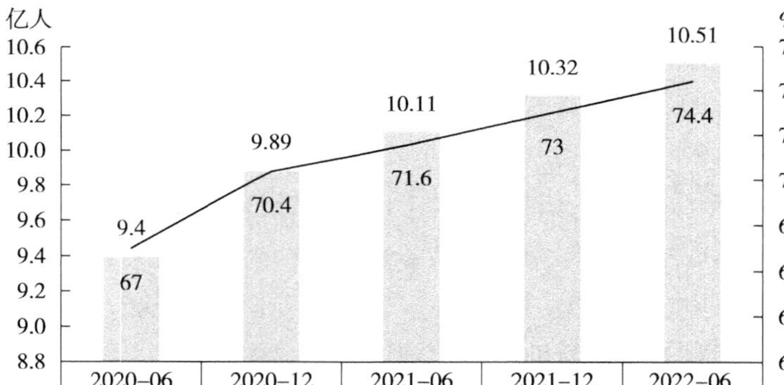

	2020-06	2020-12	2021-06	2021-12	2022-06
网民规模（亿人）	9.4	9.89	10.11	10.32	10.51
互联网普及率（右轴）	67	70.4	71.6	73	74.4

图1 中国互联网网络发展状况

（数据来源：《中国互联网网络发展状况统计报告》）

自媒体是互联网时代的产物，早在2003年，"we media"一词就在美国出现，随着移动互联网和社会化媒体的发展，我国自媒体产业发展日益活跃，并在近几年取得了巨大成果，预计在未来很长一段时间内将持续发展。

众所周知，高质量的自媒体账号能够产生巨大的经济收益。2014年8月，“玩车教授”就凭借优质的内容创作获得了高达1500万元的天使投资；2020年3月，“集美貌与才华于一身的papi酱”获得了1200万元融资，总估值高达1亿元。这些案例向我们展示了自媒体的无限潜力。

（二）自媒体账号相关概念

1. 自媒体简介

自媒体是指自主媒体，即通过互联网、移动互联网等新媒体技术，由个人或组织机构自主创作、发布的原创内容，传播自己的观点、思想、知识、经验、技能等信息。不同于传统媒体的是，自媒体没有门槛、不需要审核、无须任何授权，个人、企业、机构只需要通过互联网平台便可以发布内容，自主制定传播渠道。自媒体的形式多样，包括文字、图片、视频、音频等各种形式的内容，优点在于自由度高，传播速度快，受众范围广，内容具有多样性和时效性，能够满足受众的个性化需求。同时，自媒体也存在真实性难以验证、信息泛滥等问题。自媒体已经成为一种新的传播方式和商业模式，吸引了越来越多的人和企业加入其中，成为新媒体时代的重要力量。

2. 自媒体商业活动变现模式

自媒体平台一般包括微信公众号、新浪微博、知乎、哔哩哔哩、快手等，其商业活动的变现模式主要包括：

（1）广告变现：通过推广或发布广告获得收益，包括品牌广告、搜索引擎广告、推荐广告等。

（2）电商变现：通过电商平台、自建电商平台等形式推广商品，实现商品的销售和收益。

（3）付费阅读：发布高质量、深度、独家的内容，吸引粉丝订阅并付费获取。

（4）付费咨询：通过提供专业的咨询服务，获得相应的收益。

（5）线下活动：通过组织一些线下活动，如主题沙龙、公益活动等，实现账号商业化。

3. 自媒体资产类型界定

不像实物资产可以直接看到、摸到，自媒体的资产是由自媒体账号、粉丝群体、创作内容等组成的一种虚拟财产。由于自媒体的粉丝、内容、流量等具有明显的市场价值，其可以被视为一种具有价值的类无形资产。

（三）评估对象及其基本背景

社交类自媒体账号主要包括微博、小红书等。个人账号通常有两种形式：第一种是围绕明星、网红、官方账号等具有社会影响力的账号；第二种是指个人层面的影响力主体，比如大V和BLOG读者。企业账号包括品牌官方账号、官方企业账号、企业主办社交活动账号等。无论是个人还是企业，社交类账号都应该具备较高的声誉和关注度，能够有效建立社交关系，产生积极社会影响。

视频类自媒体账号以哔哩哔哩账号为例。本文选取的该类型账号共同属于青藤文化，账号创造收益全部归公司所有。

社交类自媒体账号以微博账号为例。本文选取的该类型账号共同属于青藤文化，账号创造收益全部归公司所有。

公众号类自媒体账号评估对象是基于微信的账号或组织，通过公众号对某一话题展开讨论和传播信息，吸引更多粉丝。该类评估指标包括文章发布数量、篇均阅读量等，以评估公众号在微信上的口碑和影响力。

二、案例分析讨论重点内容

（一）自媒体特点

自媒体是与传统媒体并行的新型媒体形态，具有以下特点：

（1）门槛低：账号开设和管理相对简单，创作者不必受到传统媒体的限制，大大降低了创作和传播的成本。

（2）信息时效性高：自媒体在信息传播速度上具有优势，实时、即时的信息传播模式使信息时效性得到极大提升。

（3）覆盖面广：传播渠道相对传统媒体更加多样化，可以通过各种社交平台实现内容传播，覆盖面更广，传播范围更大。

（4）互动性强：自媒体具有更强的互动性，创作者与受众之间可以实现双向互动，即使是小众话题也能得到关注，受众可以通过评论、点赞、转发等方式与创作者互动。

（5）自主性强：创作者可以自主选择内容和风格，形成自己独特的创作风格，没有传统媒体的审核等限制，内容更加自由、多样化。

（二）自媒体账号价值评估的方法

1. 成本法

当用成本法对自媒体账号进行估值时，需要计算产生该账号的成本，包括账号开发成本、内容制作成本、技术维护成本等。在计算这些成本时，需注意账号年龄和历史数据对账号的影响。年龄较长的账号，其开发成本和技术维护成本可能相对较低，而内容制作成本可能相对较高。历史数据也会影响成本的计算，如账号的历史收入、历史访问量、历史用户评价等。在计算出成本后，可以通过计算折旧确定账号净资产的价值，一般采用直线法或双倍余额递减法进行折旧计算。

需要注意的是，成本法只考虑账号的内部资源和成本，而没有考虑账号的市场价值和其他外部因素，因此，仅适用于较为简单的账号。而对大型、复杂的账号来说，需要采用其他估值方法。综上所述，在自媒体账号价值评估的研究中，成本法并非最适合的方法。

2. 市场法

市场法通过比较市场上同类资产的价格确定自媒体账号的价值。一般采用以下步骤：

（1）确定同类账号：需要确定与评估对象相同媒体平台、领域、受众群体的账号。

（2）收集交易数据：收集同类账号的交易数据，包括账号成交价、交易时间、账号粉丝数、账号内容等。

（3）分析数据：包括账号成交价的平均值、中位数、最大值、最小值、标准差等。

（4）确定估值：根据同类账号的交易价格数据和分析结果，确定自媒体账号的价值。

需要注意的是，由于自媒体账号的特殊性，同类账号之间差异可能较大，使用市场法时需要谨慎选择同类账号，同时还需要考虑其他因素对账号价值的影响，如账号活跃度、流量来源等。对同类自媒体账号来说，市场法并不是最合适的方法。

3. 收益法

收益法主要通过预测未来收益评估自媒体账号价值。通过分析账号的粉丝量、广告收入、直播收入、付费阅读收入等，可以得出一个未来现金流量的预测值，再将其折现。折现的过程需要考虑折现率、未来现金流量的不确定性等因素，通常使用市场上的资产收益率作为折现率。最终可以得出自媒体账号收益的现值。这种方法适用于自媒体账号具有稳定的收益模式，并且未来现金流量的预测能力较强的情况。

（三）自媒体账号评估模型

Interbrand模型为品牌价值评估提供了一个经典方法，这种方法将财务数据与消费者研究相结合，多角度地对品牌价值进行全面评价。虽然该模型最初是为大企业的品牌价值评估而设计的，但它的核心理念和方法同样可以应用于自媒体账号的价值评估。该模型通过多个维度评估品牌价值，主要包括以下几个方面：

（1）品牌知名度：品牌知名度是指消费者对某一品牌的认知程度，即品牌在消费者心目中的知名度和认知度。在自媒体领域，品牌知名度可以体现为自媒体账号的粉丝数量、曝光率和访问量等指标。

（2）品牌认知度：品牌认知度是指品牌在消费者心中占据的独特位置，包括品牌的核心价值、品牌形象和品牌文化等。在自媒体领域，品牌认知度可以表现为自媒体账号的专业度、创造力、独特性和口碑等指标。

（3）品牌关联度：品牌关联度是指品牌与特定领域或目标群体的相关性和相关度。在自媒体领域，品牌关联度表现为自媒体账号涵盖的话题范围、专业领域和受众群体等指标。

（4）品牌忠诚度：品牌忠诚度是指消费者对品牌的忠诚程度和偏好度。在自媒体领域，品牌忠诚度可以表现为自媒体账号的订阅率、留存率、互动率和转化率等指标。

（5）品牌稳定性：品牌稳定性是指品牌在市场上的稳定性和可靠性。在自媒体领域，品牌稳定性表现为自媒体账号的更新频率、稳定性和品质保证等指标。

综上所述，鉴于自媒体账号与品牌有相似特点，以及该模型在自媒体账号价值评估实践中具有持续性和适用性，本文以Interbrand模型为基础构建自媒体账号价值评估模型。同时，考虑到自媒体账号的特点和不同行业的差异，对模型进行相应的改进和修正，使其更符合自媒体账号的实际情况。

Interbrand模型是最早也是最广泛应用的品牌资产评估方法。该模型同时考虑主客观事实依据，假设品牌资产的价值与维护品牌资产的成本没有直接联系，其真正价值取决于该品牌在未来能给公司带来多少超额利润。该模型以收益法为基础，使用合理的指标和方法预测品牌的未来收益并确定品牌强度系数，以进一步确定企业品牌资产价值。该模型公式为

$$V=P\times S$$

式中，V为品牌价值；P为品牌带来的收益；S为品牌强度系数。

品牌强度系数的计算如下：

第一步：计算品牌强度，构建Interbrand 模型品牌强度影响因素权重矩阵，具体如表1所示。

表1　　Interbrand 模型品牌强度影响因素权重矩阵

因素	领导力	稳定性	市场性	国际性	趋势力	支持力	保护力
权重	25%	15%	10%	25%	10%	10%	5%

数据来源：Interbrand公司数据分析。

品牌强度 Q 的计算公式如下：

$$Q=25\%Q1+15\%Q2+10\%Q3+25\%Q4+10\%Q5+10\%Q6+5\%Q7$$

品牌强度越高，该品牌越稳定，风险越小，折现率越低，品牌价值越高；相反，折现率越高，品牌价值越低。

第二步：计算品牌强度系数

$$\begin{cases} S^2=2Q, Q\in[0,50] \\ (S-10)^2=2Q-100, Q\in(50,100] \end{cases}$$

式中，S 为品牌乘数；Q 为品牌强度。

（四）自媒体账号评估模型的适用性

（1）青藤文化旗下账号众多，总粉丝数量采取简单加总方式，因此可能出现粉丝总量虚高的问题，原因如下：

第一，一个自媒体红人通常在多个平台拥有账号，部分粉丝会选择多平台关注同一红人。

第二，一个粉丝可能关注了同一家公司旗下的多个账号，导致粉丝数量被重复计算，公司总粉丝数理论值远大于实际值。

第三，一个粉丝可能拥有多个账号，如果同时关注一个自媒体账号，会使该账号虚增粉丝数量。

因此，运用青藤文化简单加总统计的粉丝量作为指标计算作用系数，会导致数值偏低，进一步使评估值降低。但是，如果在实际交易中针对单独账号，直接获取该账号收益结果，避免使用粉丝量计算作用系数，便能解决此问题。

（2）自媒体账号存在发展空间，其投资价值与其发展趋势相关联，本文只考虑影响价值的客观因素，未考虑对自媒体账号发展的主观看法，即未考虑发展后带来的价值增值，将导致评估值偏低。如果针对投资活动进行评估，需要进一步考虑其他因素。

（3）不同类型的自媒体账号价值影响因素不同，不能将单一强度系数应用于各种账号，需针对账号特点进行专家评估。但是，由于本文强度系数的确定是以MCN工作人员打分和问卷形式进行，其结果受主观因素影响较大，且部分参与问卷调查的人员对价值评估领域并无太多了解，其打分判断情况是从自媒体账号运营角度出发，因此评估值可能出现偏差。

三、建议与结论

（一）教学建议

（1）着力培养学生的理论与实践结合的能力，将理论应用于评估实践和论文研究。

（2）将案例工作分解为阶段性任务，采用小组协作讨论等方法，突出对学生评估资料收集分析、基本原理把握与运用能力等的培养。

（3）增加对学生口头表达、文字表述、相关评估计算的锻炼。资产评估是服务行业，对与资产评估项目相关的其他行业人员来说，交流是建立在一定的专业能力背景之上的，因此必须着力培养学生从事资产评估行业的基本能力。

（4）针对自媒体账号评估的特点、评估模型的选择、参数取得等重要问题可以组织小组讨论。让各个任务小组独立作出分析和得出结论，然后分别陈述，教师进行点评、归纳和补充，完成本案例的教学。

（二）结论

互联网的飞速发展促进了自媒体平台的兴起。2018 年以来，“网红经济”不断发展壮大，自媒体账号价值也逐渐显现。自媒体账号这种网络虚拟资产具有虚拟性、技术限制性、交易性、价值性和可支配性等基本特征。其价值种类十分丰富，包括内容价值、社交价值、传播价值、商业价值等方面。然而，自媒体账号重置成本构成复杂，人工成本和折旧额难以合理测算，网络市场环境波动大，成本与价值之间不一定存在正相关联系，收益不稳定且交易市场不活跃，信息披露不足，交易后账号价值存在差异，所以不适合使用传统方法进行估值。

因此，引导学生对Interbrand 模型进行改进，尝试探索更加科学合理的自媒体账号价值评估模型。通过将案例分析工作分解为阶段性任务，采用小组协作等方法进行案例教学，有助于培养学生的资料收集分析、建模分析等方面的能力，并能够在教师指导下开展自主创新拓展，运用各类相关技术对模型和参数进行优化调整，加深对评估理论的理解，进一步锻炼建模实操能力。

参考文献

[1] 常新宇. 短视频平台内容变现情况及发展困境分析——以哔哩哔哩为例[J].新媒体研究，2020（7）：57–58.

[2] 车国华.微信自媒体企业估值方法与应用[J].新闻研究导刊，2018（23）：78–102.

[3] 陈雅文，蒲嘉欣.自媒体时代微信公众号盈利模式探究[J].传播力研究，2020（2）：157–158.

[4] 陈远.基于收益法的技术类无形资产价值评估分析[J].财会通讯，2019（35）：58–62.

[5] 程若玉，段小力.个人微信公众号：盈利模式与路径优化[J].价值工程，2019（28）：68–70.

[6] 崔钰晴.李子柒与网红变现新模式探索[J].商讯，2020（10）：6–7.

[7] 董长胜.刍议收益法在无形资产评估中的运用[J].财富时代，2019（8）：189.

[8] 方林浩，李菡.李子柒短视频跨文化传播路径分析[J].新闻研究导刊，2020（3）：233–234.

[9] 冯兆，倪泰乐.基于李子柒现象的 MCN 模式下文化输出策略研究[J].传媒界面，2020（4）：94–96.

[10] 付莹. 自媒体账号价值评估研究[D].南昌：江西财经大学，2021.

[11] 郭小霞.从李子柒的走红看个人古风 IP 的经营之道[J].现代营销，2020（3）：120–121.

[12] 郭燕飞.从 Papitube 看自媒体时代的网红经济新模式[J].新媒体研究.2020（1）：81–82.

[13] 蒋嘉莉.媒体数据资产价值评估研究[J].中国资产评估，2022，269（8）：14–19，29.

[14] 李佳妹.互联网企业数据资产价值评估研究——以哔哩哔哩为例[J].现代营销（上旬刊），2002，781（9）:151–153.

[15] 刘艳.“网红”经济下的电商企业价值评估[D]. 广州:暨南大学，2018.

[16] 石廷安. 网络虚拟资产的会计问题研究[D].广州：暨南大学，2008.

[17] 司雨鑫. 互联网企业中数据资产价值评估模型研究[D].北京：首都经济贸易大学，2019.

[18] 肖雪娇，杨峰.互联网企业数据资产价值评估[J].财会月刊，2022，934（18）:126–135.

[19] 许茹蕙. 用户价值估值法在自媒体企业中的应用研究[D].大连：东北财经大学，2020.

[20] 张安可. 微信公众号价值评估研究[D]. 北京: 首都经济贸易大学，2018.

[21] 邹禹同，张志安.知识付费语境下自媒体著作权保护困境与对策[J].中国出版，2020（4）：58–62.

[22] Hardjono T , Lipton A , Pentland A . Toward a Public–Key Management Framework for Virtual Assets and Virtual Asset Service Providers[J]. Journal of FinTech, 2020.

[23] Hong S , Yinfei G . Analysis on Tiktok App of Implicit Tourism Marketing and Value[J].Advertising Panorama, 2018.

[24] I.H. Witten,E. Frank,M.A. Hall,C.J. Pal.Practical Machine Learning Tools and Techniques[J]. Morgan Kaufmann,2016,8(4)：8–13.

[25] Ostrovsky A M, Chen J R.TikTok and Its Role in Coronavirus Disease 2019 Information Propagation[J]. Journal of Adolescent Health, 2020.

Exploration of Teaching Cases for Self-media Account Value Evaluation

Abstract: With the rapid development of the "Internet+" era, the content value and commercial value of self media accounts continue to be highlighted, how to accurately assess the value of self media accounts and provide value reference for the market is an important issue at present. This case is to discuss how to take effective measures to make corresponding improvements based on Interbrand's brand value assessment model, combined with the characteristics of self media accounts and profit models. It has introduced Metcalfe's law and Zipf's law to revise the role coefficient of self media accounts, and employed AHP and model synthesis analysis to calculate their intensity coefficients based on relavent value factors, and finally construct a value assessment model for self media accounts. In related course module, the case analysis task could be divided into several steps and practiced through cooperation of members of learning groups. During the case practice process, student should be encouraged to innovatively optimizing the valuation model and its parameters to deepen their understanding of valuation theories and practical ablility in modeling.

Key Words: Self-media Accounts, Interbrand Model, Value Assessment

企业风险管理课程思政教学设计及效果分析

——以党的二十大精神进课堂活动为例

朱少杰*

摘　要：深入推动党的二十大精神进校园、进课堂、进头脑，是当前和今后一个时期课程思政建设的首要任务。本文以企业风险管理课程为例，探讨党的二十大精神融入专业教学的可行路径，思考课程思政的教学设计，分析教学实践的实施效果。企业风险管理授课对象是保险专业本科生，因此，研讨保险业系统性风险暴露问题是党的二十大精神融入企业风险管理课堂最好的结合点。相应地，本文设计了课程思政教学环节并加以实施，具体包括教师布置研讨话题、学生分组思考、完成小组报告、优秀小组展示、教师点评总结、初绘思维导图、组织回炉式再讨论、修订思维导图。本文研究试图为同类课程落实党的二十大精神进课堂要求提供有益的启发。

关键词：党的二十大精神　课程思政　教学设计　风险管理

党的二十大报告指出："教育、科技、人才是全面建设社会主义现代化国家的基础性、战略性支撑。"这无疑是我国发展教育、科技和人才事业

---

*　朱少杰，博士，上海对外经贸大学金融管理学院讲师，主要研究方向为风险管理与保险。

的重要遵循。以“立德树人”为根本任务的大学教育，需要紧紧围绕“培养什么人、怎样培养人、为谁培养人”的根本问题，在培养大批德才兼备的高素质人才事业中发挥关键作用。课堂作为高校立德树人的前沿阵地，是阐释好、传播好党的二十大精神的重要载体，这既是思政课教师的任务，也是专业课教师的任务。教育部印发的《关于教育系统深入学习宣传贯彻党的二十大精神的通知》要求，深入推动党的二十大精神进校园、进课堂、进头脑，是当前和今后一个时期高校课程思政建设的首要任务。为此，本文以企业风险管理课程为例，探讨二十大精神融入专业课教学的可行路径，思考课程思政的教学设计，分析教学实践的实施效果，试图为同类课程落实二十大精神进课堂要求提供有益的启发。

一、党的二十大精神融入企业风险管理课堂的可行路径

（一）党的二十大报告关注金融行业的“系统性风险”

在党的二十大报告中，共有16处提到了“风险”。与金融行业相关的有两处，“深化金融体制改革，建设现代中央银行制度，加强和完善现代金融监管，强化金融稳定保障体系，依法将各类金融活动全部纳入监管，守住不发生系统性风险底线”。“确保粮食、能源、产业链供应链可靠安全和防范金融风险还须解决许多重大问题。”因此，防范化解金融业系统性风险是国家层面关注的重要问题，也是确保国家安全的重要组成部分。

当前我国正处于全面建设社会主义现代化国家起步开局的关键时期，风险与机遇并存，挑战与发展同在；在波谲云诡的经济全球化的大环境下，规避系统性风险，守住底线，就守住了经济发展的基本盘。既然防范金融行业的系统性风险是我国金融监管的根本性任务，系统性风险的分析和管理也自然成为风险管理课程的教学侧重点。

（二）知晓系统性风险暴露是防范系统性风险的基础

居安思危，思则有备，有备无患。防范化解系统性风险，首要任务是

察觉到系统性风险的暴露情况，如此才能对系统性风险做到早发现、早预警、早防范、早化解，守住经济社会稳定运作的底线。显然，构建规范的金融制度体系是防范系统性风险的关键所在。这一方面需要完善现代金融监管体系，通过建立有效的监管制度来排查和管控各类金融活动潜藏的风险隐患点，对不合理、不合规的金融乱象零容忍，让经济活动运行在阳光之下。加快金融监管数字化智能化转型，完善风险早期预警模块，增强风险监测的前瞻性、穿透性、全面性（郭树清，2022）。另一方面需要完善金融稳定保障体系，设立金融稳定保障基金，让每笔金融稳定保障基金都用得其所，合乎规范。一旦形成规范的金融制度体系，让一切金融活动都有“制”可依，系统性风险的发生概率自然会极大降低。因此，知晓系统性风险暴露是构建规范的金融制度体系的必要条件。

（三）讨论保险业系统性风险暴露是好的融入点

保险业作为我国金融系统的重要组成部分，一方面为社会经济稳定运行提供风险保障；另一方面凭借其掌握的雄厚的保险资金，成为资本市场中的重要投资者。保险业本身呈现出交易关系复杂化的趋势，加之保险业广泛深入经济社会的各个方面，与金融市场有着深厚的关联度，故存在发生系统性风险的可能。因此，有必要讨论保险业系统性风险暴露问题。

企业风险管理课程的授课对象是保险专业本科生，课程围绕金融风险分析与管理的主线，帮助学生掌握金融机构的风险识别、风险度量、风险应对的基本理论和方法，领会全面风险管理（ERM）理念，初步具备金融风险分析能力，形成处理金融风险问题的专业素养，并确立良好的金融职业伦理与国家金融安全大局意识。在完成课程理论教学的基础上，组织学生开展保险业务系统性风险暴露的大讨论，有利于培养学生理论联系实务的能力，有利于加深学生对保险业风险状况的认知，有利于引导学生学习领会二十大精神并构建起风险管理大局观。基于上述考虑，讨论保险业系统性风险的暴露问题，不失为二十大精神融入企业风险管理课堂的好的话题。

二、“保险业系统性风险暴露大讨论”的教学设计与实施

（一）教师布置研讨话题，学生分组思考

2023年5月8日，在解读党的二十大报告中关于“系统性风险”的基础上，教师通过BB平台发布“保险业是否存在系统性风险暴露”的研讨性作业，研讨主题的具体内容如图1所示。教师要求学生自行组建4人小组完成本次研讨性作业，通过广泛查阅资料、开展组内讨论，在两周内提交小组分析报告。根据各组作业的完成质量，教师从中挑选两个优秀小组，安排课堂交流展示。

保险业是否存在系统性风险暴露?
近年来，从互联网泡沫破灭到国际金融危机，从埃博拉病毒暴发到新冠疫情在世界蔓延，人类社会发展面临的各种风险显著增加。其中，既有小概率的“黑天鹅”事件，也有大概率的“灰犀牛”事件。习近平总书记指出，“我们必须始终保持高度警惕，既要高度警惕‘黑天鹅’事件，也要防范‘灰犀牛’事件”，“用大概率思维应对小概率事件，牢牢守住不发生系统性风险的底线”。 思考题: （1）保险业是否面临系统性风险暴露? （2）若存在，请思考保险业可能在哪些环节存在系统性风险暴露，有哪些具体的呈现形式? （3）请绘制知识图谱全面展现保险业的系统性风险暴露。

图1 “保险业是否存在系统性风险暴露”的研讨话题

（二）优秀小组展示观点，教师点评总结

在2023年5月23日的课堂上，教师邀请两个优秀小组汇报交流他们的小组作业成果，并开展点评分析，同时通过不断向学生提问，激发学生的课堂讨论热度，进一步引导学生深入思考以下问题：什么是系统性风险，系统性风险有何特点，保险业的系统性风险跟其他金融行业的系统性风险有何异同点，保险业的系统性风险是否仅存在于投资端，等等。

（三）凝聚师生智慧结晶，初绘思维导图

完成小组展示和课堂研讨后，教师向学生展示基于师生智慧结晶绘制出来

的“保险业系统性风险暴露的思维导图（初稿）”（见图2），并逐一解释分析，以便帮助学生形成保险业系统性风险的概貌性认识。结合保险公司业务运作的特点，从承保端、理赔端、投资端、资产负债管理以及内外部传导多个角度梳理保险业系统性风险暴露的呈现类型及其细项表现；鉴于系统性风险呈现出传染性、关联性的特点，图中还通过连线标记风险隐患之间的因果关系。

绘制思维导图既能有机整合各个小组的分析观点，又能简洁明了梳理出复杂问题的基本脉络，便于在纷乱复杂中形成清晰的分析逻辑。因此，对开放性问题的讨论，强烈推荐采用绘制思维导图来厘清头绪、达成共识。

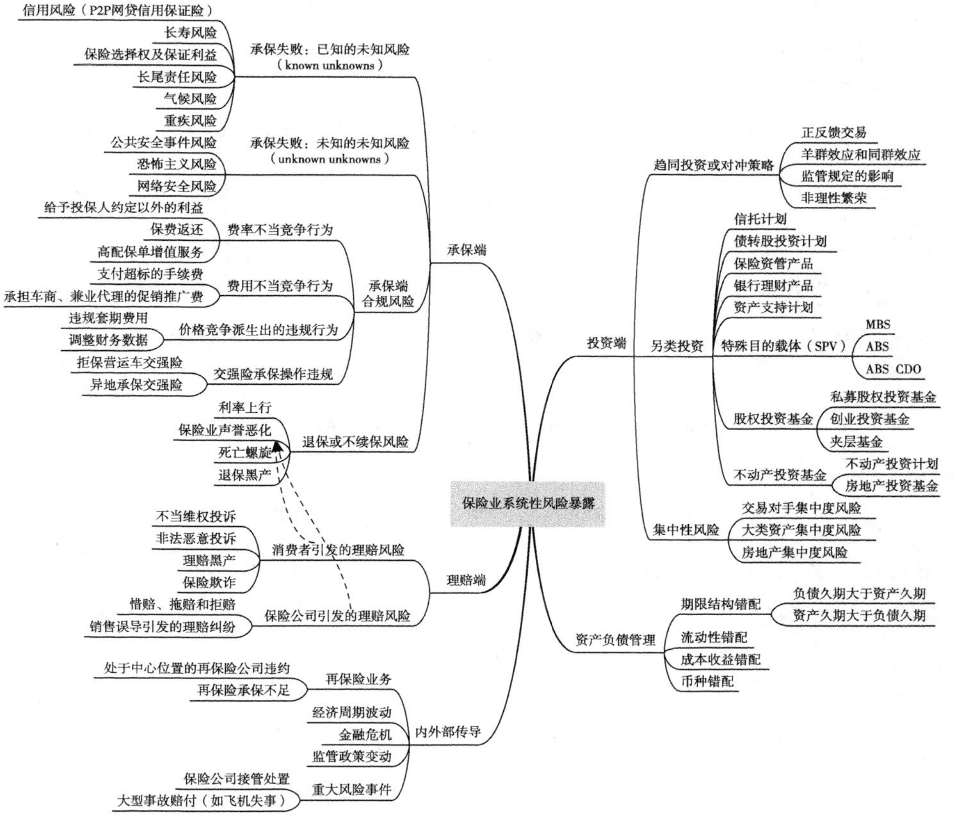

图2　保险业系统性风险暴露的思维导图（初稿）

（四）组织回炉式再讨论，修订思维导图

课堂讨论时间非常有限，但课堂讨论深化了学生对保险业系统性风险暴露的认识，扭转了部分认知偏差，也激发了新的思考，可能形成全新的观点。基于上述考虑，教师通过BB平台安排了回炉式再讨论，要求各个小组在"保险业系统性风险暴露的思维导图（初稿）"的基础上，进一步提出补充或改进意见，并对本次大讨论反馈学习体会。

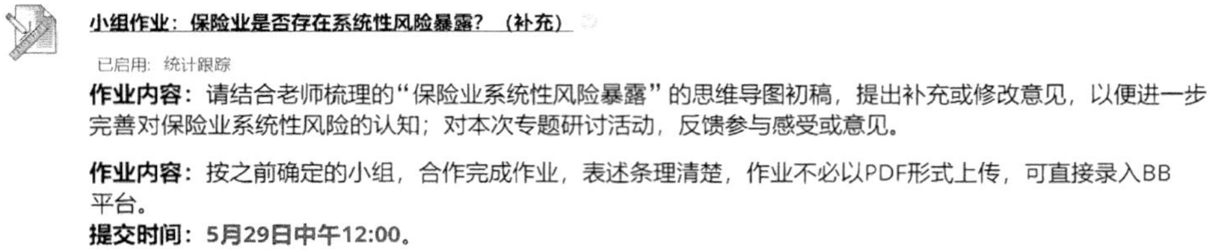
小组作业：保险业是否存在系统性风险暴露？（补充）

已启用：统计跟踪

作业内容：请结合老师梳理的"保险业系统性风险暴露"的思维导图初稿，提出补充或修改意见，以便进一步完善对保险业系统性风险的认知；对本次专题研讨活动，反馈参与感受或意见。

作业内容：按之前确定的小组，合作完成作业，表述条理清楚，作业不必以PDF形式上传，可直接录入BB平台。

提交时间：5月29日中午12:00。

图3　"保险业系统性风险暴露"回炉式讨论的作业布置

2023年6月2日，在充分收集各个小组的反馈意见后，教师重新绘制了"保险业系统性风险暴露的思维导图（修订版）"（见图4），并通过课程微信群向学生展示。尽管基本分析框架未变，但对保险业系统性风险暴露的细类子项做了多处优化和补充，增加了一条风险事项的因果关系连线。

三、"保险业系统性风险暴露大讨论"的效果分析

各个小组通过BB平台对本次专题讨论给出学习反馈，都表示通过研习性大讨论，提高了对保险行业系统性风险暴露情况的认知水平，提升了从风险管理视角对保险行业的运行逻辑的理解水平。整体而言，本次活动达到了预期的目的，实现了党的二十大精神进课程的宣讲效果。特别是对企业风险管理课程教学起到了有益的补充作用，使学生提升了对系统性风险的重视程度，为他们今后步入金融保险行业工作打下了敬畏系统性风险的"预防针"。

对于本次研讨活动，各个小组反馈了参与体会。具体如下：

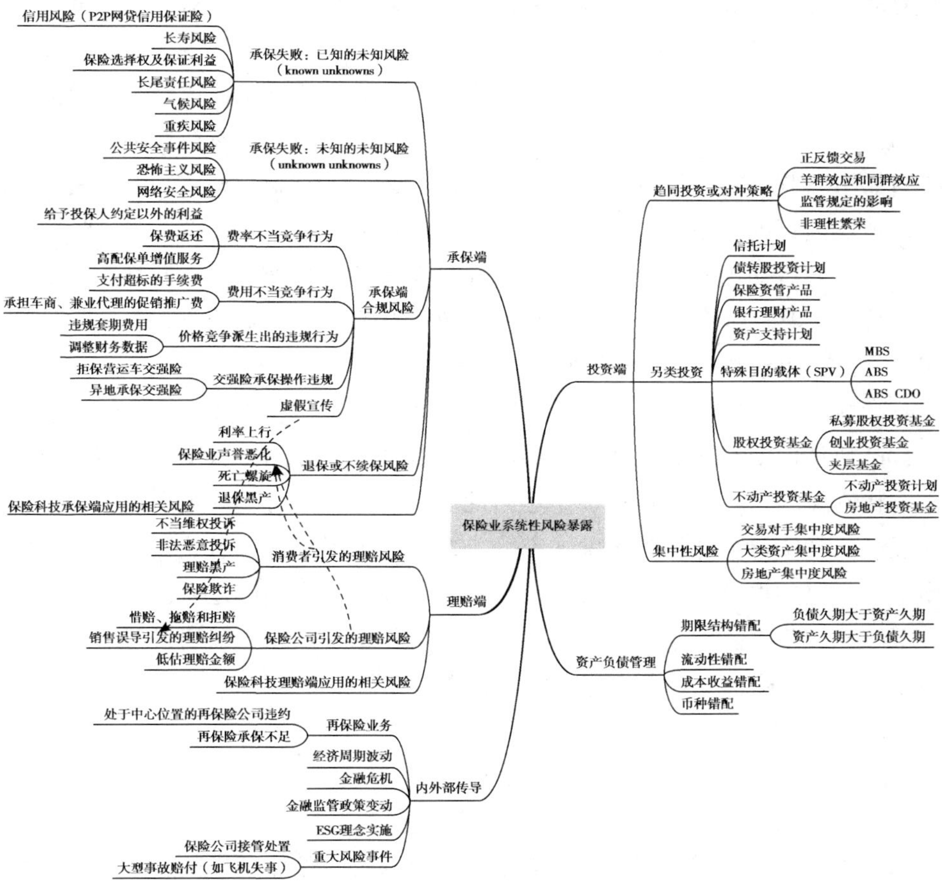

图4　保险业系统性风险暴露的思维导图（修订版）

“在本次针对保险业的风险的讨论中，我们收获很多。在课堂讨论前，本小组先从保险企业经营的展业、运营、理赔等各个环节，分析了其面临的系统性风险，即与个别保险公司的操作手段无关的企业必然面临的风险。在课堂上，我们看到了其他小组的总结答案，对保险业面临的风险有了更多角度的感受。有的小组的总结像论文一样，论据丰富，还参考了国外资料。最后，老师给出较为丰富的总结图，还针对每一项作出详细的解释。在对保险行业面临的风险的解释中，我们对保险行业的实际情况以及对保险专业以及其他专业的知识有了更深刻的理解。”

“通过本次作业分享，我们对整个保险业潜在的系统性风险有了更为全面的认识，这有助于我们思考保险业目前潜在的问题，以及在新的保险场景应当如何思考，这为我们了解或进入保险业提供了基础性思维逻辑支持。”

“课前以小组的形式和利用思维导图这种工具主动了解研究、学习内容，让我们对知识有了更好的把握，并且在课堂上听到老师和同学对相关知识的分享，我们获益匪浅。课后采用修改及补充思维导图的方式，让我们加深了对保险业系统性风险暴露知识的理解。”

“在本次专题研讨活动中，我们小组的收获很多。首先，老师让小组成员自己总结保险行业面临的系统性风险并绘制知识导图，这给予小组成员自主查找资料的机会，不仅提高了小组的协作能力，而且能尽量多地获得大家的反馈。其次，在课堂上老师让部分小组进行汇报展示，这让其他同学了解到不同小组的思路与结论。最后，在课堂上，老师详细讲述自己总结的保险业系统性风险暴露，有助于我们系统地了解与掌握知识，课后进行分析与补充使我们进一步加深印象，有利于更深刻地掌握知识。”

四、结束语

深入学习宣传贯彻党的二十大精神，是现阶段党建工作的重中之重。采取适宜的方式，让党的二十大精神进校园、进课堂、进头脑，是一项既富有意义又具有挑战性的教学任务。在企业风险管理课堂上，契合教学内容，有机穿插“保险业系统性风险暴露”专题讨论环节，并积极发挥学生的主观能动性，群策群力绘制“保险业系统性风险暴露的思维导图”，在一定程度上起到宣传党的二十大报告“守住不发生系统性风险底线”精神的效果，得到了学生的正面的学习反馈。

但是，由于讨论课时有限，本次专题讨论没有涉及保险业系统性风险管理的内容，对于学生全面认识保险业系统性风险暴露而言存在着不足。不过，保险业系统性风险暴露的大讨论能够起到抛砖引玉的效果，激发起学生管控保险业系统性风险的深入思考。更为关键的是，讨论能促使他们怀揣敬畏风险之心进入保险行业工作，成为保险行业稳定经营的守护人，这样的教育意义深远。

参考文献

[1] 习近平. 高举中国特色社会主义伟大旗帜 为全面建设社会主义现代化国家而团结奋斗——在中国共产党第二十次全国代表大会上的报告[M].北京：人民出版社，2022.

[2] 郭树清. 加强和完善现代金融监管[C]//本书编写组. 党的二十大报告辅导读本. 北京：人民出版社，2022：275−282.

[3] 教育部. 中央教育工作领导小组秘书组 教育部党组印发通知对教育系统深入学习宣传贯彻党的二十大精神作出部署安排[EB/OL].（2022−10−31）.http://www.moe.gov.cn/jyb_xwfb/gzdt_gzdt/s5987/202210/t20221031_673694.html.

Design and Effect Analysis of Ideological and Political Teaching of the Course of Enterprise Risk Management：Taking an Activity of “the Spirit of the 20th CPC National Congress” into the Classroom as an Example

Abstract: It is the primary task of the construction of the course-based ideological and political education at present and in the future to deeply promote “the Spirit of the 20th CPC National Congress” into the campus, into the classroom and into the mind. The paper takes the course of Enterprise Risk Management as an example, discusses the feasible path of integrating “the Spirit of the 20th CPC National Congress” into the professional courses, considers the teaching design of the course-based ideological and political education, and analyzes the implementation effect of the teaching practice. Considering that Enterprise Risk Management is taught to undergraduates majoring in insurance, discussing the systemic risk exposure of insurance industry is a good combination of "the Spirit of the 20th CPC National Congress" into the course. Accordingly, this paper designs and implements the activities of the ideological and political education, including: assigning discussion topics by the teacher, the students' group-thinking, completing group report, the presentation of the excellent groups, teacher's comments, drawing of the draft mind map, rediscussing, and revising the mind map. The paper attempts to provide useful inspiration for similar courses to incorporate the "the Spirit of the 20th CPC National Congress" into the classroom.

Key Words: The Spirit of the 20th CPC National Congress, The Course-based Ideological and Political Education, Teaching Design, Risk Management

蜜雪冰城，甜蜜蜜？

冯体一　周　岳*

摘　要：2021年1月龙珠资本、高瓴资本联合领投，完成蜜雪冰城的首轮融资，投后估值200多亿元。2022年9月公司递交首次公开发行申请，计划发行价格或超过162元，发行不超过4001万股，保守估计其市值约为648亿元。短短一年多，公司的估值就暴涨了3倍多。传统餐饮行业、毫无新奇的门店加盟模式，资本市场为什么会给出蜜雪冰城如此高的估值？然而一年多过去了，寻求A股上市终是梦碎。蜜雪冰城不得不转向中国香港，并于1月2日向香港交易所递交上市申请。本文通过深度、详细分析蜜雪冰城发展历程、股权结构、经营模式、品牌运营、供应链体系、面临的挑战等，揭示蜜雪冰城能否持续“甜蜜蜜”。

关键词：蜜雪冰城　商业模式　供应链　估值

一、引言

走进蜜雪冰城，2元的摩天脆脆甜筒，4元的柠檬水，7~8元的奶茶……在如今一杯奶茶普遍二三十元、雪糕动辄几十元的时代，你是否会好奇饮品

*　冯体一，上海对外经贸大学金融管理学院副教授，硕士研究生导师，研究方向为对外投资、公司金融。周岳，上海对外经贸大学金融管理学院硕士研究生，研究方向为公司金融、估值。

卖这么便宜，能赚钱吗？2022年9月22日，蜜雪冰城向深圳证券交易所提交了IPO申请，招股书显示，公司现有超2.2万家门店、一年利润19亿元，收入更是高达103亿元，显然，这个连“你的老家”都渗透到的茶饮品牌，有着可怕的赚钱能力。它用真实数据告诉大家，他们可不是在赔本赚吆喝，而是名至实归的“雪王”！

传统餐饮行业、毫无新奇的门店加盟模式，作为平价饮品代表的蜜雪冰城从竞争激烈、百花齐放的现制茶饮行业中脱颖而出，实现了快速扩张之路。然而，创始人张红超、张红甫兄弟俩最近却有点烦，公司毛利率持续下滑、食品安全问题屡被通报。而历时一年多的A股上市申请终是梦碎。蜜雪冰城不得不转战中国香港，并于2024年1月2日向香港交易所递交了IPO申请，拟筹资约10亿美元。此外，被称为“蜜雪冰城平替”的甜啦啦也被传出即将上市的消息。而在蜜雪冰城S2B2C的经营模式得到更多关注的同时，越来越多来自不同定位的新茶饮品牌也开放加盟、疯狂扩张。新茶饮市场的红利正在逐年减少，内卷越来越严重，而下沉市场的跑马圈地，业已进入大乱斗的局势。那么，蜜雪冰城距成功上市之路还有多远？其跑马圈地的先行者优势还能持续“甜蜜蜜”吗？

二、现制茶饮行业现状

截至2021年，中国人均可支配收入由2016年的2.38万元提升至3.51万元，复合年均增长率达到8.1%。随着购买力的提升，居民消费品类发生了较大变化，现制茶饮行业顺应消费升级趋势，实现爆发式增长。根据艾媒咨询的调查数据，2016年中国新式茶饮市场规模约291亿元， 2019年增至2045亿元，复合增长率高达91.5%，长期来看，新式茶饮还将呈扩大态势，2021年新式茶饮市场规模接近2800亿元，之后的五年CAGR可达15.3%（见图1），预计2025年达到3749亿元，该增速远超国内饮料行业规模的预期增速5.9%[①]。

① 浙商证券.蜜雪冰城招股书解读：“高质平价”国民茶饮王牌[EB/OL]. [2022-09-28]. https://mp.weixin.qq.com/s/PMDW86Y3VT9Oh8smwPBI3A.

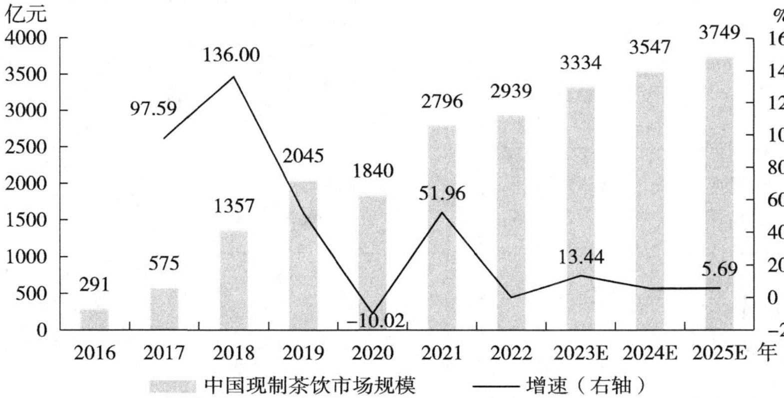

图1　中国现制茶饮行业市场规模及增速

（资料来源：艾媒咨询、民生证券研究院）

根据头豹研究院发布的《中国茶饮行业调研简报》，中国茶饮行业经历了五年的无品牌生态后，1996—2011年形成了由快乐柠檬、COCO为代表的茶饮企业，商家品牌意识增强，通过加盟模式实现门店的快速扩张，进一步提升品牌知名度和市场份额。2012年至今，现制茶饮行业成为投资的新风口，奈雪的茶、喜茶等品牌估值超过百亿元（见图2）。此类茶饮通过高颜值的门店、时尚的包装、健康的原材料等差异化营销策略吸引消费者的关注，但饮品单价较高，一般处于20~30元价格带，且多为直营店模式。以古茗、一点点、书亦烧仙草为代表的中端奶茶品牌则在二三线城市获得了较大的市场份额。此外，以蜜雪冰城为代表的平价茶饮看准下沉市场，经营模式以较低门槛加盟为主，凭借产品的低价策略在四五线城市迅速发展，成为高速扩张的代表品牌，截至2022年第二季度末，蜜雪冰城旗下门店数量超过2.2万家，且其市场规模有望在日益扩容的新茶饮行业持续提升（见图3）。随着移动支付渗透率的提升和外卖市场规模的扩大，未来茶饮行业外卖市场规模呈上升趋势，门店分布更广的品牌凭借其快速占领线上市场的优势会更加受益。

阶段	代表品牌	茶饮产品特色	品牌经营理念
1.0阶段（1990—1995年）	小作坊商家	粉末冲泡类奶茶，产品营养价值极低	仅为茶饮产品的提供方，无品牌及经营管理意识
2.0阶段（1996—2011年）	街客、地下铁、快乐柠檬、CoCo等	奶茶形式多元化发展，原料品质持续升级	品牌意识更强，通过采用加盟模式，实现快速扩张
3.0阶段（2012年至今）	喜茶、奈雪的茶	主打健康原料（如新鲜水果、高品质茶叶）	高端定位，传递品牌价值观
	蜜雪冰城		低价策略，占领下沉市场

图2 中国茶饮行业发展历程

（资料来源：头豹研究院）

产品类别	品牌	主要经营模式	门店数量	产品均价	主营产品
现制茶饮	蜜雪冰城	加盟	20000+	6~8	果茶、奶茶、纯茶、冰激凌等
	古茗		6600+	15	果茶、奶茶、芝士茶等
	书亦烧仙草		6500+	13	烧仙草、果茶等
	茶百道		5800+	16	果茶、牛乳茶、奶茶等
	沪上阿姨		4800+	15	五谷茶、奶茶、果茶等
	益禾堂		4600+	10	果茶、奶茶等
	甜啦啦		3900+	9	果茶、奶茶等
	一点点		3500+	15	纯茶、奶茶、柠檬茶等
	奈雪的茶	直营	900+	27	奶茶、果茶、欧包等
	喜茶		800+	25	芝士茶、果茶等
	茶颜悦色		500+	17	奶盖茶、奶茶等
现磨咖啡	瑞幸咖啡	直营	7400+	19	美式、拿铁、摩卡等
	星巴克		6700+	39	美式、拿铁、摩卡等
	幸运咖	加盟	600+	8	美式、拿铁、摩卡等
现制冰激凌	密雪冰城	加盟	20000+	6~8	果茶、奶茶、纯茶、冰激凌等
	肯德基	直营与加盟模式结合	8900+	36	炸鸡、汉堡、薯条、冰激凌
	麦当劳		5400+	28	炸鸡、汉堡、薯条、冰激凌
	冰雪皇后		1100+	26	冰激凌、快餐
	哈根达斯	直营	400+	75	冰激凌

图3 现制茶饮行业代表性品牌产品价格带展示

（资料来源：窄门餐饮、华安证券研究所）

三、蜜雪冰城简介

（一）历史沿革

蜜雪冰城的故事始于1997年张红超在郑州街头摆起的刨冰冷饮摊，经过多次创业尝试后，2006年因推出的1元/支新鲜冰激凌产品受到极大欢迎，开启了河南省内加盟扩张。2008年门店数达180家，三聚氰胺事件导致冰激凌粉供应商关停，蜜雪冰城着手自建供应链，此后在核心原料采购、生产、仓储物流等多个环节进行布局，由省内走向省外，年开店数上升至千家以上。2011—2019年，蜜雪冰城品牌形象经历了三次全面升级。2019年蜜雪冰城VI系统全面升级，应用了众所周知的“雪王”形象。2020年6月22日，蜜雪冰城宣布全球门店数量突破10000家，成为首家门店数量超过10000家的茶饮企业。截至2023年10月末，公司全国总门店数已超过24000家，其中蜜雪冰城23923家，幸运咖超2800家，极拉图21家，均以加盟为主要的发展模式。门店网络覆盖31个省份。不仅如此，公司积极走出国门，在印度尼西亚、越南已分别开设了2300家、1300家“蜜雪冰城”门店。

（二）股权结构

截至招股说明书签署日（2022年3月31日），蜜雪冰城的创始人兄弟为直接控制人，张红超任公司董事长，张红甫任公司总经理，各直接持股42.78%，并分别通过员工持股平台始于足下、青春无畏间接持有公司股份0.45%，合计持有公司超过86%的股份，股权相对集中。此外，2021年由高瓴旗下的高瓴蕴祺、美团旗下的龙珠美城联合领投完成蜜雪冰城首轮融资，各投资10亿元取得4%股份，成为第三和第四大股东，该轮融资后蜜雪冰城估值超过200亿元人民币。此外，天津磐雪持股2%，万店投资持股0.9%，时朋持股0.88%，孙建涛持股0.88%，罗静持股0.71%，蔡卫森持股0.18%（见图4）。公司共设立19家全资子公司，2家直接控股公司和15家间接控股公司，1家参股子公司，公司及其子公司共设立50家分公司。

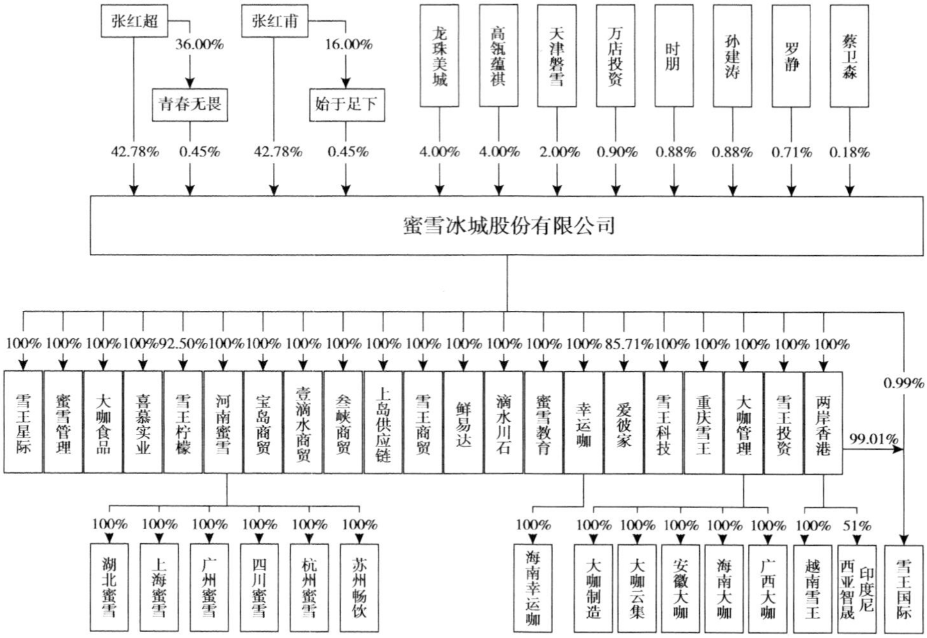

图4　蜜雪冰城股权结构

（资料来源：蜜雪冰城招股书）

公司股权结构稳定，在行业深耕20余年，团队年轻而稳固，参与了公司创建至今的全过程，能很好地带领公司继续前行。

四、蜜雪冰城竞争优势

（一）商业模式

蜜雪冰城是一家主打平价高质现制饮品的超级供应链公司，采用“供应链—加盟商—消费者（S2B2C）”的商业模式，主要由三大公司共同服务，蜜雪冰城股份有限公司主导管理运营，大咖国际食品有限公司主导研发生产，上岛智慧供应链有限公司提供仓储物流服务，三大公司共同协作形成完整的产业链，此外还设立专门负责加盟商培训的子公司——郑州蜜雪冰城教育科技有限公司。

作为平台S端，蜜雪冰城率先突破“自建工厂、自建供应链、自产核心原材料”的生产壁垒，大力发展生产基地和仓储物流建设，通过自建生产、仓储基地，在部分重要原材料核心产地建厂等方式，向供应链上游延伸，构建了一条“特许经营、研发生产和仓储物流”并行的完整产业链，此外，还有与蜜雪冰城合作的外部供应商和物流作为蜜雪冰城供应链的辅助支撑，这样完善的供应链体系弱化了小B加盟商的成本，将原材料供应、产品创新、品牌强化、仓储、物流等方面综合起来赋能给小B加盟商。蜜雪冰城高度重视信息化系统建设，运用大数据实现用户画像分析，打造出C端消费者喜爱的产品，对于小B加盟商，蜜雪冰城运用大数据实现数据驱动选址，对所选铺面的位置、面积、所处商圈、客流量及客流人群类型等方面进行分析，帮助加盟商对所选门店位置的投资回收期进行评估，提高开店的成功率以及坪效，为小B端赋能。因此，能够吸引小B加盟商前来加盟，信任门槛也相对降低很多，同时，高密度线下门店本身是吸引加盟商、提升品牌知名度的有效途径，使蜜雪冰城在C端消费者中的影响力不断提高，这在一定程度上节约了平台S端的广告宣传成本，不仅能够扩大蜜雪冰城的品牌影响力，而且能够吸引更多小B前来加盟，让整个团队迅速裂变，在下沉市场加速滚雪球，跑马圈地抢占市场，拥有了更多销售渠道。

而对小B加盟商来说，一方面，蜜雪冰城目前已基本完成区域品牌向全国品牌转化的过程，具有极强的品牌效应，平台S端的统一产品及原材料质量保障，让小B加盟商被赋能，没有了对C端客户解释货物来源、保证质量、产品推广等问题，为其宣传和产品销售打开渠道，增加销量，同时也让平台S端受益。另一方面，蜜雪冰城S端完善的供应链体系弱化了小B加盟商的成本，将原材料供应、产品创新、品牌强化、仓储、物流等方面综合起来赋能给小B加盟商，强化其库存管理，能够减少其库存及资金压力。

蜜雪冰城凭借价格优势提升复购率，迅速扩大市场，并利用销售规模分摊成本，为自己留出盈利空间，既为消费者提供物美价廉的产品，又使加盟商有利可图，享受低价格带来的需求红利弹性。2022年6月，蜜雪冰城正式全面开放乡镇加盟申请，公司门店进一步下沉，辐射更多四五线城镇（见

图5）。与此同时，蜜雪冰城业务往供应链上游延伸，规模采购提高了对上游供应商的议价能力。蜜雪冰城大力发展生产基地和仓储物流建设，随着公司扩建扩产，产能释放，产量增长迅速，能够满足加盟商和消费者的需求，规模效应凸显，在源头控制价格，进一步压缩下游加盟商供货成本，吸引更多加盟商前来加盟。门店运营高度标准化，在加盟商高度依赖品牌的同时，实现了加盟商、顾客与公司的多方共赢。①

加盟蜜雪冰城，门槛低、选址要求低、投入资金少、回报周期短、可快速复制，这让加盟蜜雪冰城事实上变成了一个创业项目。而基于打造和提供好喝便宜的新式茶饮这一目的，让消费者感受到了真实惠，买了就走，饮品拿在手上，无形中又为店家做了免费活广告，带来更多流量。店面小，不用提供体验场景和空间，却极大地提升了效率，尤其是人员的效率。这就是蜜雪冰城成功的极致效率！

此外，在加盟模式下，随着门店数量增长，管理半径扩大，蜜雪冰城加强员工和加盟商培训，完善门店管理机制，督导人员会巡查门店产品品质、卫生环境等，若不合格则要求整改。同时，设有独立于市场督导组的稽核组对门店进行抽查，确保门店标准化经营。蜜雪冰城门店存活率行业领先，关店率数据较为健康，这反映出目前公司加盟商管理及门店经营情况较好，2021 年蜜雪冰城关店率为4.5%，同比下降3.8%（见图6）。

① 中信建投. 蜜雪冰城模式及核心能力突出助发展，海外入境中国香港政策放宽[EB/OL].[2022-09-27]. https://mp.weixin.qq.com/s/ENDLjEYEou-Rrg-cu2qtNg.

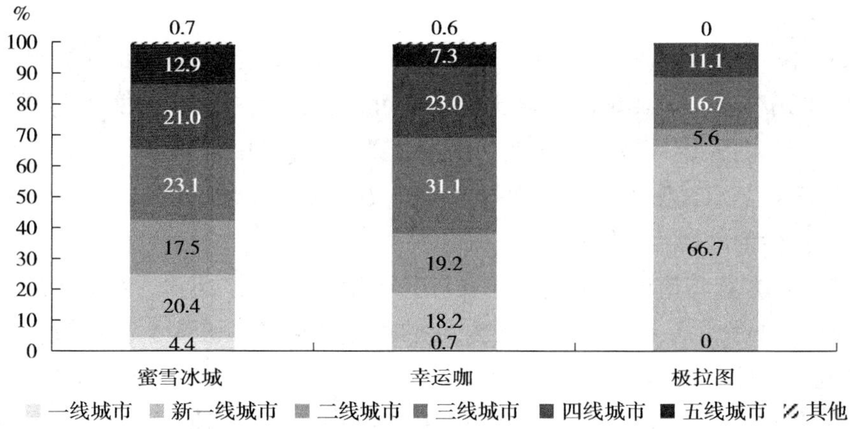

图5　蜜雪冰城不同城市门店占比（截至2022年第三季度）

（资料来源：窄门餐眼、华泰研究）

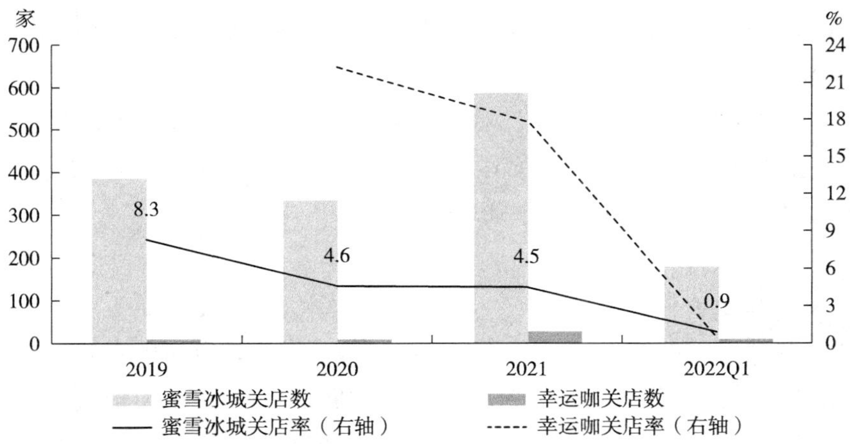

注：关店率=期间关店数/期初门店数。

图6　蜜雪冰城关店数

（资料来源：蜜雪冰城招股书、国金证券研究所）

（二）品牌优势

低价高品质是蜜雪冰城最鲜明的标签，蜜雪冰城产品系列的价格区间基本都在8元以下，经典单品“魔天脆脆”和爆款产品“冰鲜柠檬水”价格分别低至3元和4元，远低于市场上其他现制茶饮品牌的产品单价。窄门餐眼数据分析报告显示，蜜雪冰城外卖端客单价仅6.9元，在全品类上售价低于可比公司，将性价比做到了极致。

超24000家高密度线下门店本身就是吸引加盟商、提升品牌知名度的有效途径，这些门店基本覆盖了国内31个省份并形成了极强的品牌效应。目前，蜜雪冰城已基本完成区域品牌向全国品牌的转化过程，除大本营河南省外，山东省、四川省、山西省、河北省等6省门店数占比超过 5%，具有优势区域的同时全国布局已相对均匀。

洗脑广告曲传播已形成广泛的粉丝认知，人格化 IP“雪王”营销非常成功。2019 年公司品牌形象和根据经典民谣《哦，苏珊娜》改编的广告曲发布，可爱的 IP 形象加上朗朗上口的广告曲，非常符合平价品牌的调性。经历两年沉淀，“雪王 ”IP 在2021年成为热点，品牌知名度进一步提升。目前，蜜雪冰城主题曲播放量超52.9亿次，仅抖音平台有关蜜雪冰城的话题播放量就已超过170亿次，蜜雪冰城微信公众号、快手、抖音等相关平台的粉丝总量高达3000万人，品牌影响力不断增强①。

（三）供应体系

蜜雪冰城打破传统供应链，率先突破“自建工厂、自建供应链、自产核心原材料”的生产壁垒，构建了一条“特许经营、研发生产和仓储物流”并行的完整产业链，最大限度地降低了前端运营成本，真正确保了高质量，同时坚持了实惠的价格。

① 招商证券.蜜雪冰城：高性价比茶饮品牌，供应链+规模效应打造护城河[EB/OL].[2022-09-28]. https://mp.weixin.qq.com/s/4bWlqkN-_Tf30eTXnV9XNg.

1. 生产端：核心原料自产，“材地产”制度突出生产优势

在生产端，在蜜雪冰城的商业模式下，采购中心通过消费者画像对消费者进行需求预测，统计分析所需的供应量，拟定生产所需前端原材料、包装材料、设备设施等的采购计划，并安排下达采购订单。蜜雪冰城通过自建生产基地，以及部分重要原材料公司直接在产地建厂等措施布局上游生产领域，实现对核心食材的自产，规模效应开始凸显。一方面通过当地采购当地加工，提高对上游供应商的采购议价能力、减少运输途中的损耗从而减少采购成本；另一方面通过自建生产基地，并不断扩充自产食材的种类，实现对核心原材料规模化、专业化的生产，在保证原材料供给稳定以及产品质量稳定的前提下，能够直接提高对门店的产品供应速度和能力，达到保质、降价、及时供货的效果，形成上游生产的成本优势。截至2022年第一季度，蜜雪冰城已建立16.8公顷智能制造产业园，拥有13万平方米的全自动化生产车间，可确保现场饮料和冰激凌核心成分的自主生产。目前，正准备在广西、重庆、河南、海南、安徽等地建设新的生产基地，同时进一步向上游整合。例如，在国内柠檬主产区四川安岳建立柠檬初加工生产基地。与安岳县建立合作关系后，每年约有6500名果农直接供应柠檬，降低了消费和采购成本。计划未来在重庆潼南、广西崇左等原材料产区建厂，进一步扩大生产优势。根据生产和销售数据，固体饮料已经实现了100%自我供应。

2. 物流端：仓储基地+第三方统一配送模式，物流网络辐射全国

在仓储物流端，蜜雪冰城的产品对食品保鲜技术和仓储物流体系提出了较高的要求，必须具有高频、小批量、快速配送、多点配送的特点，以此为目标，在仓储布局上，蜜雪冰城根据配送中心规模及所处流通渠道位置的不同，建立三级分仓体：CDC中央配送中心、RDC区域配送中心及FDC前置仓。CDC是企业销售物流运动的中心和枢纽，承担着商品的入库、库存、分拨、运输、配送等最高层级的流转任务。RDC具备较强的辐射能力和库存准备，向省份进行配送，一般配送规模较大，多数配送给下一级的城市配送中心。FDC是在区域仓储中心之下在重点区域设置的前端物流中心，主要功能是使商品面向终端更快、更经济的流动。蜜雪冰城前期已在郑州、佛山、沈

阳、成都、新疆乌鲁木齐成功构建五大CDC中央仓配中心，在河南、四川等22个省份设立RDC省级分仓，并通过外租方式扩充物流基地，建立了基本覆盖全国的物流输送网络，能有效提高物流运输的效率，缩短向终端门店的运输时间，减少门店从订货到交货的时间，从而达到门店单次少量订货的目的，有助于门店有效管理库存，减少加盟商库存及资金压力。此外，公司对加盟商推行全国物流免运费的政策，降低加盟商的运营成本，提升品牌吸引力。

蜜雪冰城高度重视信息化系统建设，通过MES制造协同系统、ERP企业资源计划系统、SCM供应链管理系统实现仓库区域合理划分，节省作业时间。在产品入库时利用无线电波读取或写入信息的自动识别技术，采用电子标签对产品进行标记。在接收订单后，在最近仓库以最优方式实现订单物流交付的功能，通过供应链管理系统将订单需求转换为物流作业任务，在执行拣选、复核后完成出库，并与各物流承运商系统进行数据共享，实时监控每个订单当前运输状态并对订单进行时效和异常管控，这样做节省了作业时间，提高了作业效率，使蜜雪冰城的仓储管理成本降低。

（四）营业收入新亮点

世界银行统计数据显示，2020—2024年东南亚整体经济GDP增速预测为4.9%，整体上高于成熟发达经济体的增速。蜜雪冰城放眼东南亚现制茶饮蓝海市场，为提升营业收入增添了新的动力，“出海”效果可观。截至2023年第三季度末，蜜雪冰城已设立了两岸香港、雪王国际、越南雪王以及印度尼西亚智晟四家公司，专门从事海外经营业务。目前，越南境内共有1300家蜜雪冰城门店，印度尼西亚境内共有2300家门店。

蜜雪冰城旗下的“幸运咖”将产品定价设在8元左右，产品价格远低于瑞幸、星巴克，其加盟店数量增长较快，截至2023年8月31日，“幸运咖”加盟店数量已突破1400家，且三线、四线、五线城市布局的门店数占比超过了60%，有望复刻蜜雪冰城的扩店路径。

2023年10月25日消息，蜜雪冰城计划在2028年前后将日本的门店数量增加到1000家。除了开店外，蜜雪冰城还表示，以后在日本市场上市的新品价格可能还会下调，以单杯售价100日元（约合人民币5元）起的超低定价为卖点。目前，蜜雪冰城全球门店数量已经超过3.2万家。其中，海外门店数量超过3100家，涵盖日本、新加坡、澳大利亚、韩国以及印度尼西亚等国家。

2023年10月，有消息称蜜雪冰城计划于明年在香港IPO，拟筹资约10亿美元，且已选择美国银行、高盛和瑞银作为保荐机构安排上市事宜。针对此事，蜜雪冰城表示不予置评。根据红餐大数据，截至2023年10月31日，蜜雪冰城的全国门店数超过24000家。据《经济学人》报道，蜜雪冰城已是全球第五大连锁快餐品牌，仅次于麦当劳、赛百味、星巴克和肯德基。

五、蜜雪冰城面临的挑战

（一）加盟店管理及食品安全

蜜雪冰城凭借其加盟为主的经营模式快速占领市场，短期内取得巨大收益，加盟店是蜜雪冰城的生命线，加盟商越多越赚钱，但这同样存在一定的风险。相比直营店，加盟商拥有对加盟门店的所有权和收益权并负责加盟门店的具体经营管理，同时在经营过程中接受特许人的业务指导和监督。而加盟门店作为公司的外部合作主体，在贯彻和执行公司管理制度、运营标准等方面可能发生与公司要求不一致的情况，这增加了管控难度，从而会削弱品牌力。近期，蜜雪冰城出现的食品安全事故和产品质量纠纷均出自加盟店。即使拥有一套完备的操作规范和管理体系，但随着加盟店增多，风险也在不断增加。在黑猫投诉平台上，蜜雪冰城相关的投诉数量高达4000多条，其中一半以上是食品安全类投诉。重大的食品安全事件势必会严重打击行业整体消费信心，从而导致市场需求大幅缩减，影响公司经营业绩。

（二）市场竞争

2022年以来，喜茶、奈雪的茶等多个奶茶品牌开始放低身段，如喜茶推出了多款价格仅10元左右的新品，高端奶茶品牌的价格也多次下降，奶茶市场逐渐告别了“30元时代”，定价区间的下降抢走了中低端现制茶饮品牌的不少消费者。而在创造超20000家门店奇迹的同时，蜜雪冰城的扩张不可避免地陷入了饱和。2022年蜜雪冰城加盟门店增长10000余家，而2023年上半年新增门店少于2000家，呈明显放缓态势。依靠快速扩张实现增长的路径恐难持续太久。蜜雪冰城也在尝试品类拓展，但目前的发展规模和体量尚不理想。

六、展望

凭借独特的商业模式、营销策略、IP效应带来的品牌优势以及庞大的供应体系，蜜雪冰城实现了快速扩张规模，品牌力甚至延伸至全球。当然，市场饱和、扩容减速，商业模式易被复制，以及食品安全、庞大加盟门店的管理等仍可能会给公司带来诸多挑战，而海外市场能否完全复制国内模式也尚待进一步检验。随着国内高端茶饮品牌喜茶、奈雪的茶等纷纷降低“身段”加入价格战，主打“极致下沉”并在新茶饮赛道一骑绝尘的“蜜雪冰城的平替”——甜啦啦，更是在蜜雪冰城涨价1元冲上热搜的情况下成为大众面临“喝还是不喝”的灵魂拷问时的不二之选。未来茶饮市场的竞争必将更加惨烈，蜜雪冰城能否持续“甜蜜蜜”，这才是创始人张红超、张红甫兄弟俩目前最为关切之事。

参考文献

[1] 张乐乐，张林. 企业商业模式研究综述[J]. 管理现代化，2012（6）：76-78.

[2] 魏炜. 重构商业模式[M]. 北京：机械工业出版社，2010.

[3] 蒂姆·科勒. 价值评估：公司价值的衡量与管理[M]. 4版. 高建，等，译. 北京：电子工业出版社，2007.

Mixue，“Sweet Honey”？

Abstract: In January 2021, Longzhu Capital and Hillhouse Capital jointly led the investment and completed the first round of financing for Mixue, with a post investment valuation of over 20 billion yuan. In September 2022, the company submitted an initial public offering application, with a planned issuance price of over 162 yuan and no more than 40.01 million shares to be issued. Conservatively estimated, its market value is approximately 64.8 billion yuan. In just over a year, the company’s valuation has skyrocketed by more than three times. Why does the capital market give such a high valuation to Mixue in the traditional catering industry and the unremarkable franchise model of stores? However, more than one year has passed, Mixue’s seeking for an A-share listing is ultimately a dream shattered. It had to transfer to Hong Kong and submitted IPO application to the Hong Kong Stock Exchange on January 2nd.Therefore, this case study conducts a deep and detailed analysis of the development history, equity structure, business model, brand operation, supply chain system, and challenges faced by Mixue, in order to reveal whether Mixue will continue to be a “sweet honey”.

Key Words: Mixue，Business Model，Supply Chain，Valuation

金融科技与AI赋能MCN思考

——遥望科技案例教学解析

李晓周　冯馨戈*

摘　要：伴随互联网经济的崛起，直播电商行业发展经历了从2009年社区导购模式开启直播电商萌芽期，到2016年主要电商平台布局直播电商进入直播元年，再到2018年内容平台进入直播带货赛道。出身于互联网投放广告业务，遥望科技基于自身的多年流量运营优势，迅速在直播电商上实现了突破，一年时间快速成长为业内头部MCN机构，形成了拥有主播孵化、直播运营、选品供应链和流量投放等一站式直播电商解决方案的企业。本文以传统公司借助金融科技转型为互联网公司的发展模式为切入点，将经营模式、技术手段、估值与投资作为研究主线，同时结合相关事件进行对冲基金策略研讨，并将公司金融、企业战略管理与竞争战略、对冲基金及其管理等课程的内容融入案例分析中，分析在互联网技术与风险资本推动下的新型MCN企业特征，本案例可以从多个角度进行分析，具有一定的学术与研究价值。

关键词：金融学案例　遥望科技　AI直播　MCN

---

*　在本案例中有关数据资料皆来自公司年报和相关公开资料、互联网与相关新闻报道，作者仅对资料进行编辑整理，不代表个人观点，并无意暗示或说明某种管理行为是否有效。

李晓周，上海对外经贸大学金融管理学院副教授，主要研究方向为资产定价、金融衍生工具与金融风险管理。冯馨戈，上海对外经贸大学金融管理学院硕士研究生。

一、引言

随着直播电商行业的不断发展成熟，遥望科技、交个朋友、东方甄选等专业化直播电商服务机构（Multi-Channel Network，MCN）陆续涌现，相较于传统电商服务机构，它们在“人—货—场”各个维度展现了更高的能力要求，直播带货的门槛也日趋提升。仔细探究上述三个MCN巨头，可以发现企业自身的发展路径或者创始人的背景均出现了“转型”。其中，遥望科技旗下的品牌IP“遥望直播间”更是在抖音开播首日就涨粉150万人、次日单场GMV直接破亿元，开播10天内吸粉220万人，一个新人直播间能取得这样的成绩属实令人艳羡。在这样快节奏的环境下，遥望科技在直播电商业务上依然保持着持续的生命力，在国内依然占据着MCN三大巨头的宝座。我们不仅要关注遥望科技的自身发展路径，而且要探究它与外界环境的适配程度，即在金融科技与AI的发展背景下，它是否能抓住时代的风口是本案例教学需要深入探讨的焦点。

二、案例背景和发展历程

佛山遥望科技股份有限公司，原名为星期六股份有限公司（以下简称星期六），于2002年7月25日设立，2006年10月31日吸收合并力元鞋业，2009年正式在A股上市。作为首家在A股上市的鞋业公司（证券代码：002291），“星期六”是中国时尚鞋业领先的多品牌运营商之一，被誉为“女鞋第一股”。然而，随着时代发展变化，在之后的数年里，由于“星期六”自身业务单一、市场同质化严重，加之电商的冲击，其仅靠鞋履业务维持可持续性经营越发困难。

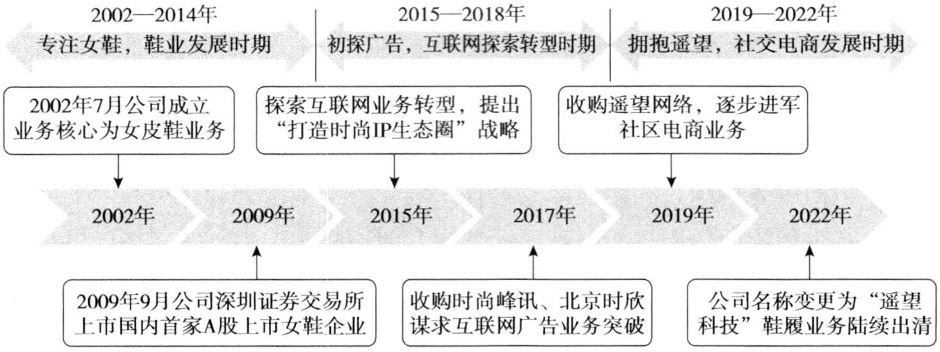

图1　遥望科技（“星期六”）发展背景和历程

从2015年起“星期六”开始了互联网领域探索之路。其中一个标志性事件就是2018年8月“星期六”斥资17.88亿元收购了遥望科技89.4%股权，这意味着公司将逐渐从传统鞋企转型为互联网营销服务公司。2019年3月，“星期六”完成重大资产重组，并购遥望科技，转型移动互联网，并深度布局社交电商业务。遥望科技于2010年11月在杭州成立，2018年布局直播电商领域，公司以“人—货—场”的商业逻辑，连接明星、达人与商家的社交电商服务，公司数次位居快手和抖音 MCN 影响力排行榜第一名。“星期六”转型后，公司以遥望网络为主导，深入布局直播电商产业。当前公司主营业务包括社交电商服务、传统互联网广告投放服务及基于微信的公众号社交营销服务，建立起了“艺人+主播”双核驱动的直播电商模式。

2022年，为进一步推进公司经营战略，公司整合鞋类销售相关业务及资产，整合完成后，公司于同年6月、8月两度挂牌计划转让“星期六”100%股权，以期剥离鞋类业务，并期望最终实现向轻资产运营模式的转型。2022年第四季度以来，公司加大了清货力度，并就主要的鞋履存货与市场上的第三方渠道（社区团购、抖音渠道、拼多多及唯品会渠道）签订购销协议，实现陆续卖出，只保留了公司电商业务中少量必要的存货。公司鞋覆库存陆续出清，未来将对销售渠道继续进行调整优化，以实现公司近几年来战略转型的完整落地，转向以互联网营销业务为核心、以供应链管理及品牌授权为经营策略的轻资产运营模式。

2022年11月，公司发布新的《公司章程》，确认变更名称为“佛山遥望科技股份有限公司”，进一步明确公司专注社交电商业务。同年12月1日，“星期六”正式更名为遥望科技，证券简称为“遥望科技”，证券代码保持不变。

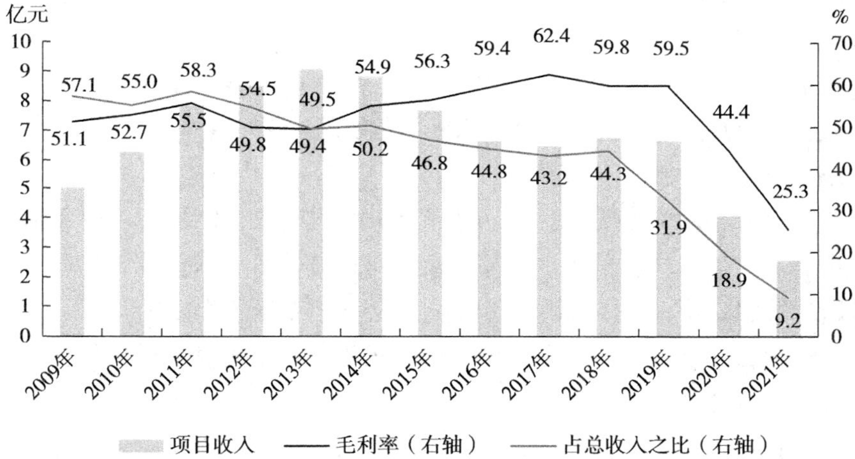

图2　遥望科技（“星期六”）营业收入分析

三、案例教学的思路

案例教学的基本思路是教师结合案例相关情景材料，通过事先设计好的问题，引导学生学习案例，控制案例讨论，实现案例教学目标。因此，教学设计的本质是案例问题与思考逻辑的构建，案例的决策点是案例分析的关键路线，决策点后隐藏的决策知识要素和决策规则是教学目标。

第一，提出具体问题的顺序。

（1）根据遥望科技的发展历程，是否可以总结出传统商业模式转型的路径？

（2）企业更名之前与更名之后，是否改变了劣势，危机是否得以解决？

（3）面对金融科技与数字化的浪潮，企业引入流量技术、热点工具和AI模型属于何种创新，改变模式后是否具有竞争优势？

（4）企业成为MCN的网红代表，能否实现真正的变现？

（5）企业在资本市场上的表现非常抢眼，对此能否给予一些分析和解释？

（6）如何理解金融科技与数字技术、AI主播赋能企业的过程，是否可以复制，是否具备竞争优势，企业未来的危机是什么？

第二，主要分析要点如下。

（1）传统零售业转型路径。随着互联网的发展，传统零售业面临着严峻的考验。为了适应新的市场环境，获得可持续性发展，传统零售业不得不寻求新的转型之路。具体来说，传统零售业部分转型路径如下：

在线销售：开设网店或在电商平台上销售产品，提供多样化的支付和物流服务，吸引更多的消费者。

多元化经营：拓展产品线，增加服务项目，如增加文化娱乐、健身、美食等，吸引更多消费群体。

体验式消费：通过提供更好的购物环境和购物体验，打造具有吸引力的购物场所，如提供美食街、娱乐设施、休闲空间等。

数据驱动：通过收集和分析消费者数据，提高销售效率和个性化服务水平，如通过大数据分析消费者购物习惯，优化产品和服务。

创新营销：通过创新的营销方式和渠道，如社交媒体营销、内容营销、影响力营销等，吸引更多的消费者。

智能化升级：通过引入人工智能、物联网、云计算等新技术，提高运营效率和服务质量，如引入智能收银机、智能仓储管理等。

建立生态系统：通过建立产业链上下游的合作伙伴关系，实现资源共享和优势互补，如与供应商合作、与物流公司合作等。

（2）金融科技与数字技术——网红经济。网红经济是数字经济时代产生的一种新的经济模式，指的是以互联网社交平台为基础，聚焦网络流量和粉丝形成定向销售市场，衍生出各种新的消费模式的网红经济产业链。网红经济的产生具有一定的必然性，与数字经济的快速发展密不可分。中国的网红发展历程大致可以划分为三个阶段，而这三个阶段也和互联网的技术成熟、商业模式的不断迭代密切相关。第一阶段：早期的互联网因为受到硬件以及宽带的限制，多数内容都是以文字形式出现，网络小说就是在这种环境下悄然兴起，而第一批在网络上走红的人就是创作这些小说的网络写手。第二阶段：互联网已经进入了图文时代，这一时期的网红多是依靠各种照片或者别具一格的言论走红，大多属于草根网红。第三阶段：移动互联网时代的网红多以视频主播、知名大V、电商模特为主。从第一阶段发展到第三阶段，网红也从最早的单打独斗发展到了现在的团队协作。整个产业也从最初的1.0阶段逐渐发展到3.0阶段，网红经济的规模也得到迅速扩张。2016年，可以被看作是网红经济3.0阶段的元年，这一年，“罗辑思维”投资了Papi酱，虎牙以一亿元天价签约游戏主播Miss……网红不再只是具有关注度、话题性的流量大户，人们从中看到了网红的商业价值。2019年，直播电商成为新的风口。随着抖音、快手等短视频渠道的崛起，网红带货成为新潮流。

（3）直播电商发展。近年来，直播电商作为一种新型商业模式，在增加就业、扩大内需、促进数字经济发展等方面发挥了积极作用。国家统计局数据显示，2021年社会消费品零售总额超过44万亿元，其中，直播电商市场份额占比约为5%。中国计量科学研究院发布的《直播电商行业高质量发展报告（2021—2022）》指出，随着政策、监管的日趋完善，直播电商行业将迎来持续、稳健的发展时期。目前我国直播电商的形式更加丰富。为促进乡村振兴，很多“新农人”加入农产品直播领域，为乡村的水果蔬菜等农作物打开了销路，带动乡亲们致富。除了商品直播，现在越来越多的新兴“知识主播”“定制直播”也使直播电商的生态越来越多元化。比如在东方甄选直播间中，董宇辉介绍商品可以中英文切换自如，出口成章，妙语连珠，还可以输出信手拈来的诗词歌赋，时不时迸发出浓缩智慧的金句。董宇辉在成为直播间一股清流的同时，也帮助新东方成功转型为东方甄选，实现10天之内直播间日销量从75万元到6257万元，由此可见，消费者对高质量内容输出的认可与追求。

（4）MCN变现方式。MCN意为多频道网络，起初是内容生产者和YouTube之间的中介。美国MCN不涉及内容生产，只是将内容创作者联合起来建立频道，助其解决推广和变现问题。中国MCN在原有职能上进行了扩展，利用自身资源为网红提供生产支持、账号运营等专业化服务。简言之，MCN是一种中介公司，它将网红联合在一起形成矩阵，上游对接优质内容，下游寻找推广平台变现。MCN的内容类型覆盖文字、图片、视频、直播等领域，分发渠道包括互联网社会化媒体、网络视频、内容资讯、电商导购等不同领域的平台，变现能力强且变现模式多元，包括但不限于广告收益分成、电商销售分成、流量分成、IP衍生品销售等。

四、案例要点分析与思考

遥望科技在直播圈的策略就是随波逐流，什么热度都蹭，什么打法都试。作为有上市公司背景的MCN机构，遥望科技已经具备了引领行业的实力。对于这些跟风的直播创新应该如何评价？我们根据以下要点进行判断。

（一）虚拟主播PK明星主播，优势与劣势并存

2021年底，直播电商因为薇娅、雪梨等超头部主播的查税风波而变得风声鹤唳。无论是品牌还是MCN都急于寻求一个不会塌房、可操纵空间大的主播，于是虚拟主播应运而生。按照孵化形式的不同，虚拟主播可以分为两类：一是从现有IP中孵化的虚拟人，比如脱胎于独立的动漫IP形象“我是不白吃”；二是由品牌、MCN自主孵化的IP，比如遥望科技打造的虚拟人主播“孔襄”。目前，不少虚拟人主播已经开始应用孪生主播技术，通过AI深度学习，让模型的表情、脸部细节定位完全达到与真人表演者同步的状态，也就是虚拟人主播完全有可能在虚拟世界里复制出一个真人主播。然而，虚拟主播对真人主播是否有替代作用？根据蝉妈妈数据，近三个月纯虚拟人物主播“我是不白吃”的直播场次为17场，总销售额约为59.8万元，到最后这个虚拟人物还需要配备真人主播来辅助直播，而且最近该账号也选择回归短视

频带货与打造自有食品品牌的变现途径。面对目前已经相对成熟的真人直播间，虚拟主播主要用于非黄金档，现在就让虚拟人挑大梁显然不太可能。目前各大MCN机构推出的虚拟主播更像是一场资本游戏，由于虚拟人物的运营需要高昂的研发维护成本，不少机构对这种主播形式是浅尝辄止，而遥望科技推出这一虚拟角色显然也属于蹭热度的行为。

（二）打造直播号品牌，轻视明星流量利弊参半

不玩虚拟人，2022年“双11”前罗永浩和东方甄选开始纷纷进入淘宝直播间。这让人不得不感慨：做号不做人或许才是直播电商的终极玩法。“双11”预售首日，罗永浩的淘宝直播首秀GMV2.1亿元，和李佳琦直播成绩差了两个小数点。但考虑到和抖音的独家合同已经到期，罗永浩转战淘宝，是一个明智的选择，毕竟抖音的野蛮成长期也已经到期，过去平台需要培养一个顶流主播的时代也渐渐过去，一个主播或是一个账号和某一个平台深深绑定的时代或也成为历史。

然而，遥望科技似乎也在进行类似尝试。遥望科技打造的“遥望未来站”通过旗下的明星主播助阵来拉抬整体流量。有知情人士透露，遥望科技的机构号再找明星直播一般不需要额外花钱。“遥望未来站”相当于一个内部资源再利用的产物。

（三）矩阵战术，海量公众号是“双刃剑”

矩阵是遥望科技最有特色的策略。在进驻抖音直播前，遥望科技就依靠公众号海量矩阵账号运营积累了第一波流量。在网红主播时代，遥望科技也采取了多个艺人主播相互助阵的模式，相互组合的网红直播显然比单一网红更具稳定度。遥望科技旗下的贾乃亮，杨子、黄圣依夫妇，沈涛等主播也经常相互帮忙，确实打造了一个属于遥望科技特有的直播模式。

但运营多个账号考验着直播团队的运营能力，同时规模化孵化网红直播，也让MCN机构面临着内容创意如何突破的问题。在内容质量上，多个账号的运营难免出现内容的雷同，甚至粗制滥造。遥望科技的公众号甚至就被

曝出全部照抄某乎。随着直播带货品类的增加，遥望直播间里的商品大部分已经跳脱原先母公司“星期六”的鞋服范围，如何驾驭庞大的商品供应链，同时还要确保商品质量，则是一个不小的问题。

（四）直播电商对经济社会的意义

直播电商作为电子信息技术持续创新背景下商业模式创新的产物，已成为人们生活中重要的一部分，近年来展现的社会经济价值显著，是当下我国社会经济发展的新助力之一。直播电商在促进消费、拉动就业、助力乡村振兴等方面发挥重要作用，具体表现如下：

（1）直播电商在拓展新消费人群、营造新消费场景、挖掘新需求推动新品类消费、降低交易成本、发展适应消费的新供给等方面具有重要作用，对促进消费持续恢复乃至快速增长具有重要意义。

（2）直播电商催生大量新型就业形态。除了主播，直播间里还诞生了助播、选品、脚本策划、运营、场控等多种新职业。直播电商提供了更低门槛、更灵活的就业岗位，有利于通过收入增加带动就业。以淘宝为例， 2016年自淘宝直播成立以来，催生了近200个年销售过亿元的生态机构，30万个收入稳定的职业主播，30万个年新开播商家。至今，淘宝直播平台主播人数已达到近300万人，带动300万个就业岗位，为超过5亿消费者提供了边看边买的服务。

（3）直播电商对于乡村振兴而言有最直接的意义，是帮助农产品、乡村文化旅游产品以及其他乡村特色产品链接大市场，通过大量曝光与主播信用加持，促进乡村产品销售，提升乡村收入水平。根据商务部数据，我国农产品网络零售额从2016年的1589亿元逐年增长至2021年的4221亿元。2022年农产品网络零售额将突破5300亿元。从数据上看，2019年农产品网络零售额大幅增长72.45%。与直播电商爆发时间相稳合。2019年在诸多因素影响下，直播电商爆发，市场交易规模增长227.7%。

（五）MCN对于直播电商发展的意义

直播电商是复杂网络环境下聚合各种资源而形成的一种优质服务生态系统，在海量非线性的信息资源交互中形成了庞大的价值网络，从而为多元利益相关主体的互动和价值共创创造了机会。

MCN机构是在直播电商时代兴起的网红生产工厂，是直播电商生态的重要元素。MCN机构不仅作为中介方发挥信息沟通的作用，而且提供了更为丰富的服务，包括主播培训、内容生产、多渠道分发、平台合作、粉丝运营、流量管理等内容方面的服务，在直播电商成为内容行业重要的变现形式后，直播电商领域的MCN机构更是将招商选品、促销方案、供应链管理、品控、售后服务等作为其非常重要的职能。MCN机构作为连接品牌商、主播与直播平台的桥梁，其最大价值体现在精准高效匹配供应链、孵化主播和维持流量上。从现阶段看，MCN机构推动了主播的批量化生产，对激活直播市场具有非常重要的意义。从未来发展看，MCN机构通过“代运营、代播、代销、培训”整合供应链、深度绑定商家，打造直播电商的“品牌孵化基地”，MCN机构将成为直播电商生态中的重要环节。通过协同直播电商生态中的相关环节，MCN机构推动了直播电商的价值创造。

五、教学总结

首先，金融科技可以通过提供资金支持帮助企业进行MCN模式的转型。例如，为企业提供创业投资、股权融资、债务融资等多种融资渠道，通过提供灵活的资金，帮助企业在转型过程中保持资金的稳定。在安全支付方面，金融科技可以提供支付、结算、风控等方面的支持，为直播电商提供更加安全、快捷、便利的交易环境。例如，通过智能合约技术，可以实现自动化结算和风险控制，提高交易效率和安全性。其次，金融科技可以通过AI提供数字化的工具和平台，帮助企业实现内容生产和分发的数字化转型，并且丰富直播形式，通过人工智能手段形成虚拟主播和元宇宙直播间，在一定程度上减少人力成本，丰富用户体验。在数字技术的持续赋能下，实体经济加速拥抱移动互联网，实现“数实融合”新形态，将给行业带来新的增长空间。最后，金融科技还可以提供数据分析和智能营销等解决方案，帮助企业实现精准的用户增长和营销推广。例如，利用大数据分析用户画像，提供个性化的推荐和服务，提高用户黏性和转化率。

本文以传统公司借助金融科技转型为互联网公司的发展模式为切入点，将经营模式、技术手段、估值与投资作为研究主线，同时结合相关事件进行对冲基金策略的研讨，并将公司金融、企业战略管理与竞争战略、对冲基金及其管理等课程的内容融入案例分析中，分析在互联网技术与风险资本推动下的新型MCN企业特征。本案例具有非常鲜明的跨专业特征，是对所学知识与技术的全面锻炼，案例使用教师可以从多个角度进行分析，并能够得到不同的分析结果，具有一定的教学挑战性。

参考文献

[1] 韩若冰. 数字技术推动下的文化创意产业生态化发展及其向度研究[J]. 山东大学学报（哲学社会科学版），2020（2）.

[2] 顾恩澍. 网络视频平台价值共创与商业模式创新的互动机制研究[D]. 北京：中国传媒大学，2023.

[3] 江小涓. 数字时代的技术与文化[J]. 中国社会科学，2021（8）.

[4] 五月机构调研热情高涨 AI成为资本关注焦点[EB/OL]. https://wap.eastmoney.com/a/202305102716587870.html.

[5] 林建萍. 直播带货盈利模式与建筑经济的融合路径分析[J].中国产经，2023（16）.

[6] 刘建刚，吴倩，张美娟. 直播带货平台生态体系价值共毁的演化博弈[J].中国管理科学，2023，31（3）.

[7] 张添荣. 东方甄选：直播MCN中的“守正出奇”[J].国际品牌观察，2022（24）.

Financial Technology and AI Empowering MCN: An Analysis of Case Teaching of Yaowang Technology

Abstract: With the rise of the internet economy, the development of the live streaming e-commerce industry began with the budding stage of live streaming e-commerce in the community shopping guide model in 2009, entered the first year of live streaming e-commerce with the layout of major e-commerce platforms in 2016, and then entered the live streaming sales track with content platforms in 2018. Born in the internet advertising business, based on its years of traffic operation advantages, Yaowang Technology has quickly achieved breakthroughs in live streaming e-commerce. Within one year, it has rapidly grown into a leading MCN (Multi Channel Network) organization in the industry, forming an enterprise with one-stop live streaming e-commerce solutions such as anchor incubation, live streaming operations, product selection supply chain, and traffic placement. The case takes the development model of traditional companies transitioning to the Internet through the use of financial technology as the starting point, focusing on business models, technological means, valuation, and investment. At the same time, it can combine relevant events to discuss hedge fund strategies, and integrate the content of courses such as corporate finance, enterprise strategic management and competitive strategy, hedge funds and their management into the case analysis, analyzing the characteristics of new MCN enterprises driven by internet technology and venture capital, case studies can be analyzed from multiple perspectives and have certain academic and research value.

Key Words: Financial Case, Yaowang Technology, AI Live Broadcast, MCN

“叶飞概念股”：市值管理还是操控股价？

李爱喜　方楚丹　董云望*

摘　要：随着股票发行注册制的有序推进，做好市值管理成为“注册制时代”每个上市公司使公司价值创造最大化的一种战略管理行为。但在实践中，“市值管理”往往与股价操纵和价格管理相关联，严重扰乱中国资本市场秩序。作为经典案例，本案例呈现“叶飞概念股”事件的起因、经过和结果，梳理中源家居“市值管理”背后的动机与利益关系，总结市值管理与股价操控的内涵与机制以及证监会监管的态度与雷霆手段。本文旨在引导学生站在理性投资者的角度了解资本市场上不为人知的灰色地带、甄别市值管理与股价操控行为以及理解有效监管对推进资本市场有序规范发展的意义。

关键词：“叶飞概念股”　市值管理　股价操控　证监会

一、引言

2021年5月，“叶飞概念股”事件刷爆金融圈，包括央视财经、澎湃新闻、华夏时报等多家媒体进行了跟踪报道，让时不时见诸报端的“杀猪盘”

*　李爱喜，教授，上海对外经贸大学金融发展研究所所长、金融管理学院金融系主任，研究方向为普惠金融。方楚丹，上海对外经贸大学金融管理学院硕士研究生。董云望，上海对外经贸大学金融管理学院硕士研究生。

现象的底层操作流程清晰地展现在公众面前。

私募大佬叶飞曾以2万元起家，在A股市场一路披荆斩棘。2016年，因旗下产品“倚天雅莉3号基金”收益率高达351%，叶飞荣获私募冠军称号。然而就在同年9月，叶飞就撞上了自己的滑铁卢。因多次违规操作，其公司被证监会注销私募基金管理人资格，自此“私募巨星”瞬间跌落神坛。此番沉寂数年再度“出山”，竟是为了向“背叛”自己的公司讨债。

此次叶飞喊话中源家居“讨债”的实质，看似是作为中间人与盘方之间的利益纠纷，但实际上反映了部分A股公司涉足的“市值管理”黑暗领域。穿梭其间的，既有上市公司及其股东方、盘方和中间人等多方的利益纠葛，也可能牵涉不为公众所知的灰色地带。这不禁令人疑问，原本合法合规的“市值管理”操作，缘何在事件中与“操控股价”画上了等号？究竟市值管理与操控股价的界限何在？哪些行为是阳光的市值管理，哪些又是见不得光的违规行为？这一系列问题有待深入探讨揭晓。

二、“叶飞概念股”的形成：“黑吃黑”坑错了人

（一）源于“市值管理”，祸起利益纠纷

据叶飞爆料，2021年3月，中源家居委托的盘方蒲菲迪通过申万宏源某营业部刘鹏联系他，希望他充当中间人，协助联系下游机构代持股票。双方达成协议，叶飞协助盘方联系下游公募基金及券商资管，进行市值管理。他们约定，公募及券商资管在3月31日购买中源家居股票，并按约定锁定仓位，计划将股价提高30%以上。

叶飞称，类似交易的标准流程通常是：首先，盘方先拿出相当于代持规模一个百分点的资金作为定金，通过中间人传递给代持方。其次，拿到定金的代持方与中间方在酒店房间会和，房间内放置盘方承诺支付的余下费用。再次，双方约定代持买入日，即通常为中证登公司向上市公司下发股东名册的前一天。在当天，中间人监督代持方执行事先约定好的买入操作。第二天，中证登公司向上市公司下发股东名册，盘方查看名册以确认代持方是否

履约，并告知中间人。最后，代持方和中间人拿走各自的报酬，交易结束。

然而，事情的发展超乎预料。在叶飞看来，盘方“太不是东西”，股价在约定拉升当日（3月31日）不仅没有上涨反而大跌。盘方出了状况，导致接盘方也有了异变——叶飞的下家民生证券买入中源家居股票1543万元；天风证券则没有如约“锁仓”。最终，中源家居股票多日跌停，盘方赖账，叶飞的上家申万宏源拿不到钱，相关中间人离职；下家民生证券巨亏，相关经理离职；下家恒泰证券亏损，相关经理离职；天风证券“违约”遭叶飞声讨……

原本是“帮人干脏活”，没想到却是“黑吃黑”。对此，叶飞愤怒地说：“一开始承诺的是‘锁仓’代持，给予保底的保证金，盘方提高股价30%以上。结果不仅没有‘锁仓’，还直接卖给我们，且没有支付承诺的保底保证金。”

（二）飞怒之下发爆料，“A股吹哨第一人”？

出现如此大的问题和损失，叶飞急于解决，而上市公司和盘方始终没有解决的意思。2021年4月1日，叶飞、刘鹏和盘方蒲菲迪等人见面谈和，蒲菲迪表示愿意一周之内支付尾款，但是一个月之后，在仍未收到尾款的代持方催促下，叶飞最终选择将此事在社交媒体上曝光。一时间，叶飞以此独特方式闯入公众视野。不禁令人发问，叶飞究竟何许人也？

根据公开资料，私募大佬叶飞曾以2万元起家，在A股市场一路披荆斩棘，还担任过财经评论员和电视证券频道特聘讲师。叶飞被机构评为阳光私募基金股票策略组2016年上半年度冠军，由此站上了职业生涯的巅峰。然而就在同年9月，叶飞就撞上了自己的滑铁卢。证监会公布了叶飞操纵“信威集团”“晋西车轴”“江淮汽车”“奥特迅”“中青宝”5只股票的情况，决定没收叶飞所得所有金额，并罚款1991万元。此后两年间，倚天投资两度出现在证监会通报的被采取行政监管措施的机构和个人名单之列；而到了2018年，倚天投资因不能持续符合私募基金管理人登记要求而被证监会注销私募基金管理人资格，自此“私募巨星”瞬间跌落神坛。

此番沉寂数年再度“出山”，竟是为了向“背叛”自己的公司讨债。叶飞甚至大无畏地表示，如果中源家居方面继续不作为，他将向证监会实名举报，即便自己也可能面临牢狱之灾。

在这场利益博弈中，像叶飞这种小角色，谋利不成反而损兵折将，无奈之下最终选择两败俱伤。这场由私募大V在微博开始的揭黑行动，瞬间就成为整个资本市场关注的焦点，叶飞也成了股民口中戏称的“A股吹哨人”。叶飞以一己之力揭露整个“市值管理”黑色产业链，看似“吹哨人”，实则是整个产业链中的一环，只不过在没有合同约束的情况下被坑，又不愿意吃哑巴亏，无奈奋起反击。

（三）一众关联齐下水，“叶飞概念”终得成

值得一提的是，在“痛殴”中源家居的过程中，叶飞还陆续“点名”其他上市公司通过“市值管理”的方式操控股价。2021年5月14日，叶飞发微博称计划爆料18家上市公司，“只多不少”。此后，叶飞再次发微博声明称没有披露18家具体股票名单，仅选中了部分股票。

具体来看，惨遭叶飞“点名”的上市公司已达11家，其中包括中源家居、隆基机械、维信诺、昊志机电、ST华钰（华钰矿业）、东方时尚、今创集团、法兰泰克、祥鑫科技、城地香江、*ST众应（众应互联）。除中源家居外，这10家上市公司的股价随着“举报名单”的披露而集体暴跌，因此被网民戏称为“叶飞概念股”。

三、一石激起千层浪：相关方迅速作出回应

（一）中源家居：绝无此事，莫要碰瓷！

中源家居成立于2001年，主营业务是沙发的研发、设计、生产与销售。自2018年2月登录上海证券交易所主板以来，就因股价频繁暴跌暴涨被股民戏称为“业界第一杀猪盘”。

根据中源家居股票K线走势与叶飞的描述，此次爆料事件涉及的下跌行

情应该是2021年3月31日那波连续四天的闪崩。中源家居从30.33元/股的高点放量下跌，4个交易日累计下跌40%。对此，中源家居表示："我们有关注近期股价波动，目前公司经营一切正常，业绩相对稳定，我们也不清楚具体是怎么回事。"

面对叶飞的控诉，中源家居方面矢口否认曾有委托盘方展开市值管理的行为。对于上海证券交易所的监管工作函，中源家居发布公告回应称，经内部自查及征询，自上市以来，公司、控股股东、实际控制人及董监高均未直接或通过第三方以口头或书面形式委托有关盘方购买公司股票，开展"市值管理"，实际控制人、董监高也未接触或与蒲菲迪、叶飞相识。针对叶飞自称看到的前200名股东名册一事，公司则表示，为申请公开发行可转债，公司曾向聘请的中介机构提供相关资料，作为尽职调查使用，除此以外，未对外发送或出示过。同时，中源家居内部人士在回应《每日经济新闻》时称，叶飞没有拿出任何有力的证据材料，有点碰瓷的意味。

（二）市场："叶飞概念"，抱团大跌！

2021年5月17日开盘，焦点公司中源家居下跌超8%，维信诺跌近8%，东方时尚、隆基机械跌停。中源家居股价盘中有所上涨，最终收盘于17.28元，下跌6.59%，市值为13.82亿元。截至收盘，东方时尚、隆基机械、法兰泰克、ST华钰等公司以跌停报收。

根据公开资料，隆基机械、维信诺、昊志机电、ST华钰、东方时尚5家上市公司遭到监管"点名"，收到了来自交易所的关注函或监管工作函。其中，隆基机械、维信诺、昊志机电均在5月17日发布延期回复公告。此外，ST华钰、东方时尚、法兰泰克、城地香江、*ST众应5家上市公司也纷纷发布说明公告。其中，城地香江公告内容称自上市以来未直接或通过第三方以口头或书面形式委托任何盘方购买公司股票，开展所谓"市值管理"，也未接触市值管理盘方蒲菲迪和叶飞。而ST华钰、东方时尚、法兰泰克、*ST众应则均发布了股票交易异常波动公告，称除已公开披露的事项外，不存在其他未披露的重大事项。法兰泰克和 *ST众应还表示，公司控股股东、实际控制人等在公司股票交易异常波动期间未买卖本公司股票。

（三）证监会：重拳出击，零容忍！

事件的逐步发酵引起了有关部门的注意。证监会发言人表示，2021年5月13日上海证券交易所即排查相关账户，并于当日下午向相关公司发出《监管工作函》，要求公司进行自查并如实披露相关情况。此外，证监会派出机构约谈公司及相关各方，并启动核查程序。证监会称，坚决贯彻落实“零容忍”工作方针，依法从严从快从重打击包括恶性操纵市场、内幕交易等在内的各类重大违法行为，持续净化市场生态。针对近期媒体报道有相关方涉嫌合谋实施不法行为等问题，根据交易所核查情况，证监会决定对相关账户涉嫌操纵中源家居等股票价格立案调查。

2021年5月14日，针对微博大V叶飞爆料中源家居与盘方合谋进行市值管理，并出现“坐庄赖账”等情况，证监会已火速回应，表示对此高度重视。当日晚间，昊志机电、维信诺、隆基机械先后收到交易所的关注函，要求其就媒体相关报道进行自查并说明相关报道是否属实，是否存在与第三方合谋和单独操纵公司股价、坐庄等情形，是否存在损害上市公司及中小投资者利益的情形。

四、“罗生门”：市值管理还是操控股价？

叶飞的爆料掀开了资本市场的黑幕，让上市公司、股东、盘方、中间人和接盘方等这条完整的利益链条曝光在公众面前。一时间，市值管理仿佛成为坐庄的一个代名词。

实际上，叶飞参与和披露的市值管理是一种多方合谋的股价操控行为。其往往由上市公司或者股东找操盘团队拉升股价，操盘团队寻找资金方，谈好出资金额与收益分成，通过先买入相应股票，拉升股价后套现获利，最后让散户和其他投资者接盘。这种合谋操控股价的方式，绝不是真正的市值管理，也不应该因此将市值管理污名化。

（一）市值管理的前世今生

1. 市值管理的内涵

市值管理是一个管理学名词，也是中国资本市场独特的管理概念。2005年9月，施光耀先生首次将市值管理概括为管理“三股”，即股东、股本、股价。后来学者在2007年第一届市值管理高峰论坛上达成共识，将市值管理概括为：上市公司基于公司市值信号，综合运用多种科学与合规的价值经营方法和手段，以达到公司价值创造最大化与价值实现最优化的一种战略管理行为。其中，价值创造是根本，价值经营是手段，价值实现是关键。

概括起来，市值管理就是指公司为了提高其市场价值，以股权激励、资本运作、公司治理、资本市场营销以及营造良好的投资者关系的方式，使上市公司的内在价值更好地体现于股票市场中，以实现公司市值最大化的一系列管理活动。市值管理相比起只关注企业内在价值的价值管理，更加关注内在价值与市场价值的协调统一。虽然对市值管理来说，价值实现与价值创造同样重要，但并不意味着，市值管理可以对股价直接进行操控，市值管理需要通过合法合规的综合性措施来增加企业价值，并将企业价值反映在股票价值上。

2. 市值管理的一般操作策略：顺势而为

一般情况下，公司的股价体现着公司的价值，但这并不意味着股价与价值在所有时刻都是一致的。市值管理需要考虑到政策导向、监管导向、经济环境、风险偏好等众多市场因素，但不等于迎合市场，而不迎合又不等于不理睬，要结合市场因素的变化创新完善市值管理手段，实现市值管理的目标。市值管理要遵循市场规律，贵在因势利导、顺势而为。

对市场因素可重点考虑以下几方面的问题：当前资本市场的周期和估值水平；公司当前是被高估还是低估；投资者和研究员对公司的看法；再融资的时机；产业内的资本运作对产业前景的影响等。在此基础上，上市公司可就是否采取诸如分拆上市、资产注入、发股发债、增持减持等措施，思考为什么选择这种措施，采取这种措施的优劣势以及是否还有其他方案，逐一具体分析后再拿出详细方案。

市值管理的一般逻辑和策略：牛市市值管理逻辑为将价值偏高部分控制在合理范围内，以应对下一步市场逆转大跌。可采取诸如尽快IPO、增发配股、股票拆细、大股东减持、换股并购和选择适当股利政策等市值管理策略。熊市时代的市值管理往往更加重视价值经营和价值实现。其基本策略包括：股票回购，谋求异地转板上市，大股东、高管增持股票或宣布不减持，现金并购，发行可转换公司债券，反收购和实施稳健的股利政策。

（二）界定质变：从市值管理到操控股价

随着资本市场的发展，“市值管理”却逐渐变味。就在“国九条”发布的当年，证监会即通报了18例涉嫌市场操控案，其中不乏打着股价维护、市值管理旗号拉抬操控股价的案例，比如最早出现的PE与上市公司合谋的伪市值管理行为。这种伪市值管理常常涉及PE机构与上市公司共同设立并购基金，然后追随或盲目追逐炒作特定主题，但实际上并未有实质性的战略规划，操纵消息面上市公司股价，以便在此过程中进行炒作和套利。

1. 操控股价的内涵

美国1944年《证券交易法》规定：“市场操控是指故意扰乱股票市场的供给和需求，以控制或人为改变股票市场的价格或交易的方式来欺骗其他投资者的一种行为。”日本《证券交易法》第159条规定：“市场操控实质上是以诱导上市有价证券进行交易、有价证券期权与有价证券指数期货进行买卖为目的，独自或合谋误导他人作出频繁交易相关有价证券的判断，或为使相关有价证券行情波动的各项交易活动，或进行相关有价证券委托、受托的行为。”我国《证券法》对操控股价行为没有确切的阐述，仅列举几种股价操控的惯用手段，如单独或通过合谋，集中资金优势、持股优势或者利用信息优势联合或者连续买卖；与他人串通，以事先约定的时间、价格和方式相互进行证券交易；在自己实际控制的账户之间进行证券交易；以其他手段操控证券市场。综上所述，操控股价主要是指股票价格操控者为获取非正当利益或转移风险，利用自己在资金、消息、持股比例以及权利上的优势，人为构造股票市场交易繁荣的假象，引诱他人作出错误判断并进行交易，从而通过破坏股票市场真实供求关系来影响股价，以便获取不正当利益的行为。

2. 操控股价的常见模式

随着证监会对“PE+上市公司”投资模式的警惕，相关的伪市值管理行为逐渐在国内资本市场淡去。而此番叶飞事件曝光出了近年来行“操控市场”之实的“市值管理”新业态。此前有证券公司曾分析过伪“市值管理”的两种模式：一是大宗交易商模式，具体由大宗交易商先在二级市场拉升股价，随后股东通过大宗交易将股票卖给交易商，交易商再随后卖出，双方分享收益；二是私募基金模式，即私募基金首先在二级市场建仓，其间上市公司配合发出利空消息压低股价，随后私募基金拉升股价，上市公司配合发出利好消息，最后在股价上涨过程中，私募基金逐步卖出股票，双方分享收益。与之不同的是，叶飞爆料的“市值管理”案中掺杂了公募基金和券商资管这两大要素。具体而言，由中介与上市公司敲定出资额等交易细节，上市公司配合发出利好消息进行股价拉升。与此同时，由资方买入股票锁仓，达到减少流通筹码的目的，减少股价拉升时的抛压盘，减小资方后期对股价运作的阻力。最终再与资方按比例分配上市公司股东的套现所得。

为谋取利益，原本有利于资本市场发展的市值管理却被利用钻了空子，并玩出花样。例如，上市公司想要做定向增发或者高管希望高位减持，就会通过市值管理把股价做高，这样可以用比较小的股份摊薄完成定向增发。故为了推高股价，上市公司选择盘方资金与上市公司利好消息相互配合，当股价上升到高位时，就开始定向增发或股东减持；割一波韭菜后，股价下降，人气涣散，股价低迷，过段时间再循环往复。在此过程中，如果市场跟风不足，就会找公墓基金接盘并用高额私人回扣做诱饵。

3. “市值管理”名义下操控股价行为的认定

市值管理合规，市场操纵违法，虽然二者同是买卖股票，但是泾渭分明。（1）动机有别。市值管理是管好公司的市值，旨在实现企业价值最大化；而股价操控意在追求股票价格最高化。即便炒高股价在一定意义上可产生增大市值之效，但这种市值并不代表企业价值的真实市值，此类没有业绩支撑的股价只是泡沫。（2）主体有别。市值管理的实施主体是上市公司经营团队、决策主体是上市公司董事会乃至股东会、受益主体是上市公司及其全体股东。而股价操控的实施主体则是上市公司大股东、决策主体也是大股东、受益主体只是个别股东，准确来说是大股东及其串通者。（3）属性有别。市值管理是战略工程，既包括科学论证、慎重决策、长远规划和组织落实等操作流程，也包括目标、组织、制度、考核和激励等的配套机制。而股价操控则是临时的战术行为，只谋求眼前利益，没有长期打算。（4）原理有别。市值管理的基本原理在于优化管理创造企业价值，其中包括延长管理链条、丰富管理内容、创新管理方法、健全管理机制和提高管理艺术。而股价操控则不然，为推高股价获取不当利益或转嫁风险，股价操纵者或滥用职权、或利用优势，作出一系列干扰上市公司正常经营秩序的行为，以编制“利好”刺激股价。（5）保障有别。市值管理以阳光化的制度建设为成功的保障，主要包括决策机制、组织机制、考核机制、激励机制和信息披露机制等若干机制。而股价操控则恰恰相反，没有制度只有潜规则，且其潜规则具体表现为口头承诺或“抽屉协议”。

综上所述，市值管理与股价操控两者大相径庭，特色鲜明。尽管两者的动机、原理、属性等方面存在差异，理论上可以此区分，但由于二者的表象极其相似，在现实环境中界定区分则非常困难。

法律上判定市场活动是否为股价操纵行为至少有两个要素：行为人操纵市场的主观动机和目的，是为了从不合法的证券交易中获得非正当的利益；股价操纵的手段，是利用自己在资金、消息、持股比例以及权利上的优势，引诱其他投资者作出错误的判断并进行交易，从而达到影响证券交易量和证券交易价格的目的，致使市场价格偏于己方。但在实践中，股价操纵的动机和目的很难被监管机关认定，因此，现有监管实践往往依据中国证券监督管理委员会发布的《证券市场操纵行为认定指引（试行）》第十四条的规定，即如果“行为主体的行为致使股价异动公司相关证券的价格走势明显偏离可比指数，或公司的价格走势明显偏离发行人的基本面情况，则可以认定此异动公司具有股价操纵的重大嫌疑。

（三）市值管理有待正本清源

无论从改善公司经营结构提升业绩来看，还是从产业链整合增加外生业绩来看，抑或从改善IR关系提升认可度来看，市值管理都是无可厚非的。但在市值管理实际落地过程中，也确实存在不少不规范的现象。尤其是大股东与大宗交易商、私募基金联合坐庄等魅影的出现，被市场视为一种传统坐庄的变种，一种“伪市值管理”。中介、私募等机构进行市值管理往往会失之于短期化、过激化，甚至影响市场正常运转，带来市值管理的污名化。从这些年的发展趋势来看，市场上以各种方式拉抬股价的“市值管理”行为层出不穷，将市值管理等同于股价管理，通过操纵股价或进行资本运作来推高市值，这无疑背离了市值管理的初衷。

近年来，市值概念广泛流行，价值误导十分明显。在市值追逐的价值观下，实体经济投资受到了冷落。实际上，市值无法真实全面代表公司价值，应放弃市值追逐，回归资本市场服务实体经济初心和本原。上市公司应心无旁骛地做好自己的主业，加强技术管理和经营管理，深挖产业发展潜力，埋头创新，创造内在价值。

五、殃及鱼池：飞来横祸——小市值公司躺枪？

（一）“叶飞概念股”遭重创，千只小市值股下跌

“叶飞概念股”中的企业共性是都属于中小盘股、民企上市公司。个股中盘子最小的总市值不到10亿元，只有3只总市值超过100亿元。叶飞事件加重市场对小市值股的不信任感。随着事件不断发酵，2021年5月17日小市值股即受到“殃及”，盘内遭遇大面积暴跌、跌停。当日收盘，小市值（市值低于200亿元）个股共有132只股票跌停。此外，ST概念板块222只个股中，仅10只飘红，当日跌幅高达4.37%。截至5月17日收盘，流通市值200亿元以上的公司达到560家，3772家公司低于200亿元流通市值。5月18日盘间，Wind小市值股概念板块有所回暖，收盘上涨0.6%，当日1624只个股中1051只下跌，ST概念指数板块则小幅上涨0.21%，222只个股有117只出现上涨。

（二）“妖股”频出，小市值股易于拉到涨停

低价、小市值股票历来是市场炒作的重灾区。2020年8月24日，创业板注册制改革后首批股票正式上市，创业板股票涨跌幅全部调整为20%。截至当年9月7日，首批18只个股涨幅均超50%。

天山生物一度成为“妖股”的典型。2020年8月19日至9月8日，12个交易日中创下11个涨停，股价暴力拉升495%。累计换手率为283.71%，其间5次触及股票交易异常波动，1次触及股票交易严重异常波动。天山生物之所以被爆炒，与其市值低、流通盘过小有直接关系。Wind数据显示，截至2020年9月8日收盘，天山生物总市值仅108.5亿元。

再如仁东控股，其股价于2020年前11个月内一直缓慢上涨，年内股价翻了4倍，继而在较短时间内暴跌90%，控股股东部分股份还被强制平仓。自2021年2月18日开始，仁东控股股价又开始新一轮暴涨，不到1个月股价从7元左右最高涨至17.47元，涨幅高达150%。在仁东控股股价上涨的2020年，每天跌幅未超过3%，并且换手率极低。前十大流通股东持有3.2亿股，占流通盘的57.22%。这期间，仁东控股多次收到监管发函。2021年3月9日，仁东控股开市起又一次停牌核查。3月16日复牌，经过三天起伏，3月19日再次涨停。

高价、大市值股无法做到如此效应，而低价、小市值股就很容易拉到涨停，有人封板，就有人接着去做，这是套利行为，这里面并无基本面可言，纯属情绪套利。

（三）小市值股票渐成鸡肋？

马太效应、二八法则等规律在A股市场发挥得淋漓尽致，市值头部企业所占比重越来越大。选取A股几个重要的指数，如沪深300、上证500、深证100等，来看看其数值所占比重。受沪深300指数池的编制条件所限，一些优秀的创业板个股上市期限还不达规定，但在创业板中已经有明显地位，如宁德时代、迈瑞医疗是创业板市值最大两只个股，但并非沪深300标的。为统计大市值公司所属的指数，故将深证100、创业板50也算入其中。表1显

示，A股目前共有4296只个股，市值约为820243.88万亿元，沪深300市值高达437906.69亿元，占全部资金的53.39%，值得注意的是，这个标的还不包含金龙鱼、卓胜微等权重股，若将这些再纳入其中，保守估计比重将超过60%。而上证50仅是上海证券交易所市值排名前50位的个股，市值就高达178133亿元，占据总共A股权重的21.72%。而A股市值排名第1001~2000位的个股市值也就89051亿元，仅占A股的10.86%，市值第2001~3000位的个股市值更是少到只有44867.94亿元。

表1　　A股主要指数及数值占比

主要指数	股票总数（只）	总共资金（亿元）	资金占比（%）
上证指数	4296	820243.88	100
沪深300	300	437906.69	53.39
上证180	180	283850.25	34.61
上证50	50	178133.69	21.72
深证100	100	157280.67	19.17
创业板50	50	47735.14	5.82
中证500	500	116431.97	14.19
市值1001~2000位	1000	89051.69	10.86
市值2001~3000位	1000	44867.94	5.47

资料来源：Choice。

A股的市值分化，也可从资金持仓看出，公募基金、社保基金、外资等大的机构把主流投资品种放置在市值排名至少前15%的公司，即前700名，这样个股基本囊括在沪深300、创业板50、深证100等优质资产池中。在市场逐渐显现顶端优势的背景下，头部有稳定盈利能力的公司越来越受到重视，其市值在未来还可继续以一定数目继续增长。而对于小市值的公司而言，可能部分公司也保持着一定的净利润增速，营业收入也保持双位数增长，估值水平也并非过高，但由于资金量关注不多，股价上涨困难，陷入“蘑菇效应”。

不完全数据显示，诸如国机通用、林海股份、如通股份等几十只个股，从2018年至今保持年度扣非净利润均为正数，扣非净利润增速也为正数，市盈率水平也比较低，但股价自2018年以来却一路下跌，甚至像通达动力、宁波精达等个股跌幅在30%以上。这类公司市值比较小，总市值在100亿元以下，甚至不足30亿元。这就说明，对于小市值个股而言，即便盈利是正增长，但股价并非正向反应，存在投资风险。

在此背景下，叶飞的爆料是否会加剧小市值股票的艰难处境？对此众说纷纭。大致可分为两派，一派认为A股市场总体趋势为资金逐渐向大市值的优质蓝筹股倾斜，小市值股渐成“鸡肋”；另一派认为叶飞爆料的影响力没有那么大，小市值股仍存在投资价值。事实上，机构投资者并不排斥具有较大业绩确定性和估值成长空间的中小市值股。他们判断是否投资的主要依据在于：一是行业赛道，以及有可能拓宽的附加赛道，是否有足够的成长空间；二是企业在短期内是否具备持续和高速的业绩增长能力；三是企业的核心竞争力是否具有可持续性。另外，企业核心管理团队的稳定性、行业政策风向等也是需要充分考量的因素。

六、强监管来临：市值管理何去何从？

（一）“飞落法网”：聪明反被聪明误

2021年5月，前私募冠军叶飞因爆料市场操纵而爆红网络，其后他频频在微博指点江山，不断更新。但2021年8月16日之后，叶飞的微博突然停更，引发不少网友的疑虑与询问。9月24日，证监会新闻发言人高莉表示近日配合公安机关开展联合行动，一举将“南岭民爆”“今创集团”“昊志机电”三起操纵市场案件的主要涉嫌犯罪人员抓捕归案，其中就包括备受关注的叶飞。从爆料市场操纵黑幕到自己落网，叶飞的经历可谓戏剧性。

证监会表示，该案件是证监会与公安机关合力查获的有组织实施操纵市场违法犯罪案件之一，反映了操纵团伙与配资中介、市场掮客、股市“黑嘴”等相互勾结编织了一条灰黑利益链条，下一步证监会将严厉打击虚假信息披露及财务造假、以市值管理之名实施操纵市场、内幕交易等恶性违法犯罪活动，维护资本市场健康稳定发展。

雪崩之时，没有一片雪花是无辜的，事实证明主动举报的叶飞并非是被黑掉的“傻白甜”，这类市场掮客本身也是股价操纵利益链条的一部分。根据证监会通报，2020年8月至12月，刘某烨团伙以股票配资、委托理财等方式控制数十个证券账户，涉嫌通过集中资金优势、持股优势连续买卖等手段操纵南岭民爆股票，非法获利数千万元；叶飞在明知刘某烨等人操纵股价的情况下，积极提供相关帮助及建议，为操纵市场创造条件并谋取非法利益。

上述的每个环节都触碰了法律法规的边界。首当其冲的是刘某烨团伙的股票配资，这属于非法证券期货活动。要打击此类伪市值管理的黑色产业链，切断场外配资是重中之重。但作为伪市值管理这一黑色产业链的另一重要角色，股市“黑嘴”也不容忽视。“黑嘴”往往利用自己的大V 效应，通过建群、向粉丝喊话，反向唱多或唱空等方式为庄家找接盘侠。因此，对股市“黑嘴”的严监管显得尤其重要。

（二）扼杀黑色利益链，市值管理重归正途

市值管理本是一项科学、合规的价值经营方式，应该从上市公司治理、发展战略、产融互动、经营管理效率、资本市场定位、投资逻辑梳理、信息披露、买方关系管理、中小投资者关系管理、公司价值传播、财经媒体关系管理等方面下功夫，通过做好投资者关系实现价值塑造、价值描述、价值传播、价值实现的良性循环。但目前一些不法分子打着“市值管理”的旗号，从事内幕交易、操纵股价的违法行为，严重侵犯中小投资人的利益。在“零容忍”的监管基调下，后续监管层将进一步加大市场监管力度，严厉打击内幕交易、操纵市场等伪市值管理及其他违法违规行为，通过规范透明成熟的法制建设将“劣币”驱逐出市场乃是大势所趋。

证监会表示，市场各方应当对市值管理形成正确认识，依法合规的市值管理与操纵市场等违法违规行为之间存在清晰的边界和本质的区别。正确把握上市公司市值管理的合法性边界，应当严守“三条红线”和“三项原则”。与此同时，中国证券业协会、中国期货业协会、中国上市公司协会及中国证券投资基金业协会联合发布了《远离伪市值管理倡议书》，向各上市公司及其控股股东、实际控制人、董监高以及证券基金期货经营机构及其从业人员发出九点倡议，包括敬畏市场、敬畏法治、敬畏专业、敬畏投资者、加强文化建设、完善公司治理等内容。对于如何进一步打击此类违法违规行为，证监会表示：“一方面，坚持‘零容忍’方针，密切关注市场动态、账户联动、异常交易，重拳打击操纵市场、内幕交易等违法违规行为，加强行刑衔接，强化执法威慑；另一方面，坚持市场化、法治化原则，完善相关信息披露制度，进一步提高市场透明度和有效性，积极为上市公司创造有利于长期价值提升的政策环境。”

对于市值管理回归正途，还需要从利润和市盈率两个方面发力和驱动市值。前者代表产业经营，这就要求上市公司立足产业、深耕产业，改善经营管理，做强做大主业，把收入、利润真正做出来。后者代表资本经营，这就要求上市公司精选赛道、优化商业模式、改善资本结构、合理进行融资、有效开展并购、注重投资者关系管理、善于进行价值传播等，让公司得到资本市场更多认可，给予更高估值。这两个方面要两手抓，使之相互促进，相生互动，从而达到螺旋式上升的良性循环，这才是市值管理的正途。

参考文献

[1] 刘青青，石丹.叶飞被抓，“市值管理”下的泥沙[J].商学院，2021（11）：28−30.

[2] 刘青青，吕笑颜，石丹.叶飞“爆料门”，揭开“市值管理”那些“暗门”[J].商学院，2021（6）：9−14.

[3] 杨为乔.叶飞爆料事件暴露中介溃烂[J].董事会，2021（5）：12.

[4] 黄江东，施蕾.市值管理的“真”与“伪”[J].金融博览（财富），2021（11）：63−65.

[5] 刘李胜.科学市值管理的内涵与逻辑[J].中国金融家，2021（8）：85–87.

[6] 张喜亮.去伪存真：中国股市的市值管理与价值管理[J].产权导刊，2021（7）：26–27.

[7]《股市动态分析》研究部."伪市值管理"迎严监管小盘股流动性或承压[J].股市动态分析，2021（11）：6–10.

[8] 孟君奎.市值管理工作浅析[J].铁路采购与物流，2021，16（6）：36–39.

[9] 孙庭阳.证监会三次回应"伪市值管理"易会满：一经查实，将从严从快从重处理[J].中国经济周刊，2021（10）：62–63.

[10]"叶飞爆料门"始末：以前用镰刀割韭菜，现在用联合收割机了[EB/OL].[2021–05–21]. http：//cj.sina.com.cn/.

[11] 叶飞被抓：市值管理内幕"爆料门"，曾一天卷走股市170亿[EB/OL].[2021–09–25]. http：//baijiahao.baidu.com/.

[12] 叶飞被抓，涉A股背后操纵团伙，曾捅爆多家上市公司黑幕[EB/OL].[2021–09–27].http：//m.the paper.cn/.

[13] 叶飞事件引爆A股！这些小市值公司患上"蘑菇效应"[EB/OL].[2021–05–18]. https：//mp.weixin.qq.com/s/Erb8JIexhdz5vd_pp1OVvQ.

[14]"叶飞爆料概念股"纷纷大跌，小市值公司躺枪？[EB/OL].[2021–05–17]. https：//mp.weixin.qq.com/s/0kQDB6RQQypI–x12ehV__w.

[15] 金融圈丑陋大戏上演，证监会彻查，"叶飞概念股"全线暴跌[EB/OL].[2021–05–17].https：//mp.weixin.qq.com/s/q_OrFt7Qe8aDA9zS8grmCQ.

[16] 叶飞举报案发酵：中小市值公司为何被冷落？[EB/OL].[2021–05–17].https：//mp.weixin.qq.com/s/O1ErYTn_tcPG6NWqkgLfUA.

[17] 叶飞爆料事件反思：A股"市值管理"为何异化成"管理市值"[EB/OL].[2021–05–20].https：//mp.weixin.qq.com/s/ufhJ__w4eA8dG9P1SGx0jg.

[18] 复盘"叶飞事件"：一条"良币驱逐劣币"的必经之路[EB/OL].[2021–05–21]. https：//mp.weixin.qq.com/s/Al3VhYjIcEDKq2vTAHL0Zg.

[19]"自杀式举报"？叶飞涉嫌市场操纵被抓！证监会详细剖析伪市值管理[EB/OL].[2021–09–24].https：//mp.weixin.qq.com/s/BBu20rqvNoMASViyML5X5A.

[20] 叶飞只是“马仔”？起底伪市值管理：上市公司重要股东参与，全链条合谋运作，“黑吃黑”纠纷不断！[EB/OL].[2021−09−27].https://mp.weixin.qq.com/s/RvPkmi42RAYe4FDbcLug8w.

“Yefei Concept Stocks”: Market Value Management or Stock Price Manipulation?

Abstract: With the orderly advancement of the stock issuance registration system, doing a good job in market value management has become a strategic management behavior for each listed company to maximize its value creation in the "registration system era". However, in practice, "market value management" is often associated with stock price manipulation and price management, which seriously disrupts the order of China's capital market. As a classic case, this case presents the cause, process and result of the "Yefei concept stock" incident, sorts out the motivation and interest relationship behind the "market value management" of Zhongyuan Home Furnishing, and summarizes the connotation and mechanism of market value management and stock price manipulation. It aims to guide students to understand the unknown gray areas in the capital market from the perspective of rational investors, to identify market value management and stock price manipulation behavior, and to understand the significance of effective supervision to promote the orderly and standardized development of the capital market.

Key Words: "Yefei Concept Stocks", Market Value Management, Stock Price Manipulation, Securities Regulatory Commission

德国碳中和对我国生态环境教育带来的启示[①]

任再萍　李柏麒*

摘　要：德国早在1990年以前就实现了碳达峰，而后为碳中和的实现确立了相应的政策措施和实践路径，为绿色金融的发展奠定了政策基础。德国的绿色经济能有如此快速的发展，其最主要的原因在于良好的国民素质教育，德国的联邦、州、县乃至乡镇都十分重视可持续发展教育。因此，德国绿色金融及可持续发展教育的成功经验与典型做法对于积极发展我国的生态环境教育，助力我国转型金融发展以及在实现"双碳"目标的同时确保经济高质量发展，具有重大的启示和借鉴作用。

关键词：碳中和　绿色金融　可持续发展教育

一、引言

在"碳中和"这一概念还未广泛兴起时，德国就已经开始设定降碳目标、制订能源转型计划。经过多年的努力，德国于1990年之前实现了碳达

---

① 本文得到2022年度上海对外经贸大学金融管理学院金融专硕教学案例编制项目支持，特此感谢。

* 任再萍，博士，上海对外经贸大学金融管理学院副教授、硕士研究生导师，研究方向为国际金融与创新、商业银行经营管理、自贸区金融改革与国际金融中心建设，绿色金融等。李柏麒，上海对外经贸大学金融管理学院硕士研究生。

峰。在2020年碳排放总量居前20位的国家中，美国、俄罗斯、日本、德国、韩国、印度尼西亚、加拿大、巴西、澳大利亚、英国和意大利也都相继实现了碳达峰。

碳达峰和碳中和的实现需要一个较长的过程，要经历制度、市场、技术和社会各个层次的变革才能达到。德国十分重视顶层设计，在实现碳达峰后，为实现碳中和确立了相应的政策措施和实施路径。这也是德国在全球享有“全球气候行动领导者”声誉的原因之一。[1]

同时，德国国民也十分重视环境问题，因而在民众的支持下，德国的绿色经济快速发展。自1972年的《废弃物处理法》开始，德国政府陆续出台了一系列与绿色低碳相关的政策法规来约束企业和民众，这为绿色金融的发展提供了得天独厚的政策环境。[2]

德国的绿色经济能有如此快速的发展，其最主要的原因在于良好的国民素质教育，德国的联邦、州、县乃至乡镇都十分重视可持续发展教育。[3]因此，参考德国可持续发展教育的成功经验与典型做法，对开展我国的生态环境教育有很大的促进作用。

综上所述，德国绿色金融与可持续教育的发展经验，对于助力我国转型金融发展以及在实现“双碳”目标的同时确保经济高质量发展，具有重大的启示和借鉴作用。

二、理论机制

目前，我国正处于高质量发展的进程中，碳排放量尚未达到峰值。然而，与其他发达国家相比，我国在实现碳达峰和碳中和之间只有30年的缓冲期，远远少于它们逐步减少过多碳排放所拥有的半个多世纪时间，缩短碳中和的预留时间意味着实现碳中和的难度将大大增加。[4]实现净零排放并非易事，需要各个部门共同努力。

1992年联合国环境与发展大会在巴西召开，大会通过的《21世纪议程》首次正式提出人类社会可持续发展战略。该议程指出：教育是促进可持续发展和提高人们解决环境与发展问题能力的关键。德国为落实《世界行动计划（2015—2019）》，发起了新一轮可持续发展职业教育改革，将可持续发展的基本理念融入整个德国职业教育体系，旨在实现教育系统的长期系统性变革。德国从法律保障、能力模型建构、课程开发、教学实施、机构合作等多方面推出了一系列可持续发展改革的相关规划，这些规划为德国职业教育的可持续发展提供了积极的行动框架，是促进德国可持续发展教育的重要行动纲领之一。[5]

可持续发展教育理念为我国生态环境教育的未来发展指明了方向和目标，是我国生态环境教育发展的必经之路。同时，德国的经验也为我国生态环境教育提供了理论支撑和实践参考。因此，通过梳理德国绿色金融及可持续教育的经验和做法，积极发展我国的生态环境教育，有助于我国转型金融的实践与发展。

三、德国碳中和目标及能源转型现状

（一）德国计划于2045年实现“碳中和”目标

德国的绿色经济虽已走在世界前列，但也只在2000年发布了《德国可再生能源法案》，除此之外，直到2019年都没有形成系统性的气候法案。[6]

2019年12月8日，德国联邦议院批准了《德国气候法案》，其中给出了2050年实现“碳中和”目标的规划。2021年6月24日，联邦议院参照欧盟的《国家强化自主贡献》和《欧洲绿色协议》对这一法案进行了进一步的细化。将实现“碳中和”的目标提前至2045年，并设定了分段的短期目标。2022年7月5日，德国联邦议会再次修订了《德国可再生能源法案》，对风电装机量进行了进一步调整。

（二）德国能源转型现状

德国是欧洲的电力大国，但已领先于欧洲其他国家完成碳达峰，是能源转型方面的先行者。在其多年的低碳发展中，出台了多项政策措施与法律法规。其积累的丰富经验对中国的低碳转型发展具有很大借鉴意义。

1. 多途径促进能源供应清洁化

德国已有的碳中和战略或法案包括《可再生能源法》《德国适应气候变化战略》《退煤法案》《气候行动计划 2030》《气候保护计划2050》等，这些战略或法案都围绕统一的碳减排目标。其中，通过制定《退煤法案》，德国力争在2038年前逐步淘汰煤电，该法案对电厂的关停时间和补贴金额的发放程序进行了说明；德国六次修订《可再生能源法》，可见其对能源转型的信心与耐心。

2. 应用新技术加快行业减排脱碳

为了加快行业减排脱碳，《德国气候法案》制定了中长期的减排目标，从以下几个方面展开治理：

（1）在建筑与住房方面，以可再生能源支持的新供暖系统替代以煤炭支持的原有供暖系统。德国联邦政府启动了节能建筑联邦资助计划，希望通过该资助计划实现建筑节能。

（2）在工业方面，德国联邦政府为工业企业投入大量资金，并设立产业基金，鼓励企业进行技术创新，以减少能源消耗、提高能效。

（3）在交通运输方面，政府鼓励企业研发新能源技术，替代传统燃料；为铁路试点电气化、智能化改造与升级投入860亿欧元；为推动企业公交电动化投资10亿欧元；对购买新能源电动汽车的居民提供补贴，最高可获得6000欧元；对2021年后购买的燃油汽车按照每公里碳排放量征收车辆税。

（4）在农林业方面，政府要求提高有机农业用地比例，从而保护生态系统和生物多样性，保护水土资源。有机农业用地比例从2020年底的10.3%提升至2030年的20%。预计到2030年，农业生产活动产生的碳排放量将减少至1400万吨。

综上所述，德国多年来一直积极开发可再生能源，推动能源低碳转型，从而建立了完善的能源与气候保护治理体系。与基准年1990年相比，2022年底，德国的碳排放量约为7.61亿吨二氧化碳，减少了近39%，可再生能源发电量占其总发电量的46%。可见，德国取得了显著的碳减排成效，离实现碳中和目标更近了一步。[7]

四、德国绿色金融发展现状

（一）绿色金融相关政策

面对严峻的气候变化挑战，德国在国家经济社会发展的长期战略规划中加入《联合国气候变化框架公约》《京都议定书》《巴黎协定》等气候目标，充分利用自身的技术优势，积极推动碳减排与能源转型，努力推进绿色金融发展，以便如期实现碳中和目标。

目前，德国的绿色金融相关政策主要包括《德国可持续金融战略》和一些针对绿色金融产品的相关政策。在绿色金融产品层面，针对绿色债券和绿色保险，德国政府分别出台了《绿色债券框架》和《环境权益法案》；德国联邦金融监管局的《应对可持续风险指引》和欧盟层面下的《企业社会责任指令实施法案》则规范了环境信息披露准则。[8]

1.《德国可持续金融战略》

2019年2月25日，德国可持续发展国务秘书委员会授权德国政府制定德国的可持续金融战略，旨在推动德国成为领先的可持续金融中心。德国政府将可持续金融理解为：（1）公共部门和私营部门的金融市场参与者在作出决策时将可持续发展相关问题纳入考量。（2）可持续金融中的“可持续”不仅包括气候和环境保护，而且包括经济和社会层面的因素（如融合环境、社会和治理方面的ESG投资理念）。（3）在可持续金融概念中的“金融”层面，重点关注金融市场政策的可持续性。

德国政府于2019年6月6日成立了可持续金融委员会，该成员和观察员来自金融部门、实体经济、学术界和民间团体，汇集了来自社会各界的专业人员。该委员会的一项重要工作是为德国政府制定可持续金融战略并提供建议，促进各利益相关群体之间的对话，从而推进德国与欧洲层面可持续性相关议题的讨论。为响应德国财政部、德国环境部与德国经济和能源部合作提出的倡议，德国政府在2021年5月公布了德国《可持续金融战略》。

表1　　德国《可持续金融战略》行动领域及具体措施

行动一	在全球和欧洲层面强化可持续金融
1	可持续金融——2022年德国担任G7轮值主席国期间的重要议题
2	促进全球对话
3	在发展合作中加强可持续融资
4	加强多边开发银行内部的可持续融资
5	推进欧洲可持续金融议程
6	推动欧盟分类法的持续发展
7	加强企业社会责任
行动二	提高透明度
8	加强非财务公司报告
9	设立投资产品的“红绿灯”
10	改善对可持续发展相关企业信息的获取
行动三	强化风险管理和监管
11	通过德国联邦金融监管局改善监管
12	支持实体和金融部门改善与物理气候风险相关的风险管理
行动四	实施影响力评估方法
13	ESG影响评估和评估方法的持续发展
行动五	金融支持可持续转型
14	继续将德国复兴信贷银行发展成为转型银行
15	加强德国未来基金的可持续性
16	在外贸融资中明确考虑可持续性
17	在联邦担保的情况下明确考虑可持续性
行动六	德国政府在资本市场中的作用
18	建立绿色债券收益率曲线
19	提高德国政府资本投资的可持续性和透明度
行动七	加强机构能力建设、创造和分享知识
20	通过将可持续发展整合到专家能力考试、培训课程和广泛的高级培训组合中，确保提供专业建议
21	更好地为投资者提供信息

续表

行动七	加强机构能力建设、创造和分享知识
22	加强基础研究和知识转让
23	加强德国联邦政府与地方当局的对话
24	制定指标以更好地衡量和分析德国作为可持续金融中心的发展
行动八	创建高效的组织架构，实施可持续金融战略
25	建立部门间可持续金融工作组
26	参考可持续金融委员会的观点

从具体的行动领域来看，德国持续推动全球和欧洲层面可持续金融发展。2022年德国在担任G7峰会主席国期间，将可持续金融列为优先议题，目标是“确保经济和金融稳定以及抵御未来危机的能力，并在数字化和气候中和的背景下塑造转型进程”。

《可持续金融战略》提出将加强德国联邦金融监管局（Bafin）在可持续金融领域的监管职责，推动政府和金融机构的可持续转型；进一步推动德国复兴信贷银行成为一家以可持续与碳中和为导向的、转型的开发性银行，系统化地投资于转型过程中呈现的重组机会，特别是为转型技术提供更多资金。

2. 绿色债券

在绿色债券方面，德国政府作为市场参与者直接参与资本市场，以绿色德国联邦证券的形式为绿色债券提供基准，从而为进一步推进可持续金融工具市场发展作出贡献。德国政府2020年8月24日发布《绿色债券框架》，该框架对德国主权绿色债券的绿色项目遴选、募集资金用途与管理、信息披露、外部评估认证等内容进行了详细规定。

3. 绿色保险

在绿色保险方面，德国采取强制责任保险与财务保证或担保相结合的绿色保险模式。1965年以前，德国仅对突发的、意外的污染事故承保，1965年后保障范围扩大，将水体逐渐污染造成的损失也纳入承保范围。随着对环境重视程度的增加，1990年，德国通过并实施《环境责任法》，针对环境污染风险等级较高的特定设备制定了详细量化管理规定，强制实行环境损害责任保险，要求国内所有工商企业投保环境责任险。该法规定这些设施造成的人身伤亡及财产损失由设备所有人负责赔偿，而设备所有人必须采取相应措施降低环境污染风险，并在发生污染事故后确保能履行其赔偿责任，投保方式为购买环境污染责任保险或者向金融机构及政府寻求财务担保。[9]

4. 环境信息披露

在环境信息披露方面，德国努力提高与可持续相关的投资和企业环境风险信息的透明度。德国政府计划在以下方面加强关于既定大公司和集团的非财务信息披露：（1）非财务报表的义务披露范围扩大到所有在会计上被视为大型实体的公司、有限合伙企业和大型集团的母公司，以及所有在欧盟受交易所监管的上市企业；（2）非财务报表必须包含在（合并）管理报告中，并且应作为一个单独的部分进行阐述；（3）非财务信息披露应该包括一定程度上环境对公司的可持续性影响或公司活动对可持续性相关方面的影响，即双重实质性方法。

此外，对于欧盟层面的透明度要求，德国努力使国内政策与欧盟层面上的可持续公司治理条例相协调，制定融合当前法规和新法规的要求，避免重复或冲突的报告要求给公司带来负担。德国政府还将监督其他欧盟报告要求，并审理欧盟委员会提出的可持续发展倡议。基于以上做法，德国希望基于欧盟标准推动制定全球统一的可持续发展报告标准，使欧洲成为全球环境信息披露方面的“引擎”。

（二）绿色金融市场

德国的绿色金融市场十分活跃，在绿色金融工具上出现了许多创新的应用，并在市场上有不错的表现。

1. 绿色债券

德国的绿色债券市场比较活跃，2021年共有33家发行主体合计发行232只绿色债券，发行规模约合671亿美元，同比增长158%。同年，其绿债发行量超过法国，成为全球第三大、欧洲第一大绿债发行国。根据气候债券倡议组织统计，截至2022年6月底，德国已累计发行933亿美元的绿色债券。从发行方来看，根据气候债券倡议组织发布的德国2018年绿色债券市场报告，2018年金融企业占发行量的43%，另外25%的交易量来自德国最大的绿色债券发行人德国复兴信贷银行。

从2019年德国绿色债券发行项目的行业来看，占主导地位的清洁能源行业的70%，低碳建筑是第二大行业（占25%）。除以上特征外，几乎所有德国绿色债券发行都接受了外部评估认证：86%的交易具有第二方意见，12%获得气候债券标准认证，1%获得绿色债券评级。

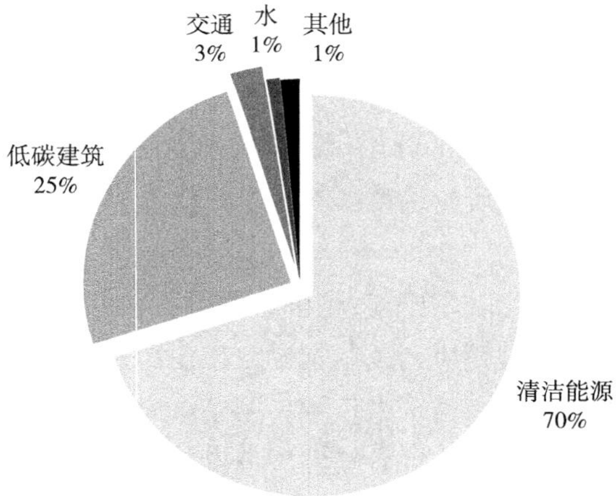

图1　2019年德国绿色债券项目行业分布

在绿色债券创新方面，2020年9月2日，在德国绿色债券政策——《绿色债券框架》发布一周后，德国发行其首单绿色联邦债券（Green German Federal Security），由巴克莱银行、德意志银行、摩根大通等金融机构联席承销，该债券票面利率为0，募集资金65亿欧元，期限为10年，采取“孪生债券”模式发行。从发行结果来看，德国首只绿色主权债券在全球范围内获得约330亿欧元的超额认购，市场反响热烈。

2. 绿色信贷

在绿色信贷的实践中，联邦政府、州政府以及欧盟拥有大量支持绿色项目的计划，可为开创性环境项目进行融资。2018年，整个德国中小企业部门从德国复兴信贷银行获得了约100亿欧元支持环境项目。其中，德国复兴信贷银行旗下的伊佩克斯银行可为环境保护、气候行动和资源保护作出积极贡献的组织提供绿色贷款。2020年，德国政府为新业务发放了约167亿欧元（2019年约为210亿欧元）的出口信贷担保。其中，可再生能源领域的交易量约为11亿欧元（2019年约为10亿欧元），大部分（约为10亿欧元）用于风能行业。同年，德国政府为新项目提供了约9亿欧元（2019年约为33亿欧元）的投资担保。2020年，可再生能源领域的交易量约为5600万欧元（2019年约为4700万欧元），主要针对风能和水电。

3. 绿色基金

在绿色基金方面，相对于欧洲其他国家而言，德国并不算是最领先的。德国在2017年仅占欧洲地区绿色基金市场的9%。而比德国表现更好的三个国家——瑞士、法国和英国的市场份额分别为34%、21%和20%。将德国与奥地利和瑞士相比，其可持续基金额的增长率依然较低，保持了相对缓慢的增长。

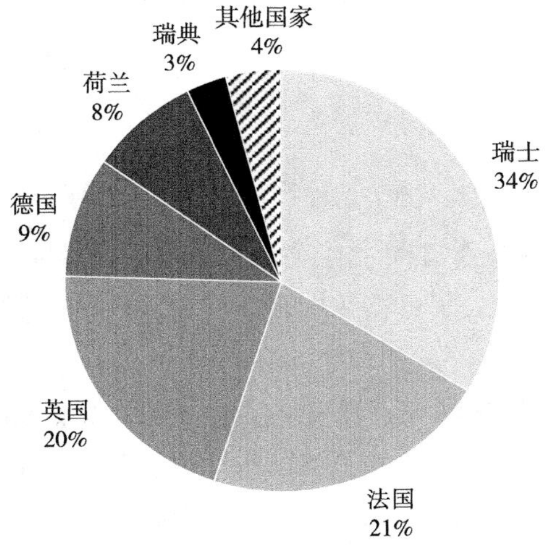

图2　2017年欧洲主要国家绿色基金市场份额

作为欧洲最大的经济体，德国在2017年仅占该地区绿色基金市场的9%，而英国和法国的市场份额则是其两倍有余。根据2021年Novethic欧洲绿色基金报告，欧洲可持续基金市场规模达2430亿欧元，德国仅占70亿欧元。金融行业协会（Forum Nachhaltige Geldanlagen）2020年年度报告显示，德国对可持续投资的兴趣显著回升，2019年增长了23%，达到2700亿欧元。然而，这仍然仅占该国当年的基金市场的5.4%。

4. 绿色保险

在绿色保险方面，环境责任保险在德国有着悠久的历史。早在1965年，就有为环境损害造成的人身伤害和财产损失的民事责任索赔提供保障的保险产品。德国绿色保险市场上具有较为完整且成熟的产品，包括前期对环境风险的分析、风险转移措施和风险与损失预防等产品和服务，如德国HDI保险公司提供的环境损失保险。

除此之外，德国部分保险公司已承诺到2050年实现气候中性投资组合，包括对促进经济转型的可再生能源和其他清洁技术工厂的保险，以及应对极端天气事件的自然灾害损失保险和气候风险保险。根据德国保险协会的观点，德国保险公司不再愿意承保那些会阻碍可持续发展的商业或工业风险。对德国保险业自身来说，德国许多保险公司已经承诺采取自愿举措实现保险行业的减排，例如到2025年，德国保险公司的办公楼和基础设施将实现二氧化碳中和。

（三）绿色金融国际合作

在绿色金融国际合作方面，德国政府和官方组织积极寻求与各方的合作。德国作为成员国加入了可持续国际金融平台和气候行动财长联盟。在德国的金融和监管部门中，德意志联邦银行作为央行参与了绿色金融系统网络，德国联邦金融监管局参与了绿色金融系统网络以及可持续保险论坛。

除国际组织的加入和合作外，德国将加强全球层面的对话，寻求以更有影响力的方式开展绿色金融领域的多方国际合作。如德国与欧盟和联合国开发计划署等国际组织合作，支持伙伴国家制定综合国家融资框架；德国复兴信贷银行受到德国联邦经济合作与发展部的委托，为“拉丁美洲绿色债券基金”提供初始资金。[10]

从上述德国绿色金融发展情况来看，通过一系列政策的出台、金融工具的创新应用和广泛的国际合作，德国在绿色金融方面表现抢眼。

五、德国可持续发展教育现状

德国的绿色经济能有如此快速的发展，最主要的原因在于良好的国民素质教育，德国的联邦、州、县乃至乡镇都十分重视可持续发展教育。

第一，强化顶层设计。德国教科文理事会在《联合国可持续发展教育十年（2005—2014年）国际实施计划》发起之后，就成立了国家可持续发展教育委员会和十年可持续发展问题联络点。在过去的数年中，通过《国家行动计划》《可持续发展教育国家行动计划》《可持续发展教育报告》等政策文件，德国可持续发展教育在各个方面取得了成果，并在各个领域确立了优先行动计划、具体目标和主要措施，这使可持续发展的思想深入人心。

第二，要有资本的投资，要借助全社会的力量。为开发一批内容丰富、形式多样、覆盖各年龄段的优质可持续教育工程，德国各级政府采取了“种子基金”和社会资本相结合的方式，形成了以政府部门为主导，全社会积极参与的可持续发展模式。各州的环境和教育部门都成立了专门的可持续发展基金，为大量的可持续发展计划提供资金，以鼓励所有人参加可持续发展教育。

第三，以职业教育为导向。自2015年起，德国启动了新一轮职业教育可持续发展教育改革。《国家行动计划》于2017年发布，为实现可持续发展的职业教育提供了新的方向。德国在实施可持续发展战略时，把可持续发展教育融入其课程中，同时也应重视对学生的实际应用能力的培养，即作为工业企业的一份子，应该积极主动地投入可持续发展的教育中。

第四，把可持续消费作为一种自觉的行为方式。近几年来，通过对可持续消费的调整，德国在企业、生产和居民消费方面都取得了不错的成效。

一是在环境标识方面做表率。德国于1977年推出《蓝天使计划》，其目的有三点：（1）引导消费者选择环保的商品；（2）鼓励制造商进行对环境无害的革新和生产；（3）把环境标识作为一种市场导向的环境政策工具。这个方案受到了广泛的欢迎，德国的消费者和生产商对环境保护的热情越来越高。

二是提倡可持续的消费观念，特别是针对青少年和儿童开展可持续发展教育。例如，在教科书中设置更有效使用能源、减少资源浪费以及物品如何长期使用的教学内容。

三是各级政府以政策为导向，使可持续的消费行为变成一种自发选择。例如，碳税、政府对新的可再生能源项目的贷款和补贴等都会促使更多的公司研发并制造出更多的环保产品，这也使很多地区和居民在用电时更加青睐可再生能源，这对大众的消费理念产生很大的影响，并形成一种良性的互动。

四是构建“对话进程”，使政府、企业、公众都能参与其中。这一对话机制是由德国联邦环境部门发起的，至今已经运行了20余年，旨在通过对话让公众真正认识到什么是可持续的产品和服务，从而共同探讨可持续的生活模式。

六、德国经验对我国生态环境教育的启示

党的二十大报告明确指出，要实现高质量发展，必须大力推进绿色发展。要推动绿色生产与消费的法律体系与政策制定，构建完善的绿色低碳循环发展经济体制，建立以市场化为导向的绿色科技创新机制，建设清洁低碳、安全高效的能源系统，提倡简约适度、绿色低碳的生活模式。

在生态环境部宣教司的指导下，2018年，生态环境部环境与经济政策研究中心对公众的生态环境行为进行了一次调研，发现在绿色消费等方面，人们普遍存在着“高认知、低执行”的现象：超过五成的人表示，他们不能经常携带自己的购物袋，超过四成的人觉得他们在“购买环保产品和耐用消费

品、不购买一次性产品和过分包装产品”方面做得不够好，将近八成的人没能经常对闲置物品进行改造、交换、交易。虽然环保已经成为普遍的共识，但很难形成集体行动。因此，要进一步加大对生态环境的宣传教育，提高全社会的生态环境素养，把环境保护的观念转化为具体的行动。在这一背景下，我们可以从德国的可持续发展教育中汲取经验，为开展下一步工作做好准备。

一是加大政策指导力度。在国家层面上，应制定《生态环境宣传教育行动方案》，对目前及未来一段时间内我国的生态环境宣传教育目标、政策、措施、途径等进行详细的阐述，以促进形成一个全社会都支持、全民参与的良好生态环境宣传教育的良好局面。全民的生态环境素质将得到全方位的提升，能够促进全社会对生态环境建设的积极参与和支持，这对进一步提升环境质量、满足人民对生态环境的要求、增进民生福祉都具有十分重要的意义。

二是建立稳定的、多元化的投资机制。德国《国家行动计划》的顺利执行，离不开稳定、多元化的资金投入体系，这是德国环境教育发展的根本保证。与此形成鲜明对比的是，我国的生态环保宣传教育经费无论在资金的来源上还是数量上，都存在着巨大的改进空间。虽然政府部门下了很大的决心，用了很大的力气，但是环保的宣传和教育经费却没有相应反映出来。为此，必须增加财政经费的投入，把生态环保宣传工作列入财政资金的优先扶持范围，形成一种稳定的经费保证。同时，鼓励企业主动参与，并探讨设立生态环保意识和教育基金，为生态环保宣传和教育工作提供持续稳定的资金支持。

三是加大生态环保宣教基地的建设力度。与其他宣传教育方法相比，生态环境的宣传教育应更注重贴近自然。以环境宣传教育基地为载体，因为它具有直观性、生动性和寓教于乐的特性，能够起到事半功倍的效果。

四是强化高职院校的生态环保意识。在生态环保事业不断发展的今天，对环保技术人才的需求量和培养也出现了良好的势头。但是，总体来看，它还存在着课时少、经费少、与行业发展脱节、校企合作不够、人才培养的针对性和适应性差等问题。这就要求教育部门和人力资源部门进行统筹考虑，要提高的地方包括：（1）要高度重视，扎实工作，在各级职业教育中大力宣传推广绿色发展的思想；（2）要对专业和课程进行顶层设计，以生态环保事业需要为重点，对学科和专业进行优化，对传统专业进行更新，剔除与实际需要不相适应的专业；（3）要加强应用型人才培养机制建设，密切与产业和地区需要的结合，建立起以实践训练为核心的高校生态环保专业人才培养模式。

五是充分提倡绿色的价值观，提倡可持续的消费。通过示范带动，在“11+5”的“无废”试点中，积极推动可持续的消费。首先，根据当地实际，建立可持续消费行为的评价、监测与引导指标体系；其次，要发挥舆论引导、意识形态和文化传承的作用，积极创造可持续的消费文化环境，培养绿色的价值观，让人们在思想上接受并在生活中践行可持续消费；最后，将示范城市建设成为一个大型环保教育基地，并以可持续发展为基地的主题。[11]

参考文献

[1] 张莹，黄颖利. 碳中和实践的国际经验与中国路径[J]. 西南金融，2022（9）：94-106.

[2] 中国银行保险报网. 德国：政府银行深度参与绿色金融[EB/OL].（2021-01-11）[2023-07-03].http：//www.cbimc.cn/content/2021-01/11/content_378212.html.

[3] 张烨，蔡翔华. 发达国家可持续发展职业教育的概况与启示——以德国和美国为例[J]. 当代职业教育，2019（1）：28-34.

[4] 钱立华，方琦，鲁政委.《欧盟可持续金融分类方案》精要与启示[J]. 现代金融导刊，2020（2）：22-27.

[5] 董梓童. “转型金融”为高碳企业转型“量体裁衣”[N]. 中国能源报，2022-07-18（014）.

[6] 期货日报网. 德国“碳中和”之路面临现实困境[EB/OL].（2022-08-09）[2023-07-03].http：//www.qhrb.com.cn/articles/304933.

[7] 新浪财经.德国推进碳中和的路径及对中国的启示[EB/OL].（2021-05-11）[2023-

07－03].https：//finance.sina.com.cn/esg/ep/2021－05－11/doc－ikmxzfmm1735772.shtml.

[8] 徐政，江小鹏.绿色金融支持碳中和：现状、机理与路径[J].学术交流，2021（10）：78–87.

[9] 中国银行保险报网.德国：保险银行“气候中和”不缺席[EB/OL].（2021－03－22）[2023－07－03].http：//xw.cbimc.cn/2021－03/22/content_386972.html.

[10] 杨小玲，林玉，黄冀军，仝宁.德国可持续发展教育体系及启示[N].中国环境报，2020－01－03（B03）.

The Enlightenment of Germany's Carbon Neutrality Process to China's Transition Finance

Absrtact: Germany achieved carbon peak as early as 1990, and then established corresponding policy measures and practical paths for the realization of carbon neutrality, laying a policy foundation for the development of green finance. The main reason for the rapid development of Germany's green economy is that it has a good national quality education, and Germany's federal, state, county and even township governments attach great importance to sustainable development education. Therefore,the successful experience and typical practices of sustainable development education in Germany has a great enlightenment and reference role in actively developing China's ecological and environmental education，helping China's transition finance development and ensuring high-quality economic development while achieving the "double carbon" goal.

Key Words: Carbon Neutral，Green Finance，Education for Sustainable Development

数字金融资产案例分析之比特币：核心资产还是击鼓传花的游戏？

刘晴辉*

摘　要： 比特币作为加密数字货币的代表和龙头，其价格表现出极为疯狂的状态：一方面是价格涨幅巨大，另一方面是超高的波动率。比特币价格的疯狂表现，从理论上提出了一个重要的问题：比特币的价值何在？一些学者认为比特币属于一种极为重要的核心资产，另一些学者则认为比特币投资已演变成击鼓传花的游戏。本文对上述问题进行了探讨。从理论分析和实证检验结果来看，比特币交易在样本区间内确实形成了价格泡沫，但何种机制导致价格泡沫尚待进一步研究；简单的相关性分析结果表明，比特币具有一定的核心资产属性，特别是证券类核心资产属性，因而不能断定比特币交易就是新型的郁金香狂热和击鼓传花游戏。

关键词： 比特币　核心资产　击鼓传花　价格泡沫

随着互联网技术、区块链技术和金融科技的迅猛发展，移动支付、电子货币和数字货币，特别是加密数字货币对传统货币金融学理论和货币交易实践带来了巨大的挑战。比特币作为加密数字货币的代表和龙头，一经问世就引来了诸多投资者的目光和大量投机资金的参与，因而其价格也表现出极为

*　刘晴辉，经济学博士，上海对外经贸大学金融管理学院副教授，研究方向为货币理论与政策。

疯狂的状态：一方面是价格涨幅巨大，另一方面是超高的波动率。比特币价格的疯狂表现从理论上提出了一个重要的问题：比特币的价值何在？目前学术界对此问题可谓见仁见智，褒贬不一。一些学者认为[①]，比特币作为加密数字货币的代表，充分结合了区块链技术、互联网技术和移动支付等诸多金融科技手段，具有很强的数字货币功能和广阔的应用前景，因而属于一种极为重要的核心资产；另一些学者[②]则认为比特币毫无价值，甚至是一场彻头彻尾的骗局，比特币的价格存在巨大的泡沫，比特币投资是新型的郁金香狂热，已演变成击鼓传花游戏。本文试图从上述背景出发，对比特币究竟是核心资产还是价格泡沫这一问题进行探讨，进而对数字金融资产相关课程教学内容有所贡献，对教学效果有所增益。

一、比特币是核心资产吗？

尽管比特币的价值问题一直富有争议，但德国政府已经承认比特币的合法私人货币地位，马斯克和特斯拉公司斥巨资购买比特币并同意消费者用比特币购买特斯拉汽车，加拿大和巴西政府批准100%投资于比特币的ETF，以及加州亿万富翁里克·卡鲁索（Rick Caruso）的同名房地产公司2021年4月7日宣布接受比特币为支付货币并投资于比特币，上述诸多事件的发生，使得比特币作为核心资产的观点已显露出来。

（一）核心资产及其度量

核心资产包括两个关键词：一个是资产，另一个是核心。财务学原理告诉我们，作为“资产”，其必定要带来收益。关于“核心”，《辞海》的解释是中心或事物的主要部分，因而作为“核心”，其必须具备统治地位和足够的吸附能力。

---

① 可参看Adam S. Hayes, 2017等。

② 可参看Yermack, 2013等。

1. 核心资产概念的形成

关于核心资产的界定，市场上并没有统一的说法，学术界谈及此事者更是廖若星辰。有的人认为，核心资产在国外没有同类公司，是中国独有的，例如白酒，那么核心资产就是贵州茅台。也有的人认为，“茅”系股、行业龙头股、机构重仓股、消费白马股等都可代指核心资产。甚至还有人认为，不存在什么“核心资产”，涨起来的就是“核心资产”，涨不起来的就不是。也有分析师认为，真正的核心资产是依靠技术进步提高产能、改变人类生活方式的公司，以及依靠品牌溢价占据市场垄断地位的公司。

事实上，核心资产的概念应当突出三大要点：一是核心地位，二是战略价值，三是动态调整。兴业证券首席策略分析师王德伦指出，从宏观经济层面来说，核心资产是在整个国民经济中占有最重要地位的行业；从企业层面来说，核心资产是持续创造超额收益或拥有竞争优势的企业；从二级市场层面来说，核心资产是全市场中最具成长性或竞争优势的上市公司。中泰资管联席首席投资官姜超认为，在存量经济占比增加的情况下，那些能够持续投入资金巩固市场地位的食品类龙头企业，以及持续加大研发力度、提高产品品质的周期类和科技类龙头企业才是中国真正的核心资产。招商证券首席策略分析师张夏则认为，核心资产并非是一成不变的。核心资产指的是最符合一段时间内市场环境和市场风格的A股组合。每个阶段A股核心资产的属性都不太一致，核心资产会随着经济发展阶段、经济景气程度、市场流动性、投资者结构、市场风格和风险偏好的迁移发生变化。

2. 核心资产的度量

由前述讨论不难得出，核心资产是一定时期内具有核心地位和战略价值，能够持续带来稳定乃至超额收益的某类资产。核心资产具有以下四个鲜明的特征，因而这四个指标构成判定或度量一类资产是否为核心资产的重要标准。

（1）不可复制性

如同公司核心竞争力和可持续发展能力不可复制一样，核心资产一旦形成，必定是不可复制的，否则无法保持其统治力和吸附能力。

（2）极高的战略投资价值

核心资产必定具有极高的战略投资价值，值得长期持有，因而其价格保持着相当的稳定性，很难受到投机资金的冲击，可以免遭资产价格泡沫之苦。

（3）盈利能力强

能够持续带来稳定乃至超额收益是核心资产在市场上保持主导地位、吸附大量资金的根本所在，没有持续稳定盈利能力的核心资产是不可能在市场上长期存在的。

（4）风险可控

核心资产大都具有丰富的风险对冲工具，因而具备极强的风险抵抗能力，能够穿越“牛熊市”，可以为投资者带来足够的安全边际。

3. 核心资产的类型

核心资产不仅具有期限性，而且具有多样性，凡是符合上述定义和度量标准的各类金融和非金融资产，都可以称为核心资产，大体上可以分为以下几类。

（1）商品类核心资产：战略性大宗商品（原油等）和稀缺的贵金属（黄金等）。

（2）货币类核心资产：作为国际贸易支付手段的美元、英镑、欧元、人民币等。

（3）证券类核心资产：具备可持续竞争能力的大型上市公司，如苹果公司、贵州茅台等。

（二）数字金融资产及其市场地位

经济活动和社会生活数字化潮流不可逆转，金融数字化和资产数字化相结合产生了数字金融资产这一新型的资产类别，因而探讨究竟什么是数字金融资产，从数字金融资产的发展历史分析其在金融市场中的地位，构成当代金融学理论与实践的重要问题之一。

1. 数字金融资产的定义

通常来讲，数字金融资产是指以数字或字符串形式表现的金融资产，典型的就是以比特币为代表的加密数字货币。早期银行账号或支票账户事实上具备了数字金融资产的某些特征，只是当时缺乏移动终端和互联网技术的加持。数字金融资产的产生与发展，改变了货币与信用的运行形式，同时也带来金融业务运作内容与效率的深刻变革。

2. 数字金融资产的发展历史

（1）初期有互联网技术加持的移动支付相关金融资产，如余额宝等。

（2）由金融科技公司推进的P2P迅速崛起、泛滥而后消亡的时期。

（3）以比特币为代表的加密数字货币的兴起，包括主权数字货币的开发与推广应用。

3. 数字金融资产在金融市场中的地位

数字金融资产的底层逻辑和技术载体是区块链或类似于区块链的信息技术。区块链的本质是通过公链实现信息共享和区块自治，随着区块链和相关信息技术的不断推广和应用，数字金融资产的交易规模和市场地位必将日益凸显。

（1）数字金融资产改变了货币与信用的运行形式。

（2）数字金融资产提高了金融业务的运作效率。

（3）数字金融资产模糊了货币资产与证券资产之间的边界。

（三）比特币作为核心资产的理论逻辑和经验证据

1. 理论逻辑

（1）作为加密数字货币的价值

比特币的特殊产生方式决定了其交易价值，即通过匿名性和区块链技术形成基于交易或被接受次数的信用度量（交易或被接受次数越多，信用度越高，进而交易价值越高）。信用是任何货币得以顺利流通和产生交易价值或作为记账工具的基础。

（2）作为稀缺商品的价值

比特币的总体数量有一个上限，只有通过挖矿才能产生新的比特币，这使比特币具有一定程度的稀缺商品性质，因而可以像黄金和战略性资产那样发挥作用。

（3）作为证券资产的价值

比特币从最初的无人问津发展到今天高度的投机性和超高的波动率，以及产生了较为丰富的相关衍生品，使其事实上已经具备了相当的证券资产或高风险资产的特征，因而可以给交易者带来投机性风险收益。

2. 经验证据

考虑到理论基础的缺乏和数据的可得性，我们采用简单的相关性测量法，即比特币价格与各类核心资产价格的相关性越高，核心资产属性越强。考虑到数据可得性，选取每个类型中最具代表性的样本：原油（大宗商品类）、黄金（稀有金属类）、美元指数（货币类）、苹果公司股票（证券类）四种，样本区间为2017年4月至2021年3月的月度数据，共计48个观测点，数据来源于新浪财经。表1显示了比特币价格与各类核心资产价格的相关性检验结果。从表1中不难看出，比特币价格与苹果公司的股价相关性最高，而与原油期货的相关性最低，这意味着比特币更接近于证券类资产，与其高波动率的特征相符。

表1　比特币价格与各类核心资产价格的相关性检验结果

项目	比特币价格	苹果公司股价	原油期货	黄金现货	美元指数
比特币价格	1.000000				
苹果公司股价	0.709737	1.000000			
原油期货	0.045054	–0.342816	1.000000	—	
黄金现货	0.531914	0.917315	–0.573751	1.000000	
美元指数	–0.420606	–0.285626	–0.285786	–0.157590	1.000000

数据来源：新浪财经。

二、比特币交易是击鼓传花游戏吗？

中国政府已经明令禁止比特币交易，前文也已经阐述不少学者认为比特币毫无价值，有鉴于此，以下部分主要从现有资产价格泡沫理论和实证文献出发，综合借鉴之后对比特币的价格进行检验，以识别和测量比特币交易是否为击鼓传花的游戏。

（一）击鼓传花游戏与资产价格泡沫

1. 投机性交易类似于击鼓传花游戏

（1）击鼓传花游戏的特点

击鼓传花讲的是一种游戏规则，人们在击鼓声中传递花，鼓声停止时，花传到谁手上，谁就要接受“惩罚”。并且，这类游戏通常是开始时鼓点比较慢，相对应地，花传递的速度也比较慢，惩罚也比较轻。但随着游戏的深入，鼓点会越来越快，花传递的速度也越来越快，对应的惩罚也越来越重。

（2）投机性交易的主要特征

以短时间内卖出获利而买入为主要特征。由此可见，其特征一是交易周期短，甚至是越短越好；二是纯粹因卖出而买入，即只考虑价差而不考虑价值；三是交易者的乐观预期与过度自信。

（3）投机性交易具有典型的击鼓传花性质

鼓点对应于市场投机气氛，鼓点越密集则投机气氛越浓；花传递的速度对应着换手率；每个游戏者都认为鼓声停止时花不可能传到自己手上，即投机者认为自己不可能是购买价格最高的那一个“傻瓜”。

2. 击鼓传花性质的交易必将导致资产价格泡沫的产生

（1）乐观预期与过度自信使投资者忽略资产的基本面和投资价值。

（2）鼓点越密集，市场投机气氛越热烈，换手频率越快，价格上涨越迅速。

（3）鼓点越密集，鼓点停下来（价格崩溃）时惩罚越严厉。

（二）资产价格泡沫：基于投资者异质性信念的假说

1. 资产价格泡沫的定义及各种理论解释

（1）什么是资产价格泡沫？

美国学者布伦纳梅尔（Brunnermeier）在《新帕尔格雷夫经济学大词典》的第二版中给资产泡沫下了一个比较严谨的定义：泡沫（Bubble）指的是投资者买入资产是为了在将来能以更高的价格出售，而使资产价格持续超过其基本价值的现象。

（2）资产价格泡沫的各种理论假说

到目前为止，资产价格泡沫方面的文献主要可以分成以下四类：第一类为信息对称理性泡沫（Rational Bubbles under Symmetric Information），假设所有投资者具有理性预期和同质信息，通过检验资产价格是否符合设定的爆炸性过程来验证泡沫的存在性。第二类为信息不对称理性泡沫（Rational Bubbles under Asymmetric Information），这类模型在理性预期框架下引入了信息不对称条件，由于并非所有人都知晓泡沫存在与否，这使泡沫可以在更一般的条件下产生。第三类为有限套利泡沫（Bubbles due to Limited Arbitrage），这类模型将投资者分成理性交易者和非理性交易者（行为交易者），关注二者之间的相互作用，套利限制使理性交易者无法做到完全套利，从而无法完全消除行为交易者对价格的影响，泡沫得以持续。第四类模型为异质信念泡沫（Heterogeneous Beliefs Bubbles），即由于潜在的心理差异，投资者对相同资产的基本价值的先验或后验的判断并不相同，从而将泡沫的产生归因于异质性信念。[①]

2. 投资者异质性信念形成资产价格泡沫的机制

从投资者异质性信念角度探讨资产价格泡沫问题始于Miller（1977）基于投资者异质性信念和卖空限制的乐观预期假说，Harrison和Kreps（1978）将Miller（1977）的理论动态化，提出了再售期权的概念，后来诸多学者围

① 此处主要参考了陈国进、颜诚（2012）。

绕上述两个问题进行了广泛和深入的研究，主要从两个方面发展了乐观预期假说：一是进行实证分析，寻找足够的证据以支撑静态和动态的乐观预期假说；二是对投资者异质性信念的形成机制展开分析，如过度自信、有限注意等。

（1）乐观主义者效应（Optimism Effect）

乐观主义者效应指的是，在异质信念和卖空限制的双重前提下，对未来持乐观态度的投资者会买入和持有资产，而悲观的投资者却因为卖空限制而不能充分表达和参与市场交易，其结果是资产价格主要反映了乐观投资者的意见，造成了资产价格相对其真实价值的高估，即资产价格的运动表现出上偏的现象。

（2）再售期权效应（Resale Options Effect）

再售期权效应是对静态乐观主义者效应的动态化和进一步发展。该类理论的支持者认为，投资者在进行决策时，除了考虑资产本身的基本价值外，还会考虑在未来可能将资产以更高的价格再次转售给更乐观投资者的机会，这个机会就是再售期权（Resale Options）。

（三）比特币价格泡沫的实证检验：投资者异质性信念的角度

资产价格泡沫的检验与测度一般分为间接检验方法和直接检验方法。间接检验方法主要包括方差边界法、West两步检验法、单位根及协整检验、结构突变点检验等。直接检验方法主要有马尔科夫区制转移模型（Markov Regime Switching，MRS）等。但无论是间接检验方法还是直接检验方法，由于数据可获得性和存在时滞等原因，都只能对资产价格泡沫进行事后检验，无法做到实时监测，这是资产价格泡沫检测方法暂时无法攻克的难关。基于比特币基本面和内在价值难以准确估计这一客观事实，以及比特币交易数据呈现出来的特性，本案例借鉴Mei、Scheinkman和Xiong（2009）发展出的异质性信念泡沫检验方法对比特币价格是否存在泡沫这一问题进行简要分析。

1. 计量模型设定、样本选取与数据来源

比特币价格泡沫检验的难点在于其基本面和内在价值难以准确估计，因而无法计量高估和低估的问题。下文设计一种替代性的测量比特币价格泡沫的方法，并运用样本数据对其进行实证检验。

（1）计量模型设定

由于比特币的基本面价值无法准确度量，可以考虑从风险公平定价即无套利基准角度计量检验投资者异质性信念与比特币价格泡沫之间的关系。具体而言，以换手率度量投资者异质性信念，以比特币价格与苹果公司股票价格（代表了风险公平定价或无套利均衡情境下的股票价格无泡沫基准）之间的差异度量比特币价格泡沫程度。一方面，若价格差不是白噪声或不能拒绝单位根假设，则证明比特币价格存在泡沫；另一方面，若换手率与价格差之间存在显著的正向关系，则证明投资者异质性信念对比特币价格泡沫有显著的影响，支持乐观预期假说；反之则相反。按照上述设定，借鉴Mei、Scheinkman和Xiong（2009）提出的检验方法，比特币价格泡沫的计量检验模型如下：

$$p_B - p_A = \beta \text{Turnover}B + c$$

式中，Turnover$B$表示比特币交易的换手率，p_B和p_A分别表示比特币的价格和苹果公司的股票价格，p_B-p_A测量了泡沫状态。需要说明的是，上述简化模型与Mei、Scheinkman和Xiong（2009）计量模型的检验思想相同，但比特币的内在价值无法准确估计，因此，此处采用了苹果公司的股票价格作为无泡沫状态的代理变量，即如果p_B-p_A为单位根过程，则可判定比特币价格存在泡沫且进一步检验投资者异质性信念Turnover$B$与泡沫之间是否存在正向关系，若存在正向关系则可证实异质性信念泡沫的存在。

（2）样本选取

考虑到比特币具有市场影响力是在价格涨到1000美元以上，并且为了突出价格上涨时期泡沫急剧膨胀的特征，根据对比特币价格变化趋势的观察，我们选取2017年4月至2021年3月为样本区间，按照资产价格实证研究的惯例，数据频率选月度数据，共计48个样本点。

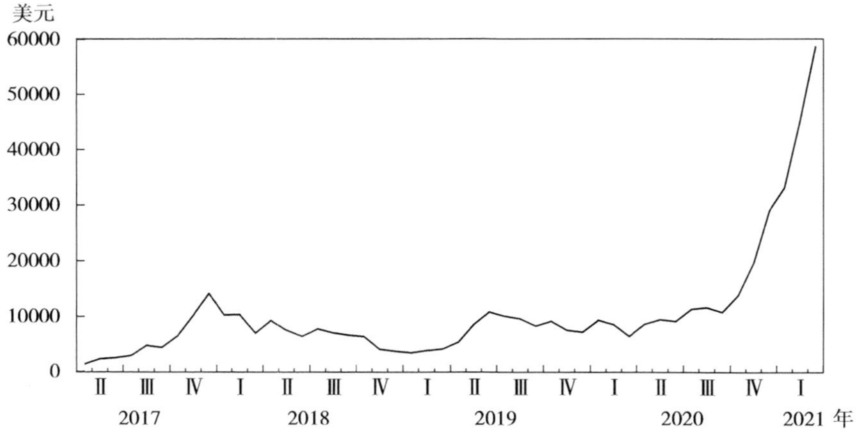

图1　2017年4月至2021年3月比特币价格走势

（数据来源：新浪财经）

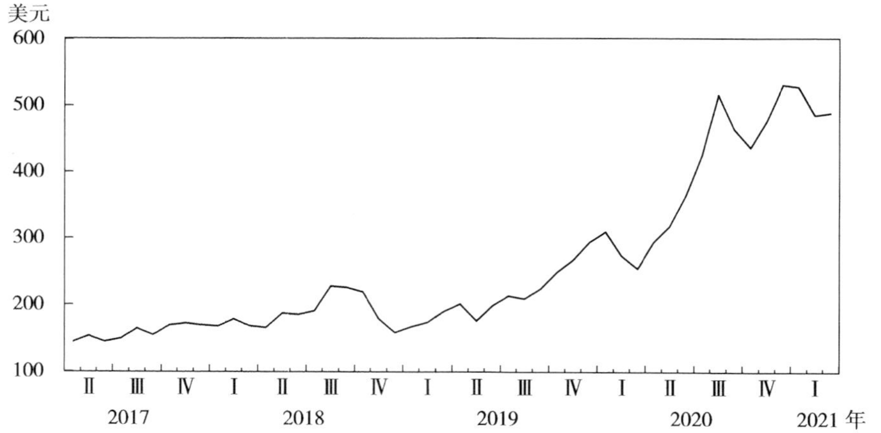

图2　2017年4月至2021年3月苹果公司股票价格走势

（数据来源：新浪财经）

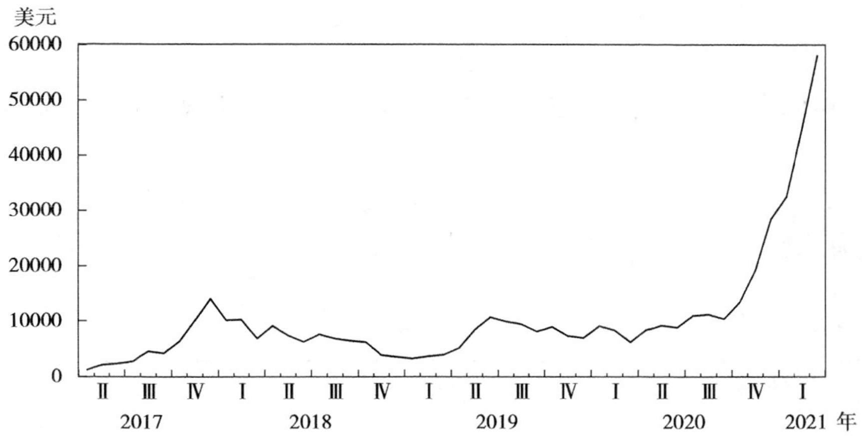

图3　2017年4月至2021年3月比特币价格与苹果公司股票价格之差

（数据来源：新浪财经）

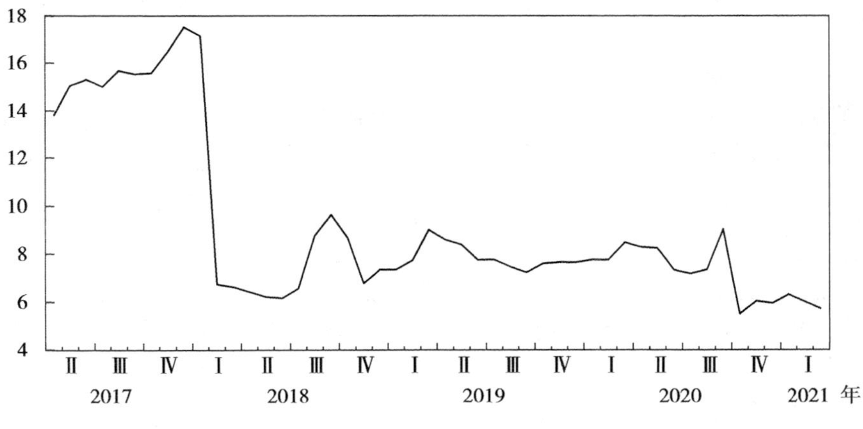

图4　2017年4月至2021年3月比特币交易量（对数值）

（数据来源：新浪财经）

（3）数据来源

由于比特币在国内已经被禁止交易，诸如CSMAR等国内大型数据库都没有比特币交易的相关数据，我们只能从互联网上搜寻，经权衡考虑后选用新浪财经的数据。

2. 检验过程及结果分析

（1）检验过程

按照前述检验思路，首先对比特币价格与苹果公司股票价格之差p_B-p_A进行单位根检验。表2、表3和表4分别报告了p_B-p_A的含趋势和截距项、含截距项以及不含趋势和截距项的单位根检验情况，三种情形都不能拒绝存在单位根的原假设，因此可以得出比特币在样本区间内存在价格泡沫的初步结论。

表2 p_B-p_A的ADF检验结果之一

检验类型	显著水平	t-Statistic	Prob.*
ADF 检验		5.195292	1.0000
检验临界值:	1% level	-4.165756	
	5% level	-3.508508	

注：*MacKinnon（1996）one-sided p-values。根据赤池信息准则判定滞后项为9阶，含趋势和截距项。

表3 p_B-p_A的ADF检验结果之二

检验类型	显著水平	t-Statistic	Prob.*
ADF 检验		6.658371	1.0000
检验临界值:	1% level	-3.577723	
	5% level	-2.925169	

注：*MacKinnon（1996）one-sided p-values。根据赤池信息准则判定滞后项为9阶，含趋势和截距项。

表4 p_B-p_A的ADF检验结果之三

检验类型	显著水平	t-Statistic	Prob.*
ADF 检验值		2.170538	0.9919
检验临界值:	1% level	-2.617364	
	5% level	-1.948313	

注：*MacKinnon (1996) one-sided p-values。根据赤池信息准则判定滞后项为9阶，不含趋势和截距项。

借鉴Mei、Scheinkman和Xiong（2009）的检验思路，需要进一步检验投资者异质性信念是否对比特币价格泡沫产生影响。投资者异质性信念通常用换手率来度量，但考虑到比特币交易的换手率数据极难获取，因而采用成交量替代换手率，得到下列简单回归结果，其中，LNPAOMO表示比特币价格与苹果公司股价之差的对数，LNVOLUM为比特币成交量的对数，括号中数据为标准差。从回归方程不难看出，成交量对比特币价格泡沫的影响为负，与预期相反，并不支持乐观预期假说，另外，R^2过小也表明比特币的价格泡沫尚存在更大更多的影响因素。

$$\text{LNPAOMO} = -0.087065\,\text{LNVOLUM} + 9.744566$$

$$(0.027241) \qquad (0.266566) \qquad R^2 = 0.1817$$

（2）检验结果分析

整体来看，对比特币价格是否存在泡沫的简单检验结果表明，样本区间内比特币交易确实形成了价格泡沫现象，但何种原因或机制导致了泡沫尚待进一步研究。

三、总结

本案例主要探讨了比特币究竟是核心资产还是纯粹的投机泡沫这一加密数字货币研究领域的热点和难点问题。从理论分析和实证检验结果来看，尽管比特币交易在样本区间内确实形成了价格泡沫现象，但何种原因或机制导致了泡沫尚待进一步研究，并且与核心资产之间的简单的相关性分析结果表明，比特币具有一定的核心资产属性，特别是证券类核心资产属性，因而不能简单粗暴地断定比特币交易就是新型的郁金香狂热和击鼓传花游戏。

定位于培养金融业高级管理人才的金融专业硕士课程的教学内容必须适应金融数字化带来的深刻的时代变革，与时俱进，紧密联系加密数字货币理论研究的最新成果和实务界的最新实践。基于上述时代背景，并观察到（据我们所知）国内外高校金融专业硕士教学尚缺乏关于比特币属性的比较系统的案例分析，本教学案例的开发在一定程度上可弥补上述不足，对数字金融资产案例教学有所贡献。

参考文献

[1] Adam S. Hayes. Cryptocurrency Value Formation: An Empirical Study Leading to a Cost of Production Model for Valuing Bitcoin[J]. Telematics and Informatics， 2017（34）：1308-1321.

[2] Yermack, David. Is Bitcoin a Real Currency? [R].No.w19747，National Bureau of Economic Research，2013.

[3] 陈国进，颜诚.资产价格泡沫研究述评:实验金融学视角[J].经济评论，2012（2）.

Bitcoin as Case Study of Digit Financial Asset: Core Asset or Game of Jiguchuanhua?

Abstract: As the head of Cryptocurrency, the price of Bitcoin presented a crazy state: on the one hand is the huge increase, and on the other hand is the great high volatility. The crazy presentation of Bitcoin price posts an important problem: what is the value of Bitcoin? Some researchers think Bitcoin as a very important core asset, and other researchers point that the investment of Bitcoin has become the game of Jiguchuanhua. This case analysis explored that debate and concluded as follows: viewed from the result of theoretic analysis and positive test, the trade of Bitcoin indeed formed price bubble, however, the mechanism of bubble still needs deeper research, and the result of simple correlation analysis showed that Bitcoin has some attributions of core asset, especially attributions of securities core asset, so we shouldn't assert that the trade of Bitcoin is new tulip and a game of Jiguchuanhua.

Key Words: Bitcoin，Core Asset， Game of Jiguchuanhua，Price Bubble

全面注册制改革课堂教学探讨

龚国光*

摘　要：全面注册制改革是资本市场的深层次变革，是建设中国特色现代资本市场的重要探索。随着注册制改革的深入，中国资本市场将更好地促进科技创新，为实体经济注入更多的动力，也将给投资者带来新的机遇。本文从课堂教学的角度，帮助学生了解我国资本市场注册制改革的前因后果，从而更好地理解注册制。

关键词：核准制　注册制　中国证券市场

一、引言

1990年上海证券交易所和深圳证券交易所先后成立，标志着中国证券市场的诞生。之后，我国证券市场高速发展，截至2023年1月，沪深两市的上市公司总数已经超过5000家，为促进我国经济发展作出了巨大贡献。

我国股票发行制度先后采用核准制和注册制[1]，王意德[2]、余兴喜[3]、张晓燕[4]及张宏羽[5]等从市场运行风险等不同角度对注册制进行研究分析。本文主要从课堂教学的角度出发，内容可供投资银行业务以及证券投资学等相关课程参考。本文的教学目的：一是使学生熟悉注册制和核准度的区别；二是使学生了解我国全面实行注册制的前因后果。

---

*　龚国光，博士，上海对外经贸大学金融管理学院副教授，主要从事国内外资本市场研究。

二、证券市场发行制度概述

（一）相关概念

证券发行是指政府、金融机构和企业等以筹集资金为目的，向投资者出售代表一定权利的有价证券的行为。证券发行制度包括核准制和注册制。

1. 核准制

核准制采取实质管理原则，即证券发行人要以真实状况的充分公开为条件，并且必须符合证券监管机构制定的一些适合于发行的实质条件。只有符合条件的发行人经证券监管机构批准，方可在资本市场上发行证券。核准制的本质是，证券监管部门履行法律赋予的职能，保证发行的证券符合投资者利益，促进证券市场稳定发展。

2. 注册制

注册制实行公开管理原则，其本质是一种发行主体的财务公布制度。注册制需要证券发行人提供关于证券发行本身以及与证券发行有关的一切信息。发行人不仅必须完全公开有关信息，不得有重大遗漏，而且必须对所提供信息的可靠性、完整性以及真实性承担法律责任。证券发行人只要充分披露了有关信息，并且在注册申报后的规定时间内未被证券监管机构拒绝注册，即可发行证券，不需要再经过批准。实行证券发行注册制可以向投资者提供证券发行的相关资料，但不保证发行的证券定价合理、资质优良。

（二）我国证券市场核准制实施回顾

从国外经验来看，成熟证券市场的发行制度一般采用注册制。鉴于我国国情，1990年11月至2019年6月期间，我国证券市场发行制度采取核准制，并配之以发行审核制度和保荐制度。根据《证券法》等法律法规的有关规定，公开发行债券、股票和国务院依法认定的其他证券，必须依法报经国务院证券监督管理机构或国务院授权部门核准。公开发行是指向特定对象发行证券累计超过200人的行为、向不特定对象发行证券的行为以及法律法规规定的其他行为。上市公司发行证券可以向特定对象非公开发行，也可以向不特定对象公开发行，非公开发行是指上市公司采用非公开方式向特定对象发行证券的行为。

1. 发行审核制度

根据发行审核制度，国务院证券监督管理机构设立发行审核委员会（以下简称发审委），发审委审核发行人股票及债券发行申请等证监会认可的发行申请。发审委依照《公司法》和《证券法》等法律法规，对发行人的证券发行申请文件和证监会相关职能部门的初审报告进行审核，并提出审核意见。证监会依照法定条件和法定程序作出予以核准或者不予核准证券发行申请的决定，并出具相关文件。

2. 发行保荐制度

发行人申请公开发行债券、股票以及法律法规规定实行保荐制度的其他证券的，必须聘请具有保荐资格的机构担任保荐人。上市公司申请公开发行证券或者非公开发行证券，应当由保荐人保荐，并向证监会申报。保荐制度明确了保荐代表人和保荐人的责任，并且建立了相应的责任追究机制。保荐人及其保荐代表人必须遵循诚实守信和勤勉尽责的原则，认真履行审慎审核和辅导义务，并对其所出具的发行保荐书的准确性、完整性和真实性负责。

证券发行核准制度、发行审核制度以及保荐制度的安排，形成了市场各参与主体各负其责、各尽所能、各司其职和各担风险的责权关系。

（三）全面注册制改革意义

全面注册制改革的本质是把选择权交给市场，强化市场约束和法治约束，简单来说，是对政府与市场关系的调整。不仅涉及审核主体的变化，更重要的是充分贯彻以信息披露为核心的理念，发行上市全过程更加规范、透明和可预期。

全面注册制改革意义主要体现在：一是大幅优化发行上市条件。注册制仅将核准制下的实质性门槛尽可能转化为信息披露要求，监管部门不再对企业的投资价值作出判断。二是切实把好信息披露质量关。实行注册制绝不意味着放松质量要求，相反，审核把关更加严格。三是坚持开门搞审核。公开、透明、严格制衡、接受社会监督，其与核准制有根本区别。

表1　全面注册制改革前后有关机构的职能变化

证券发行制度	证监会	交易所
核准制	核准股票发行申请	审核证券上市申请
注册制	履行发行注册程序	发行上市审核

三、全面注册制改革实务

（一）注册制改革动因

2013年11月，党的十八届三中全会通过《中共中央关于全面深化改革若干重大问题的决定》，明确提出“推进股票发行注册制改革”。党的十九届五中全会提出，全面实行股票发行注册制。党的二十大强调，健全资本市场功能，提高直接融资比重。

全面实行股票发行注册制的指导思想是，深入贯彻习近平新时代中国特色社会主义思想和党的二十大精神，落实党中央、国务院决策部署，紧紧围绕“打造一个规范、透明、开放、有活力、有韧性的资本市场”的总目标，完整、准确、全面贯彻新发展理念，坚持稳中求进工作总基调，坚持建制度、不干预、零容忍，坚持市场化、法治化的改革方向，坚持尊重注册制基本内涵、借鉴全球最佳实践、体现中国特色和发展阶段特征的原则，突出把选择权交给市场这一注册制改革的本质，同步加强监管，推进一揽子改革，健全资本市场功能，提高直接融资比重，更好促进经济高质量发展。

（二）注册制改革大事记

按照时间节点，注册制改革进程主要包括以下几个阶段。

1. 2018年11年5日，习近平总书记宣布在上海证券交易所设立科创板并试点注册制，标志着注册制改革进入启动实施阶段。

2. 2019年6月13日，上海证券交易所科创板首批公司开板。

3. 2020年8月24日，中国证监会发布全面实行股票发行注册制相关制度规则，自公布之日起施行。证券交易所等配套制度规则同步发布实施。

4. 2021年11月15日，北京证券交易所揭牌暨开市。

5. 2023年2月1日，创业板改革并试点注册制，首批企业上市。

6. 2023年2月17日，中国证监会就全面实行股票发行注册制主要制度规则向社会公开征求意见，交易所就配套规则向社会公开征求意见。

7. 2023年3月16日，全面注册制下首批10家主板企业IPO获证监会批复。

（三）注册制试点改革成效

在试点改革过程中，主要是做好“一个核心、两个环节和三项市场化安排”。“一个核心”是以信息披露为核心，“两个环节”是指交易所审核和证监会注册，“三项市场化安排”包括设立多元包容的发行上市条件、建立市场化的新股发行承销机制和构建公开透明可预期的审核注册机制。

经过多年试点改革，注册制改革取得的成效包括：一是形成了符合我国国情的注册制架构，二是提升了对科技创新的服务功能，三是推进了交易、退市等关键制度创新，四是优化了多层次市场体系，五是完善了法治保障，六是改善了市场生态。

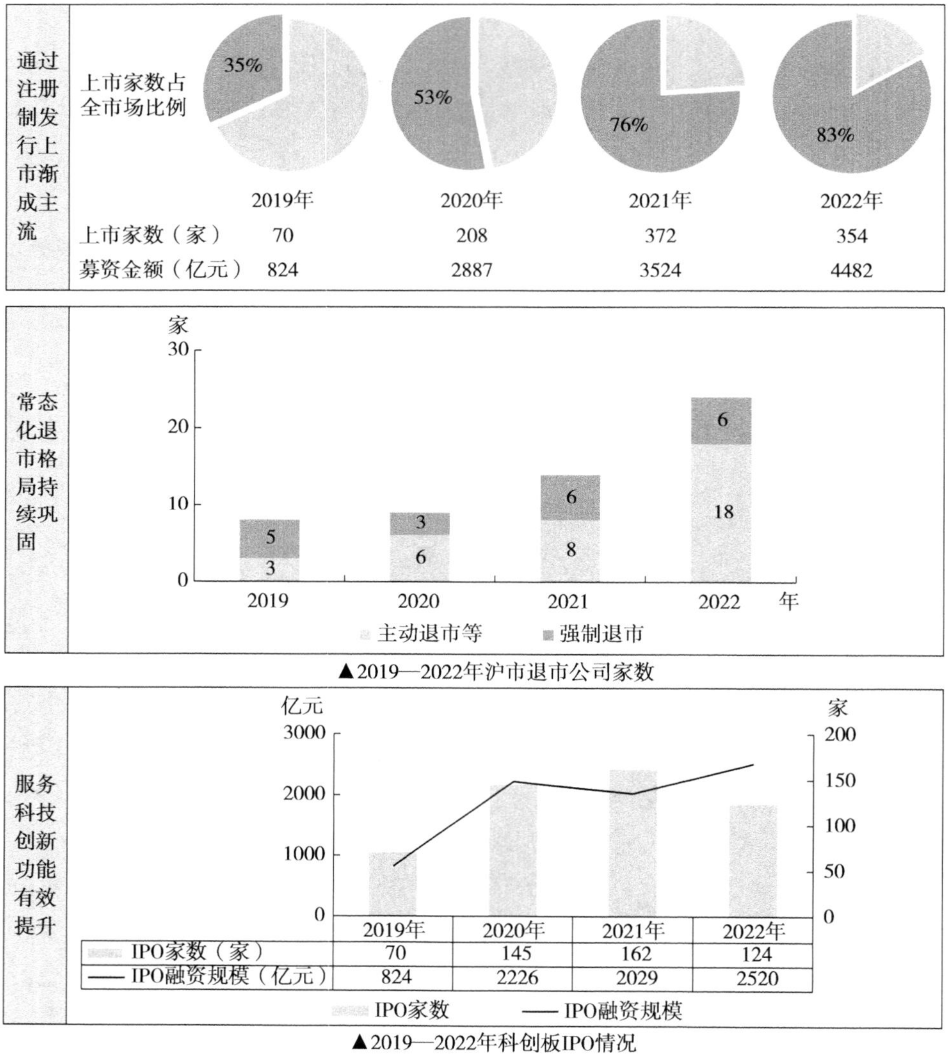

图 1　注册制改革成效

（数据来源：Wind）

（四）注册制改革要点

1. 优化注册程序

一是坚持交易所审核和证监会注册各有侧重、相互衔接的基本架构；二是进一步压实交易所发行上市审核主体责任，交易所对企业是否符合发行条件、上市条件和信息披露要求进行全面审核；三是证监会基于交易所的审核意见依法作出是否同意注册的决定。

2. 统一注册制度

一是整合上海证券交易所、深圳证券交易所试点注册制制度规则，制定统一的首次公开发行股票注册管理办法和上市公司证券发行注册管理办法，北京证券交易所注册制制度规则与上海证券交易所、深圳证券交易所总体保持一致；二是交易所制定修订本所统一的股票发行上市审核业务规则。

3. 完善监督制度

一是证监会加强对交易所审核工作的统筹协调和监督考核，督促交易所提高审核质量；二是改革完善上市委、重组委人员组成、任期、职责和议事规则，对政治素质、专业背景、职业操守提出更高要求，提高专职人员比例，加强纪律约束，切实发挥“两委”的把关作用。

4. 完善基础制度

一是完善发行承销制度，约束非理性定价；二是改进交易制度，优化融资融券和转融通机制；三是完善上市公司独立董事制度；四是健全常态化退市机制，畅通多元退出渠道；五是加快投资端改革，引入更多中长期资金。

（五）形成错位发展及功能互补的多层次资本市场格局

明确主板定位，优化主板发行上市条件；坚守科创板定位，推动形成错位发展、功能互补、有机联系的多层次市场体系，全力服务好实体经济发展。

1. 主板

主板是这次注册制改革的重中之重，一是突出大盘蓝筹特色，二是重点支持那些业务模式成熟、经营业绩稳定、规模较大以及具有行业代表性的优质企业。

2. 科创板

一是突出“硬科技”特色；二是支持生物药品制造等六大行业；三是限制金融科技、模式创新企业，禁止房地产和主要从事金融、投资类业务的企业。

3. 创业板

一是主要服务于成长型创新创业企业；二是支持“三创四新”，即创新、创造、创意和新技术、新产业、新业态、新模式；三是进行负面清单管理，不支持农林牧渔业，采矿业，酒、饮料和精制茶制造业，纺织业，金融业，房地产业等。

4. 北京证券交易所

一是打造服务创新型中小企业主阵地；二是重点支持先进制造业和现代服务业等领域的企业；三是不支持金融业、房地产业、产能过剩行业、淘汰类行业，以及从事学前教育、学科类培训等业务的企业。

（六）改革落实思路

交易所全面实行注册制配套业务规则，是按照《证券法》的规定、全面实行注册制总体要求以及中国证监会规章等制定的，共同构成保障改革落地的整体性和配套性的制度安排。

1. 坚定贯彻改革方向和目标

严格落实《全面实行股票发行注册制总体实施方案》。

2. 各板块统一安排整体推进

全面覆盖发行上市审核、发行承销、持续监管、交易和投资者保护等环节，统筹考虑主板、科创板市场，全面适用各板块。

3. 充分承继试点注册制的改革经验

将试点注册制中经受住了市场检验、实践证明行之有效的制度，复制推广至主板。

4. 保留板块特色的差异安排

尊重主板市场习惯，保持主板投资者适当性要求不变，稳步推进主板交易机制改革并持续评估完善；继续发挥科创板“试验田”作用。

四、课堂教学的关键要点和启发思考题

（一）关键要点

课堂教学的关键要点在于：一是使学生熟悉证券市场发行制度的中国特色，二是我国进行全面注册制改革的前因后果。

（二）启发思考题

为了更好地帮助学生了解全面注册制改革，设计下列思考题。

1. 全面注册制改革对中国证券市场有何影响？
2. 核准制的经验教训有哪些？
3. 为什么国内上市公司财务舞弊行为屡禁不止？
4. 怎样才能真正有效地保护中小投资者利益？
5. 当前国内监管体系存在哪些不足？

五、结束语

截至2023年8月，从注册制改革的实际情况来看，主板首批企业上市满月后，跌破发行价的比率超过10%。值得关注的是，主板甚至出现企业上市首日就跌破发行价等现象，导致市场相关主体对注册制改革毁誉不一。应吸取印度证券市场采用注册制后的经验教训。尽管国内证券市场实行注册制是历史的必然，但许多方面依然存在着较大的不足，中国证券市场发展任重道远。

参考文献

[1] 金德环. 投资银行学教程[M]. 上海：上海格致出版社，2009.

[2] 王意德.注册制改革、股价信息含量与市场运行风险[J].经济体制改革，2023（2）：184–192.

[3] 佘兴喜. 全面注册制改革的亮点和意义[J]. 新理财，2023（4）：37–39.

[4] 张晓燕.全面注册制改革的国内外实践及对中小企业影响[J].人民论坛，2023（7）：81–85.

[5] 张宏羽. 全面注册制时代的投资思考[J]. 检察风云，2023（10）：32–33.

Discussion on Classroom Teaching of Comprehensive Registration System Reform

Abstract: The reform of the registration system is a profound transformation of the capital market and an important exploration of building a modern capital market with Chinese characteristics. With the deepening of the registration system reform, China's capital market will better promote technological innovation, inject more power into the real economy, and also bring new opportunities to investors. This article aims to help students understand the causes and consequences of China's registration system reform from the perspective of classroom teaching, in order to better understand the registration system.

Key Words: Approval System, Registration System, China's Securities Market

财富管理教育：本科与研究生阶段的分层与精进

王志伟*

摘　要：为了满足财富管理快速发展的人才需求，许多高校开设了专门的财富管理课程，这些课程通常分为本科和研究生两个层次，以满足不同水平的学生需求。然而，目前对于如何在这两个层次中有效地教授财富管理并对课程进行精进仍存在许多问题。一方面，高校需要找到适合不同学生群体的教学方法和内容；另一方面，高校也需要不断适应变化的市场环境和需求，调整和更新课程。在这一背景下，本文旨在探讨财富管理本硕课程的不同，以理解和解释两个教育阶段在教学内容和教学方法上的区别，并分别提出本科生课程和研究生课程的分层和精进问题，以及研究教育需求和最佳实践，最后提出财富管理教育改进的有益建议。

关键词：财富管理教育　研究生　本科生

一、引言

财富管理作为一个专业领域，在全球范围内的重要性日益增强。随着全球贫富差距的扩大和财富的集中，专业财富管理服务需求快速增长。同时，

*　王志伟，上海对外经贸大学金融学院副教授，研究方向为公司金融与资本市场。

金融市场的复杂性和动态性要求财富管理专业人士具备广泛且深入的知识，以及精细的策略和技巧。因此，财富管理的教育和培训越来越受到重视。

为了满足这种需求，许多高校开设了专门的财富管理课程。这些课程通常分为本科和研究生两个层次，以满足不同水平的学生需求。本科课程通常提供财富管理的基本概念和工具，研究生课程则在此基础上深化对相关主题的理解，加强实践性训练，并可能涉及更专业或更具挑战性的话题。

然而，目前对于如何在这两个层次中有效地教授财富管理并对课程进行精进仍存在许多问题。一方面，高校需要找到适合不同学生群体的教学方法和内容；另一方面，高校也需要不断适应变化的市场环境和需求，调整和更新课程。

在这一背景下，本文旨在探讨财富管理本硕课程的分层和精进问题。通过比较和分析现有的本科和研究生课程，以及研究教育需求和最佳实践，本文希望能提供如何改进财富管理教育的有益建议。

二、财富管理的发展和挑战

（一）财富管理的定义

财富管理是指专门为高净值个人或家庭提供的一系列服务，包括投资管理、财产规划、税务咨询、法律或遗产规划以及退休规划等。它的目标是帮助客户制订全面的长期计划，以实现他们的财务目标和生活目标。财富管理需要专业的财富经理，他们需要具备金融、法律和税务知识，以及良好的人际关系技巧。

（二）财富管理的发展

财富管理的起源可以追溯到中世纪的欧洲，当时的富裕家庭雇用管家来管理他们的财产。然而，作为一个专门的行业，财富管理在20世纪70年代才开始发展，当时一些大型金融机构开始为其高净值的客户提供全面的财富管理服务。

目前，财富管理不仅从为少数富人服务发展为为广大中产阶级和准富裕阶层提供服务的行业，而且财富管理出现了全球化趋势。随着贸易、经济、金融一体化，财富和财富管理也在全球范围内的发展，这对财富管理人才的全球化视野提出了新的要求。

近年来，互联网和数字技术的发展，特别是机器学习、人工智能、大数据分析等科技的快速发展，正在改变财富管理行业的面貌。例如，在投资决策、风险管理、客户服务等方面新技术都有广泛的应用，这对财富管理教育的未来发展提出了新的挑战和机遇。高校需要及时调整和更新课程内容，以满足行业和市场的变化。

可持续性和社会责任投资等新兴主题的重要性日益突出，随着公众对环境、社会和治理（ESG）问题的关注度提高，可持续性和社会责任投资已成为投资领域的重要趋势。许多投资者开始将ESG因素纳入投资决策，寻求在实现经济回报的同时，对社会和环境产生积极的影响。财富管理教育需要在教学内容和方式上作出相应的调整和创新。

金融危机和经济的不确定性使财富管理变得更加困难。此外，消费者对透明度和公平性的要求也越来越高。因此，财富管理行业需要不断更新和升级，以满足客户的需求。

（三）财富管理教育的问题与差距

财富管理行业处于剧烈的变革中，这导致现行的财富管理课程在理论与实践之间存在较大差距，财富管理的教育面临各种挑战。

一是课程设计与市场需求脱节。财富管理课程可能主要围绕经济、金融、投资等理论，而忽略了实际工作中需要面对的一些具体问题，如客户关系管理、实际操作流程、行业规则和法规遵守等。这种情况可能使学生在毕业后进入工作岗位时感到困惑和面临挑战。

二是缺乏实际操作的机会。理论知识是基础，但学生只有通过实际操作才能真正理解和掌握这些知识。目前许多课程可能过于侧重书本知识，而没有提供足够的实践机会，如实验室练习、实地考察、实习经验等。

三是缺乏案例教学。在许多财富管理课程中，可能没有足够的案例教学，这使学生无法了解和分析实际问题，从而不能理解理论知识在实际中的应用。案例教学是一种非常有效的教学方式，能够帮助学生理解理论知识的实际应用，增强其解决实际问题的能力。

四是忽视技能训练。财富管理不仅需要理论知识，更需要一些实际技能，如沟通技巧、项目管理技巧、数据分析技巧等。然而，许多课程可能更侧重于理论教学，没有提供足够的时间和资源进行这些技能的训练。

五是教学资源不足。尽管有些课程试图将理论与实践相结合，但可能由于教学资源的限制，如没有合格的教师、设备、资金等，而无法有效实施。

六是忽视行业发展和趋势。财富管理行业正处于不断的发展和变化中，如数字化、自动化、可持续性投资等新的趋势正在影响行业的实践。但许多课程可能没有及时更新内容，因此使学生无法获取最新的行业知识和技能。

很多高校在本科和研究生的不同阶段同时开设了财富管理课程，在本科和研究生的不同阶段教什么、怎么教、怎么合理分层、如何进一步精进对授课教师，特别是同时担任本科和研究生两个阶段财富管理课程授课任务的教师提出了前所未有的挑战。

三、本科和研究生两阶段的差别和分层

（一）两阶段的差别

1. 教育目标上的差别

本科课程旨在帮助学生掌握财富管理的基本原理和方法，培养具备良好职业素养的初级财富管理师。研究生课程旨在培养具备专业知识、独立思考和解决复杂问题能力的高级财富管理师。

2. 课程要求上的差别

本科课程一般要求学生掌握基础理论和方法，通过考试和项目作业评估学习效果。研究生课程除了要求学生掌握高级知识和技能外，还可能要求学生完成独立的研究项目或论文。

3. 知识深度和广度上的差别

本科课程注重为学生提供财富管理领域的基础知识和技能，涵盖投资、风险管理、财务规划、税务等方面，重视广度而非深度。研究生课程更注重为学生提供深度的理论知识和应用技能，课程涉及复杂的投资策略、高级财务规划、法律和伦理等领域。

4. 理论和实践结合上的差别

本科课程通常以理论学习为主，辅以基础的实践应用，如模拟投资等。研究生课程更重视实践应用，课程可能包括案例分析、实战项目、企业实习等。

财富管理教育在本科和研究生阶段应该有合理的分层：本科阶段重视基础理论知识和一些基本技能的学习，而研究生阶段更强调深度研究和专业化。研究生课程通常建立在本科课程的基础上，是对本科课程知识的进一步深化和专业化。本科课程和研究生课程之间应形成良好的衔接，使学生能够在不同阶段获得适合其学习进程和职业发展的教育。

（二）本科阶段课程内容、目标和方法

本科阶段的财富管理课程主要目标是为学生提供财富管理领域的广泛知识，为他们进入职场或进一步深造奠定坚实的基础。

1. 本科阶段课程内容

财富管理基础：课程内容通常涵盖财富管理的基础知识，包括金融市场、投资理论、风险管理、退休规划和税务规划等。

金融工具理解：基础课程还包括对各种金融工具（如股票、债券、衍生品）的深入理解。

财富规划案例：引导学生通过实际案例学习如何进行财富规划，提供实践经验。

2. 本科阶段课程目标

第一，提供财富管理的全面知识体系，使学生能够理解并解释财富管理的关键概念和原则。

第二，培养学生分析和解决问题的能力，让他们能够应对真实世界的财

富管理问题。

第三，培养学生具备良好的专业素养，包括职业道德、批判性思考、沟通技巧和团队协作。

3. 本科阶段课程方法

本科阶段课程方法主要是理论讲授、实践学习、互动式教学相结合。教师通过讲授和讨论，向学生介绍财富管理的理论知识和实际应用。通过案例研究、项目设计和模拟交易等手段，将理论知识应用到实践中，使学生更好地理解和掌握财富管理。教师鼓励学生积极参与课堂讨论，提问并解答问题，以促进深度学习和批判性思考。

（三）研究生课程内容、目标和方法

研究生课程通常比本科阶段课程更深入、更专业，主要特点如下。

1. 研究生课程内容

高级投资策略：包括证券分析、资产配置、投资组合管理等。

高级财务规划：包括退休规划、税务规划、遗产规划等。

高级风险管理：理解和管理个人及组织的各种风险。

法律和道德问题：研究生课程可能会深入探讨与财富管理相关的法律和道德问题。

2. 研究生课程目标

研究生课程的目标主要是让学生获得深入、专业的知识和技能，以便在财富管理领域达到高级的水平。除了具备对财富管理策略的深入理解外，研究生课程还旨在培养学生的批判性思考、创新思维和解决复杂问题的能力。

3. 研究生课程方法

尽管不同的课程和学校在这方面有所不同，但研究生课程通常使用一种更为深入和全面的教学方法。例如，开展讲座，讲解高级财富管理理论和实践；对案例进行研究，分析真实世界的案例，理解和应用财富管理的理论和策略；独立或以小组的形式进行项目研究，或撰写论文，深入探索某个特定的主题或问题；举行研讨会或鼓励学生对某个主题或问题进行讨论，培养和提高批判性思考和解决问题的能力。

四、本科阶段的精进思路

在本科阶段，理论和实践的结合、新兴主题的引入以及交叉学科的融入对提升学生的综合素质有着重要影响。

（一）通过交叉学科的融入提升本科阶段的教学质量

首先在课程设计上要更加侧重多学科交叉及其在财富管理中的运用。在本科阶段不宜过度强调研究的深度，因此在学习的广度方面可以考虑引入交叉学科的知识以帮助学生开阔视野，培养多元思维，以及提升对财富管理中的问题进行全方位解决的能力。

1. 与经济学的结合

分析经济学在财富管理中的应用和影响，例如，宏观经济政策特别是货币政策如何影响资产配置，研究如何将经济学原理融入财富管理的教学中，使学生能够了解并运用这些原理进行投资决策。

2. 与心理学的结合

讲授行为财务学的理论基础，例如，投资者心理、市场情绪等因素如何影响市场行为。讨论如何在课程中引入心理学原理，使学生能够理解和应对行为偏差，更好地管理客户的预期和情绪。

3. 与科技的结合

探讨科技，尤其是人工智能、大数据、区块链等技术在财富管理中的应用，研究如何通过教授金融科技知识，使学生能够在快速变化的科技环境下，维持与时俱进的技能。

4. 与法律的结合

分析法律和法规对财富管理的影响，例如，税法、资本市场法规、金融法等如何影响财富管理策略，讨论如何在课程中引入法律知识，使学生能够理解和遵守相关法规，降低法律风险。

5. 与伦理道德的结合

负责任投资、ESG投资已经成为金融业界越来越不容忽视的潮流。在本科课堂中，教师可以通过分析真实案例，讨论ESG因素如何影响企业价值和投资回报；让学生理解在实践中如何应用ESG原则，使学生能理解并能在实际投资决策中考虑ESG因素，从而实现财富的持续增长和社会责任的均衡。

紧扣财富管理行业的新兴主题，并将其引入本科课程详细展开，这有助于将本科教学与现代财富管理实践紧密结合，从而提高教学质量和学生的就业竞争力。

教师应该在设计课程大纲、教学活动中，考虑通过案例教学、项目式学习、实验教学等方法，将交叉学科知识融入财富管理的教学中，这样有助于学生掌握和运用交叉学科知识，能够帮助学生建立全面的知识体系，提升他们解决复杂问题的能力，并为他们在财富管理行业的未来发展打下坚实的基础。

（二）借鉴国际经验，加强理论和实践的结合

在财富管理课程教育中，美国三大著名商学院在理论和实践的结合方面采取了各具特色的成功措施。

1. 沃顿商学院

沃顿商学院为学生提供了一系列实习和协作机会，这些机会让学生在真实的财富管理环境中运用他们所学的理论知识。比如，学生可以参加财富管理研究项目，或者参与由行业专家指导的实习项目。这种做法让学生在实践中学习和提高，同时也使他们能够更好地理解和应用他们在课堂上学到的理论知识。

2. 哈佛商学院

哈佛商学院将案例学习法作为主要的教学方法，这种方法将理论知识和实践经验结合在一起。在每个案例中，学生需要使用他们的理论知识来分析真实的商业问题，并提出解决方案。这种方法让学生能够在理解和应用理论的同时，锻炼他们解决实际问题的能力。

3. 斯坦福商学院

斯坦福商学院提供了一种称为“行动学习”的教学方法，该方法强调在实践中学习。在财富管理课程中，学生可能会参与模拟投资项目，或者在社区中为真实的客户提供财富管理服务。这些活动旨在让学生在实际环境中应用他们所学的理论知识，同时也为他们提供反思和改进实践技能的机会。

为了解决理论和实践的差距，我国高校的财富管理课程教育需要结合国际经验，提出一种理论与实践相结合的、适合中国国情的财富管理教学模式，并解释其设计原则。应探讨如何在本科教学中推广这种模式，包括课程设置、教学方法、实习机会等，分析推广应用的可能挑战，以及解决这些挑战的策略。应作出一些改变，例如，更加关注实践教学，提供更多的实际操作机会，增加案例教学，提高技能训练，投入更多的教学资源，以及及时更新课程内容，以适应行业的发展和变化。

五、研究生阶段的精进思路

在研究生阶段，深入的专业研究、实践性和案例研究的增强以及全球视野和国际合作的培养，对于学生未来在复杂财富管理环境中的成功有着至关重要的影响。

（一）研究深入和专业化

1. 课程更加专业化

研究生课程应更加专业化，涵盖财富管理的各个子领域，如投资策略、风险管理、退休规划、税务规划、遗产规划等。通过深入学习这些专业课程，学生能够更好地理解和掌握这些领域的专业知识和技能。

对于新兴的、正在影响财富管理行业的领域，如金融科技、人工智能、区块链等，教师也应设计专门的课程，让学生及时了解和掌握这些新兴技术的应用，以应对未来的职业挑战。

2. 研究更深入

在研究生阶段，学生应对财富管理领域有更深入的了解和研究。与本科课程相比，研究生课程需要更高层次的分析能力和创新思维。深入研究能够帮助学生掌握财富管理的核心理论和实践方法，提高他们的问题分析和解决能力，增强他们对复杂财务问题的理解。

3. 突出研究方法和论文写作

除专业知识外，研究生课程也应注重培养学生的研究能力。论文写作是研究生教育的重要部分。通过撰写论文，学生可以系统地展示他们的研究成果，这有助于提高他们的写作能力和批判性思维。教师应该指导学生掌握科学的研究方法，如数据收集和分析、实证研究、模型建立等。

（二）实践性增强

1. 实地研究和实习机会

在研究生课程中引入实地研究和实习机会，这有助于学生理解财富管理的实际运作。为了帮助学生更好地将理论知识转化为实践能力，研究生课程应设置实习机会，让学生在实际工作环境中应用所学知识。学校也应提供就业指导服务，帮助学生了解行业动态，制定职业规划，提升就业竞争力。在深入研究和专业化的过程中，学校和教师应持续关注行业发展和学生需求，调整和优化课程设置，以提供高质量的财富管理研究生教育。

2. 项目驱动学习

把项目驱动学习引入研究生课堂，例如，创建一个投资组合、进行财务规划或资产配置，通过项目来增强学生的实践技能和创新思维。

3. 案例研究的增强

一是以历史案例为基础的学习。在研究生课堂中，教师介绍财富管理的关键历史案例，如财务危机、成功的投资策略或富有创新的财务产品，分析这些案例如何被用于讨论财富管理理论和实践的关系，以及指导学生如何通过这些案例形成批判性思维。二是模拟案例研究。描述在研究生课程中使用模拟案例的方式，例如，设想客户需求，为其制定财富管理策略。讨论模拟案例如何帮助学生理解和应对实际工作中可能遇到的问题。

（三）全球视野和国际合作

1. 在课程设计中引入全球视野

案例研究：分析全球各地的案例，以加深学生对财富管理的理解和应用。

全球财富管理政策和法规：了解和熟悉不同地区的财富管理政策和法规，增强学生在国际环境下的操作能力。

邀请国际讲师和专家：邀请海外财富管理专家、学者举办讲座或研讨会，提供国际视角。

2. 加强国际合作

学术交流和合作：通过与海外学校或研究机构建立合作关系，增进学术交流，提升研究质量。

学生交换项目：设立学生交换项目，让学生有机会在海外学习和实习，从而获得国际经验。

实地考察和实习：通过与海外公司或机构合作，为学生提供实地考察和实习机会。

六、总结与建议

（一）与业界紧密合作

学术界与业界的对话：教育界和业界应建立更加紧密的对话机制，以理解财富管理行业的最新动态和未来发展趋势。通过定期的研讨会、讲座和论坛，学术和行业专家可以共享知识和洞见，推动学术研究和实践的互动。

实践导向的课程：高校应设计和提供实践导向的课程，让学生有机会了解和研究真实的财富管理案例。这可以通过与行业合作开设实践课程、模拟投资比赛，或者安排实地访问和实习机会来实现。

行业指导：高校可以邀请行业专家作为客座教授或讲师，分享他们的专业知识和经验。此外，行业专家也可以作为导师，指导学生的学术研究和职业发展。

研究合作：学术界和行业可以共同开展研究项目，研究财富管理的新问题和挑战。这可以帮助学术界理解实际问题，同时也可以让行业受益于学术界的研究成果。

持续教育：高校应与行业合作，提供持续教育和专业发展课程，以帮助在职财富管理专业人员更新知识和提高技能。这可以通过在线课程、研讨会、短期课程或证书课程等方式实现。

总的来说，教育界和行业的紧密合作有助于推动财富管理教育的发展，使之更好地满足行业需求，提升学生的职业竞争力，同时也能促进学术研究和实践的融合。

（二）面向未来的课程设计

1. 技术与数字化的融入

随着科技的飞速发展，财富管理领域也在不断变化，技术和数字化的应用越来越广泛。因此，财富管理课程设计应当结合这一趋势，为学生提供有关数据分析、人工智能、区块链以及其他金融科技在财富管理中应用的教学内容。通过深入理解和掌握这些技术，学生能够在未来的工作中更好地服务客户，提供个性化的财富管理方案。

2. 强调道德和专业行为

财富管理不仅涉及技术和策略，还与道德和专业行为密切相关。课程设计应强调这一点，培养学生的道德素养和专业责任感。

ESG因素在投资决策中的重要性日益提升。因此，未来的财富管理课程应强调这些因素的重要性，应教授学生如何在制定投资策略时考虑ESG因素，以达到可持续的财富管理。

3. 培养全球化视角

随着全球化进程的加速，投资者越来越需要全球视角的财富管理服务。因此，财富管理课程应教授学生如何从全球角度去理解和分析金融市场，如何应对不同国家和地区的法规挑战，以及如何在全球范围内优化资产配置。

4. 不断更新金融产品和策略

新的金融产品和投资策略不断出现，财富管理课程设计应能够及时反映这些变化，使学生掌握最新的金融知识和工具。

5. 实践性教学的增强

理论教学与实践教学相结合对财富管理教育来说非常重要。课程设计应当提供更多的实践机会，如案例研究、模拟投资、实习机会等，使学生在实践中应用所学知识，提高实际操作能力。

（三）提升师资队伍的能力

1. 提升教学方法和技巧

教师需要掌握和应用现代教育技术，如在线教学、混合学习、协同学习等。教师需要学会如何有效地设计和实施案例研究，帮助学生理解和应用财富管理的理论和工具。

2. 提升专业知识水平和行业经验

增进教师的专业知识和理论基础，让教师能够更有效地传授财富管理的关键理念和方法。鼓励教师参与实际财富管理工作，以使他们理解行业的实际运作，并且把这种理解转化为教学内容。

3. 加强师资队伍的多元性

从不同的背景和专业领域引入教师，有助于提供多元化的视角和知识，丰富财富管理课程的内容和视野。应鼓励多元文化和跨国交流，为学生提供全球化的财富管理知识和实践。

4. 促进持续的教师发展

教师需要持续更新他们的知识和技能，以保持与财富管理领域的最新发展同步。高校应提供教师发展计划，包括定期的培训、工作坊、讲座和会议。

5. 加强教师与业界的联系

教师应参与行业的活动，了解最新的趋势和变化。高校应与财富管理机构和专业协会建立合作关系，为教师提供行业资源和联系渠道。通过提升师资队伍的能力，能够提高财富管理教育的质量，从而为社会培养更多优秀的财富管理人才。

参考文献

[1] 姜海燕. 研究生文献阅读与论文写作课程思政建设实践与思考[J]. 对外经贸，2023（9）：99–102.

[2] 李亮，李慧，程建华. 研究生创新能力培养的思政教育实践探索[J]. 思想政治教育研究，2021，37（6）：58–61.

[3] 孙华. 论案例教学法在“教育学原理”教学中的运用[J]. 黑龙江高教研究，2010（9）：139–141.

[4] 许祥云，王佳佳. 高校课程思政综合评价指标体系构建——基于CIPP评价模式的理论框架[J]. 高校教育管理，2022，16（1）：47–60.

[5] 李兴建，李因文，徐守芳. “科技文献检索与论文写作”课程思政建设——以本科高分子材料专业为例[J]. 教育教学论坛，2023（28）：26–29.

[6] 郇芳.《学术论文写作与研究方法》课程思政融入探索[J]. 才智，2023（18）：69–72.

[7] 康少波，赵晶. 基于增强创新能力的专业学位研究生案例教学探索[J]. 教育教学论坛，2022（32）：114–117.

[8] 马勇军，赵雨佳. 教育硕士研究生“读—研—用—创”四环节原创案例教学模式的实践探索[J]. 学位与研究生教育，2022（6）：47–53.

Wealth Management Education: Stratification and Advancement at both Undergraduate and Graduate Levels

Abstract: To meet the rapidly growing talent needs in wealth management, many universities have established specialized wealth management courses, typically divided into undergraduate and graduate levels to suit students at different levels of proficiency. However, many issues remain in effectively teaching wealth management at these two levels and refining the courses. On one hand, universities need to find suitable teaching methods and content for different student groups; on the other hand, they must continuously adapt to changing market environments and demands, adjusting and updating their curricula accordingly. Against this backdrop, this study aims to explore the differences in wealth management courses at the bachelor's and master's levels, to understand and explain the distinctions in teaching content and methods at these educational stages. It proposes stratification and advancement issues for both undergraduate and graduate courses, as well as researches educational needs and best practices, ultimately making beneficial suggestions for the improvement of wealth management education.

Key Words: Wealth Management Education, Graduate, Undergraduate

ESG视野下康美药业尾部风险：是公司治理、环境保护，抑或社会责任

赵　旭*

摘　要：在企业财务造假频发的背景下，ESG能够挖掘企业非财务信息以弥补传统财务指标缺陷，这为财务造假识别提供了一种新方法。本文通过对康美药业进行ESG案例分析，发现其环境保护和社会责任评分处于中药行业中上游水平，康美药业财务造假的内在原因在于公司治理存在重大缺陷，公司信用品质不佳。ESG尾部风险预警模型的预警相比传统信用评级对债券违约预警的作用更为显著。研究结论与建议能为监管机构、企业与投资者提供有价值的参考，也能为其他企业公司治理和环境保护及防范信用风险提供有意义的经验借鉴。本案例在理论上拓展了基于ESG视野对企业财务造假等风险识别及预警的相关研究，在实践应用上对监管部门打击企业财务造假有重要的现实意义。

关键词：尾部风险　公司治理　ESG评级　康美药业　案例教学

*　赵旭，博士，上海对外经贸大学金融管理学院教授，主要从事金融管理及资本市场方面的教学与研究。

一、引言

ESG是环境（E）、社会（S）和公司治理（G）的投资理念，包括信息披露、评级和投资指引等方面。长生生物疫苗事件、瑞幸咖啡财务造假等风险事件表明，一些上市公司潜在着长期的非财务风险，若企业发生“暴雷”事件，可能导致股价断崖式下跌，会引致尾部风险。上市公司暴雷是需要提防的风险，而ESG责任投资理念能起到“排雷”的作用。中国资本市场处于稳健可持续发展之中，但上市公司财务造假和债券违约等暴雷事件导致的一系列负面影响加剧了金融市场风险，损害了投资者权益。那么，如何促使企业正确披露ESG信息并分析ESG对企业财务造假等风险的影响及传导机制，如何运用ESG方法度量企业财务造假、违法违规等尾部风险并预警，这些都是我们所需关注的。上市公司暴雷与财务造假、违法违规、过度扩张、负面经营事件及大股东行为、债券违约等尾部风险事件有着密不可分的关系，通过对企业尾部风险事件来源进行动态跟踪，能够在暴雷发生前进行ESG尾部风险警示，降低投资损失，使投资者关注企业社会责任。实施ESG投资理念，在某种程度上能够尽早识别企业的这些“异常”并“排雷”，进而降低企业财务造假风险。

康美药业曾是A股的白马股，形象良好，然而财务造假以及资金链断裂导致债券违约，这些看似“偶然”的“暴雷”事件，实际上是康美药业在公司治理方面的缺陷导致的“必然”结果。该案例在为上市公司财务造假等尾部风险敲响警钟的同时，也为案例教学提供了素材，通过案例分析，有助于学生理解抽象的ESG理论与方法，提高分析和解决问题的能力。

二、案例理论依据

ESG包含环境、社会、治理三个维度因素，反映企业在环境保护、社会责任履行、公司治理方面的整体水平及潜在风险。ESG评价指标体系的环境绩效（E）反映了企业面临的环境风险以及环境风险管理能力对其可持续经营的效应，社会责任（S）反映企业对员工、供应链客户、投资者、社区等主体的保护对其可持续经营的效应，公司治理（G）反映企业股东权益保护、法人治理能力、信息披露等治理情况对企业可持续经营的效应。

实施ESG投资理念，在某种程度上能够尽早识别这些“异常”并“排雷”，能够降低企业尾部风险。从环境和公司治理视角看，邱牧远和殷红（2019）的研究表明，环境和公司治理因素对企业融资成本影响较大，环境信息披露质量提高在某种程度上能降低负面环境事件对企业融资成本的消极影响[1]。Velte（2017）以德国公司数据为样本，发现公司治理对财务绩效影响最大[2]。企业社会责任表现不仅能够提升业绩，而且可以降低风险，Sassen 等（2016）对欧洲样本公司数据的研究表明，ESG评分越高的企业，总体和特质风险越低[3]；在金融市场处于动荡期，社会环境绩效表现好的公司的股票能产生较高收益（Braune等，2019）[4]。ESG表现良好的公司一般具有较高的风险控制能力和合规意识，受系统性风险冲击的概率较小，也能够降低因发生风险事件而损害公司价值的概率（Eccles、Ioannou 和Serafeim，2014[5]；Oikonomou、Brooks和Pavelin，2012[6]）。基于中国企业数据，企业社会责任表现越佳则越能防范企业特质风险（杨艳和兰东，2015[7]），冯丽艳等（2016）研究表明，国有企业或非国有企业承担社会责任能有效降低财务风险，在金融危机期间，抗风险能力也更强，业绩波动相对稳定[8]。也有研究表明，ESG表现更好的公司，具有更高超额回报，抗风险能力也更强，累积超额收益远高于ESG表现差的公司（周方召等，2020）[9]。

ESG评价体系是ESG投资的方法论，可以为ESG投资提供重要指引。目前，我国ESG评价体系发展较完善的有中证ESG评估体系、华证ESG评估体系及嘉实ESG评估体系等。从ESG评级视角看，ESG表现好的企业，信息更加透明且负面新闻更少，能降低企业股票暴跌风险，具有较高ESG评级的股票具有较低的崩溃风险（Kim和Li，2014）[10]。Garcia（2017）等研究发现，ESG与系统性风险曲线呈倒U形，系统性风险偏高或偏低的公司ESG表现不理想[11]。Giese、Lee和MeLas（2019）研究显示，ESG评级高的公司盈利能力更强，支付股息也更高，且具有较低的尾部风险[12]。可见，ESG评级越高的公司的尾部风险相对越可控，ESG对企业长期经营风险具有识别作用，在公司信用风险评估过程中加入ESG评分能够显著提高企业信用风险识别的准确度，降低信用风险（Weber O和Hoque A，Ayub Islam M，2015[13]）。Witold J.Henisz（2019）研究发现，企业在信用事件发生前，其ESG评分会显著下降[14]。ESG评级有助于投资者获取更多财务之外的企业信息，如企业面临的环境与社会风险，ESG水平能够反映企业经营活动状况，良好的ESG表现有利于企业声誉提升和持续经营。可见，ESG评分高，信用风险发生概率就小。企业在违约前，其内部原因和外部环境导致流动资金紧张，传统信用评级方法难以及时跟踪，而ESG评级方法综合债务主体内部和外部环境变化能够及时追踪主体违约风险，这是对传统信用评级的补充。

从环境、社会责任、公司治理视角看ESG评级与企业价值乃至市场、信用风险的关系，可以发现企业治理佳就能改善经营业绩、降低债券信用利差和违约概率（周宏等，2018）[15]，也有学者对资本市场开放与企业ESG表现进行了研究（黄国良和夏奕欣，2022）[16]。在ESG评价体系中，公司治理与企业信用水平正相关，良好的公司治理结构（信息披露质量、财务报表可信度、是否违法违规等）能够保障公司持续发展，而环境违法违规事件将造成负面影响，不利于吸引客户；重视环境保护的企业更有可能持续发展。因此，从ESG视角能够提前发现财务报表无法发现的问题，但国内对于ESG在信用风险尤其是企业财务造假识别方面的研究比较滞后，刘璐和吁文涛（2021）对ESG评价和传统信用评级的差异进行了梳理[17]。康美药业作为重大的财务造假案例，以往研究多集中在财务和审计角度（王曙光和董洁，2020[18]；叶凡等，2021[19]），也有学者（李娜等，2022[20]；郭富青，2022[21]；刘小娟，2022[22]）从独立董事制度缺陷、投资者特别代表人诉讼制度等角度对康美药业造假事件进行了研究，但尚未发现从ESG视角对康美药业财务造假、违法违规、债券违约等尾部风险事件进行的研究。因此，本文以康美药业为例，基于ESG理论及评价框架对康美药业财务造假、信息披露违规、债券违约等尾部风险发生机理进行探讨，引导学生了解ESG理论与方法的预警模型，以为企业公司治理、环境保护及防范风险提供经验借鉴。

三、ESG视野下康美药业尾部风险即财务造假、违约预警案例透视

本文采用单案例探索性方法，从ESG视角对康美药业财务造假、债券违约等风险事件进行分析。之所以选取康美药业作为研究对象，主要是因为康美药业财务造假在市场上影响比较大，具有代表性。本文研究资料主要来源于企业年报、社会责任报告、证券分析师研究报告、媒体报道以及Wind数据库等。康美药业曾是A股一家市值超千亿元的企业，在不断扩张大健康产业版图的同时，财报数据却显示出了种种疑点，如大股东质押比例过高、中药材贸易毛利率相对同行业较高等问题，遭到媒体质疑，加之企业管理层曾多次卷入行贿事件，爆发了一系列财务造假、信息披露违法违规等尾部风险事件。2018年10月财务造假暴露，康美药业股票价格大幅度下跌，市值缩水千亿元，此后，发行债券违约，公司面临退市风险。2018年底，MSCI对康美药业ESG评级进行了调整，从原来B级调至CCC级。2019年4月底，康美药业发布“更正会计差错”公告，修正了2017年年报中的部分数据错误，使近300亿元货币资金“缺失”，随后康美药业遭遇监管部门处罚，股价崩塌、债券违约，至此康美药业尾部风险事件正式爆发。ESG评级是对传统基于财务信息主体信用分析框架的补充，在评估债券发行人信用评级中作用比较突出，本文基于ESG视野对康美药业尾部风险进行评价，ESG评分情况统计数据为2018年至2019年10月31日数据。

（一）ESG视野下康美药业尾部风险：是公司治理、环境保护，抑或社会责任

在企业财报造假频发的背景下，ESG作为挖掘企业内在非财务绩效的关键信息，为投资者提供了解公司的新评估方法。康美药业曾属于A股医药行业的白马股，本文采取嘉实ESG评分结果进行分析，与康美药业同属中药类别的有59家公司，总计60家中药行业样本公司，累计2689家样本上市公司。

表1　　中医药行业样本公司ESG整体评分比较

上市公司	ESG评分	排名	上市公司	ESG评分	排名	上市公司	ESG评分	排名
江中药业	80.36	1	桂林三金	55.25	21	方盛制药	34.34	41
东阿阿胶	79.46	2	上海凯宝	53.94	22	国发股份	33.4	42
天士力	79.38	3	亚宝药业	52.82	23	珍宝岛	31.91	43
……	……	……	……	……	……	……	……	……
西藏药业	56.66	18	龙津药业	36.08	38	香雪制药	13.94	58
精华制药	56.14	19	济川药业	35.17	39	通化金马	11.26	59
云南白药	55.43	20	康美药业	34.81	40	*ST辅仁	9.12	60

资料来源：Wind.

在60家中药上市公司中，平均得分为44.022，中位数为42.48，康美药业处于中下游，得分为34.81，排名第40位。康美药业从2014年起披露社会责任报告，到2020年已发布6份报告，报告数量属于正常，但披露信息情况不容乐观，排名相对靠后。

1. 环境信息风险（E）

表2　　样本公司环境信息评分比较

上市公司	市场排名	中药行业排名	上市公司	市场排名	中药行业排名
白云山	87	1	桂林三金	460	6
康美药业	105	2	昆药集团	511	7
青海春天	224	3	信邦制药	543	8
康弘药业	246	4	国发股份	600	9
精华制药	318	5	华润三九	603	10

资料来源：Wind.

在环境保护方面，康美药业表现处于中药行业中上游，在嘉实评估的全市场2689家上市公司中，康美药业排名第105位，位列上游。在康美药业发布的社会责任报告中，关于环境部分重点集中于公司环境管理体系与制度建设、绿色环保理念宣传、污染物管理及绿色办公等方面。2014—2017年，康美药业工业固体废弃无害化处置率达100%，2016年和2017年单位产值综合能耗分别为0.08吨标准煤/万元、0.09吨标准煤/万元，此外，用水和废水排放量情况也在2016年和2017年社会责任报告中进行了披露。康美药业自2016年开始发布西药和中药基地每年四个季度的环境检测信息，检测报告详细列明废水、废气、噪声各个指标及其数值情况，值得注意的是，污染物排放仅提供了2016年四个季度的数据，信息披露不完整。通过公开数据可以看出康美药业对环境保护重视程度较高，建立了环保制度体系，定期公布西药、中药基地废水废气及噪声数据。但在环境信息披露方面，如能源资源消耗及污染物排放数据公布不完整，仅有一两年数据，绿色办公相关数据严重缺乏，此外，由于康美药业对实验室废液的处理有违国家法律的规定，2017年北京市房山区环境保护局开具《责令改正违法行为决定书》，责令改正有关环境违法行为。

总之，康美药业在环境信息数据披露方面尚未达到良好水平，对有些环境信息披露不完整，很难使投资者作出更清晰的评估。在整个市场排名中，康美药业排名尚可，这反映了我国ESG体系建设比较滞后，相关政府部门、企业也要建立更完善的环境信息检测与披露方法，使企业能够减少信息披露成本。

2. 社会责任表现（S）

社会责任表现一般包括员工制度、上下游关系、产品质量、争议事件、慈善扶贫工作等，康美药业的社会责任表现在中药行业中处于中上游水平，在整个市场中处于平均水平。这里从员工、产品质量、上下游关系以及慈善扶贫方面分别讨论康美药业的社会责任表现。

表3　　社会责任评分

上市公司	市场排名	中药行业排名	上市公司	市场排名	中药行业排名
天士力	24	1	云南白药	246	4
东阿阿胶	36	2	江中药业	256	5
片仔癀	96	3	白云山	576	6

续表

上市公司	市场排名	中药行业排名	上市公司	市场排名	中药行业排名
康弘药业	897	7	昆药集团	1188	14
龙津药业	899	8	中恒集团	1271	15
同仁堂	1011	9	西藏药业	1274	16
中新药业	1013	10	康美药业	1334	17
精华制药	1052	11	上海凯宝	1477	18
华润三九	1055	12	康恩贝	1527	19
康缘药业	1063	13	亚宝药业	1532	20

资料来源：Wind.

（1）员工

监管层对于上市公司社会责任数据披露的规范化没有强制性统一安排，康美药业相关数据存在某些项目未披露和未连续披露问题。在2019年社会责任评分排名前20位的上市公司中，康美药业在女性员工雇用上表现最好，超过一半员工由女性组成，达到近5000人。在雇用少数民族员工方面，康美药业2019年少数民族员工有412人，表现尚可。从这些披露的数据看，康美药业员工构成走向多元化，体现开放和包容。关于人才培养和发展，康美药业披露了员工培训相关数据。康美药业对员工培训表现并不突出，云南白药年均员工培训投入是康美药业的5.6倍，但康美药业培训体系较为完善，既有对新人岗前培训，也有对不同职业族群提供相应的职业技能培训，还有为基层、中层干部和高级经理人提供的培训。但在报告中并未披露各自培训权重，无法明确公司对不同员工培训是否公平。关于员工晋升机制，康美药业也未进行相关披露，康美药业中高级人才相对紧缺，也未披露硕士、博士学位人员占比。关于员工健康和安全，康美药业社会责任报告中仅披露了员工体检覆盖率、职业安全健康培训、高温补贴等，但指标少、数据粗放，定性描述多于量化指标，康美药业报喜不报忧的做法反而降低了ESG评分。在康美药业社会责任报告中，员工管理、关爱和员工发展只占非常小的篇幅，缺乏更细致的数据披露，体现在社会公众面前的是公司对员工发展和关爱不积极，影响ESG评分。

（2）产品质量及上下游关系

根据公开信息统计，2007年至2020年9月，康美药业由于产品质量问题被公开通报或处分6次，康美药业产品问题在ESG排名前20位的公司里是最严重的，突出表现为子公司北京康美制药连续三年由于山豆根、生地黄等产品不符合国家药品标准而被罚款。仅2019年该子公司就因为产品问题就被罚款逾18万元。在相关年度社会责任报告中，康美药业并未披露这些信息。另外，康美药业未明确披露上下游关系，良好的供应链关系建设需要下游客户满意度调查、客户投诉量及客户投诉处理率披露，这也涉及采购流程中可能出现的贿赂问题。根据公开信息，从2000年康美药业上市起，公司高层人员就向相关机构行贿。不管是公司内部运营还是供应链方面，康美药业均存在着合规性、合法性风险，但在社会责任报告中均未提及反贿赂和反腐败机制建设，这影响了ESG评分。

（3）慈善扶贫

慈善扶贫是我国较为独特的社会责任，康美药业在慈善扶贫方面表现突出，体现在发展了中药材种植基地，激发贫困地区带领农户劳动脱贫，在种植基地进行机械化种植，助力乡村振兴。在产业帮扶方面，康美药业采用“企业+合作社+农户+基层党组织”模式，2019年在康美药业提供劳务的有5万多人次，直接帮扶和带动农户约3万余户，受惠药农200多万人。另外，康美药业披露了各种类型的扶贫资金投入，如2019年康美药业精准扶贫投入金额8952.68万元，在慈善扶贫方面，康美药业投入资金高达9008.23万元。可见，康美药业慈善扶贫方面的表现在中药行业中名列前茅。

整体而言，虽然康美药业慈善扶贫表现较好，但上下游关系信息披露不健全，药品质量有待提高，具体社会责任指标体系建设也不够丰富，仍需要完善，难免影响ESG评分。

3. 公司治理（G）

表4 样本公司治理ESG评分统计

上市公司	市场排名	中药行业排名	上市公司	市场排名	中药行业排名	上市公司	市场排名	中药行业排名
中新药业	172	1	启迪古汉	1259	21	白云山	1951	41
佐力药业	184	2	千金药业	1341	22	广誉远	1960	42
羚锐制药	196	3	桂林三金	1352	23	云南白药	1997	43
江中药业	253	4	华润三九	1370	24	华神科技	2007	44
……	……	……	……	……	……	……	……	……
中恒集团	1002	17	方盛制药	1857	37	吉药控股	2551	57
亚宝药业	1134	18	国发股份	1862	38	香雪制药	2631	58
神奇制药	1135	19	葵花药业	1878	39	康美药业	2681	59
汉森制药	1222	20	济川药业	1888	40	*ST辅仁	2683	60

资料来源：Wind.

公司治理对财务绩效影响最大，在公司治理方面，康美药业的表现不尽如人意，在中药行业排名倒数第二位，在嘉实统计的整个市场上排名倒数第九位。康美药业最大股东是康美实业投资控股有限公司，由马兴田和许冬瑾夫妻二人完全控股，马兴田与许冬瑾共持有康美药业40.08%的股份，掌握了康美药业的话语权和决策权，降低了其他股东的实际管理意义，且实控人存在关联交易风险。

（1）职能部门功能不健全

康美药业职能部门功能缺失，曾经董事会的 9 名成员中，有3名独立董事，无职工代表。在2012—2019年年报中，对董事会架构中的提名委员会与审计委员会没有提及，马兴田曾担任过战略委员会主任委员，许冬瑾担任过薪酬与考核委员会委员，但2012年之后的年报中也没有提及这两个委员会。不论职能委员会是否形同虚设，仅看委员会任职人员的身份，就存在很大问题。这种董事会成员的治理结构增大了控股股东通过关联交易侵害中小股东利益、损害公司价值，从而为自己谋私利风险。

（2）关联交易降低公司价值

从康美药业营运能力来看，应收账款周转率自2012年达到最佳水平后开始不断弱化，2018年降至3.53次/年。康美药业与相关关联公司存在88.79亿元资金往来，这些资金被关联公司用于购买公司股票，而非业务往来。这种造假行为在2018年就已显现，康美药业曾卷入王廉君内幕交易一案，其操纵标的股票之一就是康美药业。调整后的康美药业财报显示，2016—2018年实现归属于上市公司股东净利润之和51亿元，远低于为关联方提供资金数额。可见，康美药业虚构关联方往来事项，转移部分资金至关联方账户，擅自挪用资金，侵害中小投资者权益，降低了公司价值。

（3）商业道德与反腐败

康美药业社会责任报告中没有关于商业道德和反腐败体制机制建设的介绍。当公司控股股东、董事长和管理者都由一人担任时，控股股东利用关联交易中饱私囊、侵害中小投资者利益的风险就会增加。在康美药业股权结构中，马兴田是公司实际掌权人，也是最终受益者和公司实控人，实控人的道德行为会影响公司风气，这也反映了公司治理缺陷。高级管理者道德诚信问题也是财务造假的根源之一，公司实控人不断卷入行贿负面事件中，因此也就不难理解为什么康美药业没有披露过公司反贪污腐败等有关商业道德体系建设了。

综上所述，康美药业最大的问题在于公司治理，仅这一项便拉低了整体ESG评分。康美药业股权集中于创始人手中，没有建立起有效的公司治理和监督机制来约束实际控制人行为。在2018年以前康美药业实控人就多次被曝出行贿问题，康美药业并未建立起有效的反贿赂机制，对商业道德的忽视使投资者信任度下降，这种企业治理模式成为康美药业财务造假的根源也就不难理解了。

4. 康美药业尾部风险ESG评价讨论

通过对康美药业的ESG分析，发现康美药业在ESG表现上有着诸多问题，从环境保护（E）看，康美药业对环境保护重视程度较高，该项排名处于中上游水平，但也存在环境信息披露不完整、缺乏量化指标以及持续披露问题。从社会责任（S）看，康美药业在员工制度、上下游关系、产品质量、慈善扶贫等方面处于中药行业中上游、在整个市场处于平均水平。从公司治理（G）看，康美药业表现相当差，在中药行业排名倒数第二位，嘉实ESG评分排名倒数第九位，表现在职能部门功能不健全、关联交易及大股东行为等方面，董事会管理和监督能力没有得到有效发挥，公司治理结构不佳使康美药业ESG评分整体不高。

对康美药业的质疑通常围绕财务造假问题，但经过ESG分析，其财务造假的本质在于公司治理缺陷，未能建立有效的法人组织结构，大股东行为严重且有贿赂行为，公司治理结构缺乏有效的制衡，追求短期利益，在这种状况下其有财务造假的行为也就不难理解了。一旦造假行为败露，康美药业股票价格闪崩，债券违约就自然发生了，公司治理不佳导致康美药业一味追求高成长而使其信用风险加大，降低了其信用品质。基于ESG视野，本文的结论是康美药业财务造假等尾部风险产生的内部原因在于企业治理缺陷，大股东滥用权力掏空中小股东利益等，而不是环境保护和社会责任方面的问题。

（二）康美药业债券违约能够预警吗？——基于传统信用评级和ESG评级的比较

1. 康美药业重大风险事件与信用评级变化关系透视

本文参考华证指数ESG评级对康美药业信用风险进行透视，华证指数从ESG评级的角度和债务主体整体财务可信度、信息披露质量、短期偿债风险、股权质押风险四个维度着重发现债务主体发生违约的可能性，其参考国外主流ESG体系架构，并增加中国特色指标，如扶贫、社会责任报告、证监会处罚等，具体包括一级指标3个（环境、社会、公司治理）、二级指标14个（内部管理体系、违规事件、社会贡献、治理结构、运营风险等）、三级指标26个（环境管理体系、扶贫、关联交易、信息披露等）及超过130个底层数据指标[①]，并相应给予“AAA级至C级”九档评级。根据华证指数统计数

① 华证指数ESG评价[EB/OL].http://www.chindices.com/service.html.

据，市场上主体评级大量滞后，违约前一个月违约主体评级大部分集中在AA级和AA-级，传统信用评级难以及时预警债券违约风险。

2013年8月，中诚信给予康美药业首次信用评级AA+级，2018年6月11日，中诚信上调其主体信用评级至AAA级。2019年2月11日，由于康美药业涉嫌信息披露违法违规被证监会立案调查，中诚信下调其主体信用评级至AA+级，同年5月21日，由于财务报告真实性存疑，中诚信下调其主体信用评级至A级，8月23日，康美药业被证监会处分，中诚信下调其主体信用评级至BBB级。2020年1月20日，由于康美药业流动性压力大，“15康美债”存在不能及时全额兑付债券回售本金及利息的风险，中诚信下调其主体信用评级至B级，同年2月4日，由于康美药业没有按时偿付“15康美债”回售本金及利息，构成实质违约，中诚信下调其主体信用评级至C级。从表5中可以看出，在市场质疑康美药业财务造假的2018年中期，其主体信用评级为AAA级，相较2013年评级提升，在康美药业被证监会立案调查之后，才被下调主体信用评级，也就是主体信用评级的调整相对公司基本面变化滞后。值得注意的是，康美药业立案调查的负面信息出现较早，但其实质违约相对于负面信息出现及评级下调滞后了一年多，传统信用评级似乎难以预警违约，那么，ESG评级能否预警企业债券违约风险呢？

表5　　　　康美药业主体评级变化

公告日期	评级标准	信用评级	评级展望	变动方向	评级机构
2013-08-20	主体评级	AA+级	稳定	首次	中诚信
2018-06-11	主体评级	AAA级	稳定	调高	中诚信
2019-02-11	主体评级	AA+级	—	调低	中诚信
2019-05-21	主体评级	A级	—	调低	中诚信
2019-08-23	主体评级	BBB级	—	调低	中诚信
2020-01-20	主体评级	B级	—	调低	中诚信
2020-02-04	主体评级	C级	—	调低	中诚信

资料来源：Wind.

2. 康美药业ESG评级及预警

传统信用评级对预警债券违约风险有一个滞后期，其侧重于企业经营状况和财务指标，对企业经营行为模式不大重视，ESG评级可弥补传统信用评级的缺陷。ESG评级具有与信用评级不同的特征，二者是互补关系、相辅相成。本文应用华证ESG评价方法，以验证ESG在债券违约风险中的作用。华证指数基于ESG视野评估债务主体发生违约的概率，并对债券违约风险作出低风险、关注、警告、严重警告的预警。从表6中可以看出，ESG尾部风险预警指标对信用风险事件有一定的预警作用，特别是在债务主体发生违约前几期，及时发布"严重警告"的预警，能够有效向投资者及公众、监管者警示债券违约风险概率。

表6　　部分违约主体ESG尾部风险预警情况统计

项目	违约发生前4期	违约发生前3期	违约发生前2期	违约发生前1期	违约发生后1期
东方金钰	严重警告	严重警告	严重警告	严重警告	严重警告
天宝食品	严重警告	严重警告	严重警告	严重警告	严重警告
盛运环保	严重警告	严重警告	严重警告	严重警告	严重警告
康得新	警告	警告	警告	警告	严重警告
康美药业	严重警告	严重警告	严重警告	严重警告	严重警告
神雾环保	警告	警告	警告	警告	严重警告
贵人鸟	严重警告	严重警告	严重警告	严重警告	严重警告

资料来源：上海华证指数信息服务有限公司（2020）。

从ESG视角看康美药业财务造假、违法违规等尾部风险演变过程，2013年中期，康美药业出现大股东行为风险，公司治理风险显现，也为公司财务造假埋下了隐患。2018年中期，市场对康美药业财务报告有所质疑，2018年底，康美药业由于信息披露违法违规事件被证监会立案调查，加之大股东行为风险以及企业治理结构不佳，导致康美药业ESG 尾部风险急剧增加，尾部风险预警为警告等级。2019年1月31日在ESG评价中，信息披露等公司治理问题显著恶化，康美药业ESG评级由AA级下调至A级。2019年4月30日，康美药业发布审计意见为“保留意见”的2018年年报，并公告重大会计差错，ESG评分大幅下跌，由A级下调至BB级，尾部风险爆发，其ESG风险预警等级为“严重警告”。尽管面临诸多负面事件冲击和ESG评级下调，康美药业在2019年9月3日以前到期债券全额兑付，创造了一个“奇迹”，但在其短期债务规模较大、难以再融资以及流动性短缺冲击下，资金链最终断裂，2020年2月3日，康美药业债券实质性违约。反观中诚信主体信用评级，2019年8月下调到BBB级，2020年2月下调到C级，相对滞后，而ESG风险预警在2018年底就发出警告信号，在2019年初就发出严重警告，相对债券实质违约时间，预警提前了至少三个季度，这也验证了通过ESG尾部风险预警可以防范信用风险，ESG评级相对传统信用评级对债券违约预警作用更为明显，有利于投资者降低投资损失。

四、ESG视野下康美药业尾部风险案例教学组织

（一）适用课程和对象

本案例可以用于公司金融、财务报表分析、投资学、风险管理等课程的课堂讨论教学。本案例适用对象为金融专业本科生、硕士研究生，也可用于MBA、EMBA 以及经济管理类高年级本科生、研究生相关课程的教学。

（二）教学目的

（1）通过该案例的教学，让学生了解ESG评级体系，并从ESG视角分析康美药业财务造假的根本原因；（2）掌握企业财务状况、公司治理对其ESG表现的影响，尤其是要从ESG视角了解和识别财务造假的思路和方法；（3）理解、掌握ESG尾部风险预警的方法技术，比较传统信用评级和ESG评级的差别，思考企业环境保护、治理水平、社会责任对企业可持续发展的作用，尤其是如何让企业认识到公司治理问题的重要性。

（三）本案例启发思考题和关键要点

在该案例的教学中，可以先向学生布置以下几个思考题：（1）财务造假有何特征、如何识别？康美药业财务造假表现在哪些方面？（2）如何从ESG视角评价企业的可持续发展能力？ESG视角下康美药业财务造假的原因是什么？（3）企业债券违约如何预警？有哪些方法？康美药业发生的重大事件与信用评级的变化有何关系？（4）如何运用华证指数ESG评级技术对企业债券违约进行预警？康美药业债券违约能够运用ESG技术预警吗？——基于传统信用评级和ESG评级的比较。本案例的关键点是，结合ESG评价方法，从环境保护、社会责任、公司治理视角对康美药业财务造假和债券违约进行分析，探讨财务造假可能动机和特点，总结康美药业财务造假等重大事件发生的内在根源，并比较传统信用评级和ESG风险预警方法在预警违约风险方面的差异。其中，关键知识点是了解上市公司财务造假的动机和识别方法，掌握ESG评级的核心要点以及违约预警的方法。更为重要的是，本案例的能力点是培养学生的分析与综合能力、逻辑思维能力以及解决问题的实践能力。

（四）本案例课堂组织计划

本案例建议的课堂时间是2课时，课堂计划可以根据学生专业知识结构性差异有针对性地设计，要求学生在课前预习ESG、财务造假、债券违约等相关知识，再对案例进行阅读。课前计划：要求学生在课前预习案例相关资料，尤其是ESG评价方法，再对康美药业的背景材料进行研读，初步完成上述启发思考题。课中计划：教师对案例进行回顾，提出要求，启发学员思考相关问题，明确主题（10分钟），分组讨论启发思考题，每名学生准备发言，要厘清发言要点（40分钟），小组进行总结发言，对相关观点进行梳理总结（30分钟），教师引导互动讨论并进行总结（20分钟）。课后计划：要求每组写出案例讨论的心得体会并进行归纳总结，形成案例报告。

五、结论

本文梳理了康美药业财务造假以及债券违约等尾部风险事件，通过对康美药业进行ESG分析，发现康美药业尾部风险的内在原因在于公司治理存在重大缺陷，公司信用品质不佳。ESG尾部风险预警模型表明，相对债券实质违约时间，ESG预警康美药业提前了至少三个季度，说明ESG评级能够预警企业违约风险，是一种较好的信用风险预警方法。

本文通过对康美药业财务造假进行ESG分析，得出以下几点启示：（1）企业要防范财务造假等尾部风险，就应完善公司治理结构，改进公司内部控制监督体系，增强股权制衡度，避免大股东滥用权力行为，防范内部人控制。（2）防范企业财务造假关键是要健全企业融资渠道和机制，关注企业扩张激进程度是否与其运营能力相匹配，警惕应收账款较大、回款速度较慢且杠杆率过高、短期债务占比较大的企业举债扩张和财务造假的可能。（3）完善企业ESG运作机制，将ESG理念融入企业发展战略，构建完整的ESG体系，重塑对企业可持续发展的认知理念，重视环境保护、社会责任和公司治理方面的平衡协调发展，通过不断改善ESG表现来降低企业尾部风险。本案例通过ESG方法引导学生认识企业财务造假的根源，通过案例教学提高金融专业学生的实际应用能力，达到理论与实践相结合的目的。

参考文献

[1] 邱牧远，殷红. 生态文明建设背景下企业ESG表现与融资成本[J].数量经济技术经济研究，2019，36（3）:108-123.

[2] 杨艳，兰东.企业社会责任对公司特有风险的影响——基于利益相关者视角[J].软科学，2015（6）: 60-64.

[3] 冯丽艳，肖翔，程小可. 社会责任对企业风险的影响效应——基于我国经济环境的分析[J].南开管理评论，2016（6）: 141-154.

[4] 周方召，潘婉颖，付辉. 上市公司ESG责任表现与机构投资者持股偏好——来自中国A股上市公司的经验证据[J].科学决策，2020（11）：15-39.

[5] 周宏，周畅，林晚发.公司治理与企业债券信用利差——基于中国公司债券2008—2016年的经验证据[J]. 会计研究，2018（5）:59—66.

[6] 黄国良，夏奕欣.资本市场开放与企业ESG表现研究——基于“深港通”的经验证据［J］.会计之友，2022（12）：126—134.

[7] 刘璐，吁文涛.企业ESG 评价和传统信用评级体系比较研究[J].新金融，2021（4）：59—64.

[8] 王曙光，董洁.康美药业财务舞弊案例分析——基于审计失败的视角[J].财会通讯，2020（23）：116—120.

[9] 叶凡，叶钦华，黄世忠.存货舞弊的识别与应对——基于康美药业的案例分析［J］.财务与会计，2021（13）：48—52.

[10] 李娜，张括，石桂峰.中国特色证券特别代表人诉讼的溢出效应——基于康美药业的事件研究［J］.财经研究，2022（8）：139—153.

[11] 郭富青. 我国独立董事的制度悖论、缺陷与解决途径——对“康美药业案”引发的独立董事辞职潮的思考［J］.学术论坛，2022（1）：61—73.

[12] 刘小娟.投资者如何看待特别代表人诉讼制度？——基于康美药业特别代表人诉讼的市场反应研究［J］.上海金融，2022（3）：68—79.

[13] Velte P. Does ESG Performance Have an Impact on Financial Performance? Evidence from Germany[J]. Journal of Global Responsibility, 2017, 8(2): 169—178.

[14] Sassen, R., Hinze, A. K., Hardeck, I. Impact of ESG Factors on Firm Risk in Europe［J］.Journal of Business Economics, 2016(8): 867—904.

[15] Braune, E., Charosky, P., Hikkerova, L. Corporate Social Responsibility，Financial Performance and Risk in Times of Economic Instability[J］. Journal of Management and Governance, 2019(4): 1007—1021.

[16] Eccles R., Ioannou I., Serafeim G. The Impact of Corporate Sustainability on Organizational Processes and Performance[J]. Management Science, 2014, 60(11): 2835—2857.

[17] Oikonomou I., Brooks C., Pavelin S. The Impact of Corporate Social Performance on Financial Risk and Utility: A Longitudinal Analysis[J]. Financial Management, 2012, 41(2): 483—515.

[18] Kim, Y., and Li, H. Corporate Social Responsibility and Stocks Price Crash Risk[J]. Journal of Banking and Finance, 2014，43（6）：1－13.

[19] Garcia A. S., Mendes－Da－Silva W., Orsato R.J. Sensitive Industries Produce Better ESG Performance: Evidence from Emerging Markets[J].Journal of Cleaner Production, 2017, 150: 135－147.

[20] Giese G., Lee L., Melas D., et al. Foundations of ESG Investing: How ESG Affects Equity Valuation, Risk, and Performance[J]. Journal of Portfolio Management,2019,45(5):69－83.

[21] Weber O.,Hoque A., Ayub Islam M . Incorporating Environmental Criteria into Credit Risk Management in Bangladeshi Banks[J]. Journal of Sustainable Finance & Investment, 2015, 5(1－2):1－15.

[22] Witold J. Henisz,James Mc Glinch,and Liu A.Z., et al. ESG, Material Credit Events, and Credit Risk [J]. Journal of Applied Corporate Finance.2019(2):105－118.

Tail Risk of Kangmei Pharmaceutical from the Perspective of ESG: Is It Caused by Environment, Social Responsibility or Corporate Governance?

Abstract: In the context of frequent financial fraud, ESG can mine non-financial information of enterprises to make up for the defects of traditional financial indicators, which can provide a new method for financial fraud identification. In this paper, through ESG case analysis of Kangmei Pharmaceutical, its environmental protection and social responsibility scores are at the middle and upper level of the traditional Chinese medicine industry. The internal reason for the financial fraud of Kangmei pharmaceutical lies in the major defects in corporate governance and the poor credit quality of the company. Through the ESG tail risk early warning model, early warning from ESG is more effective than traditional credit ratings in the early warning of bond defaults. The research conclusions and policy recommendations provide valuable reference for regulators, enterprises and investors, and also provide meaningful experience for other companies' corporate governance, environmental protection and credit risk prevention. The case theoretically expands the relevant research on risk identification and early warning of companies' financial fraud based on the ESG perspective, which has important practical significance for the regulatory authorities to crack down on companies' financial fraud in practice.

Key Words: Tail Risk,Corporate Governance,ESG Rating,Kangmei Pharmaceutical,Case Teaching

货币银行学课程思政建设探究

陈　卉*

摘　要：课程思政建设是高校落实“立德树人”的重要途径之一。目前，货币银行学课程的思政建设虽然已经取得了诸多成绩，但仍然存在思政融入方式单一、思政教育开展不够深入、思政元素挖掘不足等问题。针对这些问题，本文结合货币银行学的学科特点，从“四个自信”教育、“诚实守信的职业道德教育”、“风险意识教育”、树立“新发展理念”四个方面，提出了课程思政元素的融入点，并提出通过重塑教学目标、重构教学内容、创新教学方法等实现思政建设的路径。

关键词：货币银行学　课程思政　教学改革

党的二十大报告指出：“教育是国之大计、党之大计。培养什么人、怎样培养人、为谁培养人是教育的根本问题。育人的根本在于立德。全面贯彻党的教育方针，落实立德树人根本任务，培养德智体美劳全面发展的社会主义建设者和接班人。”高校承担着教学育人的使命，大学阶段也是学生世界观、人生观和价值观塑造的关键时期。在大学专业课程教学中融入思政元素，使学生在学习专业知识的同时，明白做人、做事的道理，是培养符合中国特色社会主义建设要求的高能力、高素养人才的重要途径。

*　陈卉，博士，上海对外经贸大学金融管理学院讲师，研究方向为公司金融。

一、货币银行学课程思政必要性探究

货币银行学是为金融学专业大二学生开设的一门基础理论课，也是财经类各专业的核心专业基础课程之一。它研究有关货币、信用、利率、银行等金融机构、金融市场运行、宏观金融调控等经济金融现象及其发展变化规律。其内容涵盖面广，涉及范围多，与社会经济发展的诸多方面息息相关。此外，货币银行学还是财经专业一门基础性的、框架性的课程，与商业银行经营管理、金融市场学、投资学、金融工程学、公司金融学、宏观经济学、财政学等课程有着最紧密的联系。因此，在这门课程的教学过程中，将基础知识与思政观念、政治观点、道德规范等思政元素相结合，不仅能帮助学生更好地掌握基本专业知识，有助于学生更好地理解、分析和解决中国的实际经济问题，而且能引导对经济和金融知识理解尚不清晰透彻、价值观正逐步形成的低年级学生树立正确的人生观、价值观、职业道德观，增强学生的民族自豪感和自信心，对培养守正创新和具有民族精神的卓越经管人才具有重要意义。

二、货币银行学教学过程中课程思政存在的问题

目前，随着思政教育的推进，我们在将思政元素融入课堂方面取得了一定的成效，但仍然存在不足，主要表现在以下几个方面。

（一）思政元素挖掘不足，思政内容的时效性与针对性有所欠缺

在推进课程思政融入课程之前，教师往往专注于向学生传授基础知识，重视公式的推导、理论的讲解等，忽略了引导学生树立正确的社会主义核心价值观，造成部分学生专业知识扎实，但职业道德观念淡薄、缺乏诚信意识。目前，随着思政教育的推进，虽然教师都知晓了思政教育的重要性，也在尝试将思政元素融入课堂，但长期以来养成的知识传授式教学习惯，以及教师本身对思政元素不够敏感，导致在如何挖掘思政元素方面仍然存在困

难，所选择的思政素材往往没有结合最新的政治、经济、社会热点问题和大学生生活中普遍存在的问题，很多思政案例距离学生生活实际较远，从而导致学生难以真正共情与理解，思政教育也难以取得预期的效果。

（二）思政融入方式生硬、单一

长期以来，思政教育的缺位，教师单向传授式的教学习惯，以及围绕知识点展开的考试方式，造成了教师普遍思政素养不高。即使在思政教育改革后，教师在教学中积极引入思政元素，但在如何将思政元素完美融入课程方面仍然存在很多困难，常常出现思政元素与专业知识讲授割裂的情况，将思政教育变成生硬地讲大道理，导致思政教育效率较低，学生接受效果差，学习的积极性和参与性不高，达不到预期效果。

（三）教学方式单一，教学课时不足，思政教育难以充分展开

货币银行学是金融学专业的一门基础性课程，它涉及的理论知识点和实践运用点很多，包含十个大章节，要在51课时（3学分）或34课时（2学分）的教学时间内完成教学任务，教师的课程安排和内容讲授就受了很大的限制。这导致一些思政内容只能简单提及，无法充分展开讨论，最终造成思政教育达不到预期效果。针对这一问题，教学方法的选择和设计显得尤为重要。哪些基础知识和思政内容必须由老师讲授，哪些内容可以下放给学生，让学生分小组去讨论完成， 或者采取线上和线下相结合的方式，让学生在线下自主学习并集中讨论。通过不断优化教学方法，教师可以在有限的教学时间内更高效地完成基础知识的讲授和思政教育。

三、货币银行学课程思政融入点

思政教学要求教师在社会主义核心价值观的引领下，挖掘出最新的思政元素，将它们与专业课知识结合起来，并找到相匹配的教学方法与艺术，实现在教学过程中全方位培养人才的目的。具体来说，可以围绕“四个自信”

教育、诚实守信的职业道德教育、风险意识教育、新发展理念教育等方面开展课程思政教育。

（一）围绕“四个自信”的思政融入点

货币银行学的基础知识涉及诸多制度、政策的演变和发展，将它们与中国特色社会主义道路自信、理论自信、制度自信、文化自信的深刻内涵结合起来，有助于引导学生坚定理想信念，树立远大目标。

例如，中国货币历史悠久，1000年以前的交子是世界上最早的纸币，1000年后的今天，我们又是世界上第一个发行数字货币的国家，更是世界上电子支付率最高的国家。透过中国货币史可以窥见中国经济发展史，助力学生树立文化自信。在货币制度的演变过程中，通过引入铸币税，帮助学生看到布雷顿森林体系以及现今国际货币体系下的美元霸权，让学生正确理解中美关系，看到在这样艰难的国际环境下，人民币国际化、共建“一带一路”的不易及其所彰显出来的道路自信。我国金融业的改革发展如利率市场化改革、货币市场各子市场的演变和改革、金融市场的逐步开放、金融监管制度的改革等，都能彰显中国特色社会主义市场经济的理论自信和道路自信。此外，近年来在美联储加息，大量资本外流，人民币面临贬值压力的情况下，我国仍然坚持“以我为主的”货币政策，也展示出了我国作为一个大国的自信。将相关的基础知识和我国这些实践案例相结合，不仅能引导学生思考中国问题，理解中国的经济环境，而且将极大地增强学生的爱国主义精神和民族认同感。

（二）围绕“诚实守信的职业道德教育”的思政融入点

诚实守信是金融从业人员的基本操守，信用更是金融最为重要的生命线。在金融教学过程中开展诚实守信的职业道德教育，强化学生的底线思维意识，是为社会主义建设培养高素质金融人才的必要举措。在货币银行学的教学过程中，可以通过引入金融业和生活中的典型违规案例，如巴林银行倒闭案、LIBOR操纵案、农业银行票据案、P2P庞氏骗局，大学生裸贷案例等，引导学生讨论各种事件产生的原因，让学生看到触碰底线的严重后果，帮助学生树立底线思维意识和诚实守信的职业道德。

（三）围绕“风险意识的教育”的思政融入点

金融研究的是在不确定条件下资源跨期配置问题。风险是金融业的基本特点，金融从业人员必须认识风险，敬畏市场，有良好的风险防范意识。在货币银行学的教学过程中，我们可以结合金融业的风险案例，加强对学生的风险防范教育。例如，借助中国银行“原油宝”事件、国企信用债违约案例、村镇银行挤兑危机等，提醒学生保持理性，帮助学生成为一个认识风险、有风险识别能力的金融人才。

（四）围绕“新发展理念”的思政融入点

新发展理念包括创新、协调、绿色、开放、共享五大理念，各理念相互贯通、是具有内在联系的集合体。在货币银行学的教学中我们可以从创新、绿色、开放入手，让学生注意新发展理念是一个相互贯通、具有内在联系的整体，从而树立符合社会主义核心价值观要求的关于新发展的理念。例如，教师在对金融市场、金融工具、商业银行业务进行介绍的过程中，引入碳金融、绿色信贷、绿色债券等创新性的金融工具，引导学生关注国家绿色经济的发展战略，认识到绿色金融、金融创新的重要性，让学生保持开放性的思维，树立“新发展理念”。

四、货币银行学课程思政的实现路径

（一）重塑教学目标

结合应用型人才培养计划和专业人才培养目标，在对学生学习情况进行充分分析和把握的基础上，增加设置货币银行学课程思政目标。例如，在“货币政策”一节中，可以设计思政目标：深刻理解不同阶段我国货币政策的演变，进而增加学生的国情意识，引导学生树立“四个自信”。

（二）重构教学内容

我们可以在基本教学理论框架下，对理论知识点进行分解和梳理，结合最新的政治、经济、社会热点问题和大学生生活中普遍存在的问题，挖掘思政素材，实现思政元素与基础知识的有机结合。具体教学方案设计如表1所示：

表1　　货币银行学课程内容与思政元素融合表

章节	基础知识点	思政素材与思政融入点	思政元素
第一章 货币与 货币制度	货币的职能 货币的形式 货币层次的划分 货币制度的演变	人民币与储藏手段 数字人民币中国电子支付比率 金融创新对货币层次的影响 铸币税、美元霸权、人民币国际化	四个自信 四个自信、创新意识 创新意识、风险意识 四个自信、国际视野
第二章 信用	高利贷信用 信用	P2P案例、大学生裸贷案例 信用案例	风险意识、职业道德 职业道德、诚信意识
第三章 利率	利率概念和计算 市场利率与官定利率 基础利率	通过银行App了解现实利率 利率市场化改革 LPR改革	实践能力 四个自信、实践能力 四个自信、风险意识
第四章 金融市场	货币市场 资本市场 衍生工具市场	LIBOR操纵案 我国货币市场基准利率 货币市场的金融创新 次贷危机 国企信用债券违约事件 中国银行“原油宝”事件	底线意识、职业道德 四个自信、风险意识 创新意识、开放思维 风险意识、职业道德 底线意识、职业道德
第五章 商业银行与 金融机构	商业银行概述 商业银行业务 银行风险管理	我国商业银行的改革和发展 影子银行、蚂蚁金服案例 资管新规、资产证券化等 金融科技对银行业务的影响 村镇银行挤兑危机	四个自信、社会责任 四个自信、风险意识 法制意识、职业道德 创新思维、辩证思维 诚信意识、职业道德
第六章 中央银行	央行的职能	功能监管 科技与金融监管	四个自信、创新思维 辩证思维
第七章 货币需求	货币需求理论	中国的选择：凯恩斯理论或货币主义	四个自信、辩证思维

续表

章节	基础知识点	思政素材与思政融入点	思政元素
第八章 货币供给	货币创造机制	我国货币供给的内生性和外生性	四个自信、辩证思维
第九章 通货膨胀与 通货紧缩	通货膨胀	CPI/PPI“剪刀差”和我国的政策 我国20世纪八九十年代的通货膨胀	四个自信 四个自信
第十章 货币政策	货币政策目标 货币政策工具	我国的货币政策目标 我国的新型货币政策工具 我国货币政策的演变历程 我国结构性货币政策	四个自信、开放思维 四个自信、创新思维

（三）创新教学方法

为了提升货币银行学课程思政教育的实效，解决课时不足以至于思政教育无法充分展开的问题，我们必须充分利用现有信息技术，创新教学方法，以多元化的方式融入思政元素，提升学生学习的积极性和主动性。具体而言，可以采取的教学方式包括：

（1）案例教学方式，将具体的社会案例导入课程教学，由浅入深地引发学生的共鸣和思考。同时还可以围绕案例，让学生以小组讨论、分别展示的方式，对一些思政素材予以分析和讨论，这不仅能提高学生自主学习和团队写作能力，而且能激发学生主动思考，从而达到加强学生对思政元素的理解和接受的效果。

（2）视频教学。在教学过程中，教师可以收集一些包含思政元素的视频、纪录片或电影，交给学生课后观看。如纪录片《银行利率大操纵》《大国重器》《创新中国》《信物百年》，以及电影《大空头》《华尔街之狼》等。在运用视频教学时，教师可以先提出几个需要关注的问题，让学生在观看的过程中思考，从而了解和掌握相关知识。

（3）实践性教学。货币银行学课程是一门兼具理论性和实践性的课程，尤其是随着互联网金融的快速发展，股票、债券、基金、数字货币等金融工具在日常生活中的使用十分普遍。因此，教师可以利用各种金融App向学生讲解数字货币、信用工具、利率的计算、银行业务等相关知识，激发学生的学习兴趣，同时也让学生认识到货币银行学的学习与我们的日常生活密切相关，让学生在自身体验中增进学习的参与度，增强学习的积极性和主动性，更好地将相关知识具体运用到实践中。

（4）利用信息化技术，采用“线上+线下”新型教学模式，以互联网为教学载体，将货币银行学课程相关思政内容传递给学生。由于课时有限，教师对一些思政内容往往只能简单提及，难以深入展开。采用“线上+线下”相结合的教学方式，则可以在介绍完相关基础知识并提及一些思政元素后，在线上发布相关的思政素材，布置讨论任务，让学生自主学习，并在线上展开讨论。

五、总结

在推进货币银行学课程教学改革的过程中，课程思政作为立德树人的重要途径，对培养符合社会主义建设所需的综合素质高、专业基础扎实、实践能力强、有创新精神的金融人才来说具有重要的意义。因此，高校教师在教学过程中应充分融入思政元素，丰富课程内容，借助多元化的教学方式，将最新的政治、经济、社会热点，以及与大学生生活密切相关的案例融入教学内容，让学生在大学里不仅得到知识的积累，而且其思政素养、职业道德、风险意识都能在潜移默化中得到提升。

参考文献

[1] 陈健，曾世强. 新发展格局下金融专业深化课程思政教育的探究[J]. 吉林工程技术师范学院学报，2023（5）：29−32.

[2] 董莹，潘娜. 互联网金融背景下《货币金融学》课程教学设计的探索[J]. 湖北经济学院学报（人文社会科学版），2023（7）：144−148.

[3] 高媛，赵旭生，张嘉昱.地方高校《财务管理》课程思政的教学探索与研究[J]. 吉

林省教育学院学报，2023（6）：127-131.

[4] 李军峰，韩佳利. 金融市场学“课程思政”融入路径研究[J]. 黑龙江工业学院学报（综合版），2023（4）：43-47.

[5] 周瀚醇，李玮玮. 课程思政融入高职金融类教学改革的路径研究[J]. 吉林工程技术师范学院学报，2023（7）：31-34.

Research on the Ideological and Political Construction of the Economics of Money and Banking

Abstract: Curriculum ideological and political construction is one of the important ways for universities to implement the concept of “cultivating morality and cultivating talents”. At present, although many achievements have been made in the ideological and political construction of Money and Banking, there are still problems such as a single way of integrating ideological and political education, insufficient depth of ideological and political education, and insufficient exploration of ideological and political elements. In response to these issues, this article combines the disciplinary characteristics of Money and Banking and proposes the integration points of ideological and political elements in this course from four aspects: “Four Confidence” education, “Honest and trustworthy professional ethics education”,“Risk awareness education”,and the establishment of “New Development Concept”. It also proposes the path to achieve ideological and political construction by reshaping teaching objectives, reconstructing teaching content, and innovating teaching methods.

Key Words: The Economics of Money and Banking，Ideological and Political Education，Reform in Education

现代经济管理研究方法的本科教学实践探索

施　畅*

摘　要：研究方法的教学是实现本科生学科创新能力培养目标的重要基石，近年来，随着对人才培养能力要求的提高，学生的学术创新能力培养越来越受到高校的重视。本文以现代经济管理研究方法课程的教学实践为例，通过对经管类本科生研究能力培养的现状进行深入分析，结合国内外高校的先进教学经验，积极探索适应中国高校实际情况的经管类本科生研究能力培养课程设计。本文总结了在教学实践中积累的宝贵经验，并进行了深刻反思，提出了一系列旨在帮助本科生掌握经济管理研究方法的教学建议和改进方向。这些举措旨在为学生提供更富挑战性和有意义的学术经验，以满足高校培养未来领军人才的需求。

关键词：本科生　研究方法　经济管理　教学实践

一、引言

目前，我国的"双一流"高校本科生教育工作体系已经将本科生的学术能力纳入建设总体方案，高校创新人才的培养越来越受到重视。"双一流"

*　本文受2023年"上海高校青年教师培养资助计划"项目资助。施畅，博士，上海对外经贸大学金融管理学院讲师，主要研究方向为实证公司金融，包括企业创新、ESG、企业人力资本等。

建设高校以及其他各层次的高校都积极参与教育部推动的“质量工程”和“大众创新万众创业”活动，鼓励学生参与科研竞赛、创业大赛和社会实践活动（郭建如和邓峰，2020）。根据中国的学位法规（2004年修订的《中华人民共和国学位条例》），本科生在授予学位时应具备“从事科学研究工作或承担专门技术工作的初步能力”。这凸显了培养本科生科研和创新能力的重要性。因此，在教学安排中加强学生研究方法的讲授，提升他们的研究能力，以满足国家对高质量创新型人才的需求，成为众多高校面临的重要任务之一。

然而，目前我国高校对学生研究能力的培养主要还是集中在研究生阶段的培养过程中，本科生的科研和创新能力培养仍然未得到足够的重视。根据笔者在日常教学活动中的调查和了解，在许多高校中，本科生的培养仍主要集中在基础专业知识的传授，而在理论知识与实践的融合方面仍然存在差距。对一些高校教师和本科生来说，他们认为科研和创新是研究生阶段的任务，本科生无须培养科研和创新能力。这一观点在本科毕业论文写作过程中尤为明显。一方面，学生不清楚如何开展毕业论文的研究。很多学生在文献查阅、研究思路、论文结构和研究方法等方面都存在不规范和不合理的现象，导致呈现出来的本科毕业论文质量良莠不齐，无法满足学位论文的要求。另一方面，教师在指导本科生开展研究方面面临挑战（严学勤，2021）。本科生专业课程的讲授和研究方法的指导之间存在差异，高校教师自身的科研经验和专业课程教学经验无法直接应用于未接受过科研训练的本科生身上。

在当代大学生学术研究能力不足的背景下，上海对外经贸大学金融管理学院专门开设了选修课“现代经济管理研究方法”，结合学生的学科背景，整合当代前沿研究方法，吸取国内外高校的学术写作教学经验，在实践中探索研究方法的本科教学模式，构建以学生为中心的经管研究方法教学体系，帮助学生掌握前沿研究方法的应用，培养逻辑思辨能力，全面提升学生在本科阶段的学术能力和创新能力。该课程主要面向经管类大三学生，既能帮助学生为之后即将到来的毕业论文写作打下坚实的基础，在指导老师的指导下完成高质量的学位论文，又能通过系统性课程教学的方式，切实提升本科生的科研和创新能力，为之后的工作或升学提供有力的支撑，满足国家和社会对高质量创新型本科人才的需求。

笔者现以课程的实践探索为例，梳理经管类本科生研究能力培养的现状，总结教学实践探索中的尝试和体会，希望能引起大家更多的思考和讨论，进一步推动本科生科研能力和创新能力的培养，让学生能更好地接受系统性研究方法的训练，提高在工作或深造中的应用能力。

二、经管类本科生研究能力培养现状

在探讨现代经济管理研究方法的本科教学实践之前，有必要了解经管类本科生研究方法掌握现状以及需要掌握的现代研究方法，为课程方案和课程内容的设计以及构建以学生为中心的研究方法教学体系打下基础。

（一）经管类本科生研究方法掌握现状

当代大学生的基本学术研究能力不足，基本研究方法掌握程度不够的问题近年来日益凸显。笔者在指导本科生毕业论文时就发现了学生缺乏对标准化学术论文结构的了解，缺乏对基本研究方法的认识，导致论文质量参差不齐。此外，经管类本科生在研究方法的掌握上存在一些挑战。

首先，学生的基础知识掌握不够牢固和深刻，包括需要应用到研究方法中的金融学、金融计量方法、学科基础理论等。在学科基础课程学习过程中，学生通常未能将相关知识应用到实际中，这使学生在真正开展学术研究的尝试时，感到无从下手。即便有创新性想法，也难以将其与学科理论和方法相结合。其次，本科阶段的学生仍处在基础理论学习阶段，对前沿研究论文的接触有限。因此，他们缺乏充分的文献阅读经验，难以深入理解高质量学术论文。学生难以找到开展研究的参考标杆，或者不知道如何评价论文的质量，这限制了他们进行高质量研究尝试的能力。再次，学生需求日益多元化。学生群体各异，具有不同的学习风格和需求。一些学生更偏向于理论性的研究，而另一些可能更喜欢实践性的案例应用。这种多样性需要在教学中考虑，以满足不同学生的需要。最后，现代前沿研究方法通常涉及使用统计软件、数据分析工具等技术，对一些学生来说，这可能构成技术挑战。

尽管在不少课程中，教师会要求学生写课程论文，但很少有教师系统性地教授论文写作所需的研究方法，因此，设置专门的研究方法课程就非常必要。

（二）经管类本科生需要掌握的现代研究方法概述

经管类本科生应该掌握一系列现代研究方法，以帮助他们在学习和职业生涯中更好地分析问题、进行研究并作出决策。笔者在了解了学生的研究方法掌握情况以后，结合国内外前沿研究方法，梳理了本科阶段学生需要掌握的研究方法，具体如下。

1. 文献综述与信息检索

本科生应学会如何有效地查找、筛选和综合相关文献，以构建对研究问题的全面理解。这包括使用图书馆资源、学术数据库和互联网搜索引擎等工具。

2. 研究设计与假设构建

学生需要理解如何设计研究以回答特定问题，制定研究假设，并明确研究方法和数据收集策略。这有助于确保研究的有效性和可靠性。

3. 数据收集与调查设计

本科生应熟悉各种数据收集方法，包括定量研究和定性研究方法。了解如何设计调查问卷、进行访谈和观察，以及如何采集和整理经济管理数据。

4. 统计分析与数据解释

学生需要掌握常见的统计工具和数据分析方法，以解释和解读研究结果。这包括使用数据分析软件如STATA、Matlab、SAS等分析数据并生成相关图表和图形。

5. 实证研究方法

经管类本科生应了解实证研究方法，包括回归分析、双重差分法、工具变量法等。这些方法用于评估政策效果和解决实际问题。

6. 论文撰写

学生需要掌握学术论文的撰写规范和语言风格，能够清晰、准确地撰写研究论文。

无论是在学术研究领域还是在职业生涯中，这些现代研究方法将帮助经管类本科生掌握解决实际问题和作出决策的能力。此外，这些方法还有助于培养他们的批判性思维和独立研究能力，这些都是成为有竞争力的经济管理专业人士所必须具备的技能，有助于适应当今竞争激烈的学术和职业环境。

（三）经管类本科生研究方法指导现状

近年来，研究生的学术研究方法指导一直备受重视，相关的讨论也很多。然而，针对本科生的研究能力指导和研究方法教学仍需要进一步加强和探索。虽然一些高校已经开始重视这方面的教育，但总体而言，与研究生教育相比，本科生的研究方法指导有待加强。

一方面，部分高校仍过于注重传授理论知识，而较少关注培养学生的研究方法和科研创新能力。另一方面，研究方法的指导缺乏明确的统一标准和体系，不同高校采用不同的方法，尚未达成共识，同时也缺乏优质的参考教学材料。

然而，也有不少国内外高校在研究方法的教学方面积累了宝贵的经验，值得借鉴。例如，一些国外高校采用实践导向的教学方法，鼓励学生参与项目研究和实际案例分析，帮助他们更好地理解和应用研究方法。许多高校强调跨学科合作，将研究方法教学与实际经济管理领域相结合，鼓励学生跨学科学习和研究。此外，还有高校建立了导师制度，从大一开始就为所有本科生分配专业导师，让有研究兴趣的学生能够从大一开始就有寻求研究指导的途径，充分发挥他们的学术潜力和创新潜力。

综上所述，经管类本科生研究方法指导仍面临一些挑战。在学习国内外先进高校的教学经验的同时，设计系统的研究方法课程，有助于帮助学生更好地掌握经管领域的研究方法。因此，接下来，笔者结合现代经济管理研究方法课程中的实践探索，分享研究方法课程设计的教学思考和体会。

三、现代经济管理研究方法的本科教学探索

（一）系统的研究方法教学设计探索

现代经济管理研究方法是一门面向经管专业大三学生的选修课程，旨在通过课堂讲授和实际论文实践，向学生传授应用经济管理研究的基本步骤和过程。该课程的目的是帮助学生更好地了解学科研究的性质、特点、基本范式、研究过程以及基本类型与手段，从而让学生在实践过程中掌握研究方法，使学生达到进行规范学术研究的水平。

在课程设计的过程中，笔者通过了解学生的专业知识背景得知学生在上这门课之前都已经上过了微观经济学、宏观经济学、金融计量学等专业课程。然而，学生对于如何将这些专业知识转化为科学研究的主题、如何将这些知识应用到研究中，以及如何正确使用金融计量学中的计量模型开展实证研究等仍存在一些不深刻的认识。虽然学生可能在其他课程中撰写过课程论文，但这些论文的质量通常不足以达到学术论文的要求，学生也对自己课程论文写作的质量把握模糊不清。

因此，笔者在教学实践中首先从一般性研究方法开始讲起，旨在帮助学生掌握学术论文的基本框架和写作流程，以及如何选择研究主题、进行文献阅读与综述的方法等内容。这有助于学生对研究需要达到的目标有一个系统的了解。其次，再对应用经济学与管理学中的前沿研究方法进行具体讲授，让学生在有了研究想法之后，知道应该用什么样的方法达到自己的研究目标。在整个课程开展过程中，为了让学生对高质量学术论文有直观的感受，笔者将案例介绍与学生实践有机结合起来。具体来说，是在讲授每一个方法的时候都引用相关的已发表的论文作为例子，从例子展开讲授，将枯燥的方法引入生动的论文中，激发学生的学习热情。此外，笔者在课程中安排学生分小组阅读前沿的高质量论文，汇报论文的思路和方法，让学生从阅读者的视角转向写作者的视角再转向评论者的视角，对论文的研究方法建立深刻的

认识，同时培养学生的批判性思维，这也是开展学术研究必需的思维模式。最后，在教学过程中及时做好教学反思也很重要，随时与学生沟通交流，并根据学生的反馈做好教学改进，以适应学生的学习能力和学习进度。

由此，构建了整体框架到模块拆解再到应用方法的系统性研究方法教学设计。

（二）通用研究方法教学模块设计

下文将详细讨论通用研究方法教学模块的设计，这一模块旨在为学生提供高质量学术论文的基础知识和技能。研究成果的一个重要展现形式就是论文，因此，研究方法教学的首要目标是教授学生如何造就优秀的学术论文。优秀的学术论文首先需要一个好的立意选题（Idea）；其次需要完整深入的研究设计（Research Design），以及对现有的文献（Literature）进行充分的综合和梳理；最后，必须有一定的创新意义和研究价值（Contribution）。通过这一部分的教学，学生能够了解学术论文的整体框架，认识到完成一篇高质量的学术论文所需的步骤。这些技能不仅可用于经济管理学科的研究，而且有助于激发学生的学术灵感，培养他们的创造力和批判性思维。

1. 立意选题（Idea）

在这一部分，学生将学习如何选择研究课题，明确研究问题，并明白为什么这个课题具有学术和实际价值。课程内容包括选题方法（如何确定感兴趣的研究领域，选择适当的研究问题）、研究动机（了解为什么研究这个问题，问题的社会和学术背景）、目标设定（制定明确的研究目标和假设）。

2. 文献阅读和综述方法（Literature Review）

这一部分教学内容旨在帮助学生有效地查找、筛选和综合文献，以建立对研究领域的深刻理解。大学生科研能力培养的前提在于扎实的文献阅读。如刘元胜（2020）指出，如果缺乏充足的时间进行学术文献阅读，或者没有相应的文献阅读技能，那么大学生的科研能力培养将无法启动。通常来说，一篇学术论文只是大学生文献阅读的起点，高质量的文献阅读应当从最初的一篇学术论文的阅读扩展到建立一个立体化的学术生态体系。文献阅读是一个由浅入深、由少到多、由个别到整体的积累过程。这一部分的教学设计包括检索技巧（学习使用学术数据库、图书馆资源和在线搜索引擎）、文献筛选（如何评估文献的质量和相关性）、综述结构（构建一篇有逻辑结构的文献综述，识别已有研究的缺口）。

3. 写作方法（Writing）

这一部分侧重于学术写作技巧，培养学生撰写清晰、有逻辑的学术论文和报告的能力，包括论文结构（学习如何构建引言、文献综述、方法、结果和讨论等部分）、引用规范（掌握引用和参考文献的规范，防止抄袭）、语言表达（提高学术写作的语言和表达质量）。

4. 汇报交流（Presentation）

这一部分培养学生的口头和书面汇报技能，包括学术演讲技巧（如何进行学术演讲，清晰地传达研究成果）、学术交流（参与学术会议和讨论，与同行交流研究成果）等。

通过对通用研究方法的学习，学生不仅能够掌握撰写高质量学术论文的技能，而且能够理解如何在学术领域中作出有意义的贡献。这一模块将有助于激发学生的学术潜力，提高他们的研究方法能力，以及加强他们的学术和职业发展。

（三）适用于经济管理学科的研究方法深入探讨

在讲授了通用研究方法之后，结合学生的经管学科背景，本课程的后半部分将深入探讨前沿实证研究方法，以满足学生的专业需求。这一部分的内容涵盖以下几个关键方面。

1. 统计分析方法

在经济管理学科中，数据分析和统计方法是至关重要的。学生将学习如何应用不同的统计技巧，包括回归分析、横截面分析、时间序列分析等，来解决实际问题。此外，他们将了解如何使用统计软件进行数据分析，如SAS、R或Stata。

2. 多元方法分析

多元方法分析是研究多个变量之间关系的重要工具。课程将涵盖多元回归、因子分析、主成分分析等方法，以帮助学生更深入地理解复杂的数据集和变量之间的相互作用。

3. 实证研究设计

学生将学习如何设计实证研究，包括实验设计、调查研究和案例研究。他们将了解如何选择适当的研究设计来回答研究问题，以及如何进行样本选择和数据收集。

4. 数据管理和清理

在研究过程中，数据的管理和清理是至关重要的，因为数据质量直接影响研究的可靠性。学生将学习如何有效地管理数据，识别和处理数据中的错误和缺失值。

5. 高级主题

最后，课程还将涉及一些高级主题，如因果推断、面板数据分析、双重差分法、工具变量法等。这些主题将帮助学生更深入地研究经济管理领域的复杂问题。

通过深入学习经济管理学科的研究方法，学生将获得更广泛的工具和技能，能够更好地理解和解决现实世界中的经济管理问题。这将为他们未来的职业发展和学术研究奠定坚实的基础，同时也有助于提高他们在学术领域中的竞争力。这一课程将强调实践和应用，确保学生不仅了解这些方法，而且能够熟练运用于实际研究项目中。

（四）以学生为中心的经济管理研究方法课堂实践

除了课堂讲授教学内容外，本课程还设计了以学生为中心的教学实践。国内外的先进教学经验让笔者认识到让学生参与到课程中的重要性，学生应该与老师一起参与课程的设计和建设。因此，在教学初期，笔者尝试走入学生中间，了解他们对这门课的期望、对研究方法的困惑。在了解学生目前掌握知识的同时，还能了解学生的学习兴趣，尤其是研究兴趣。在教学设计过程中将学生关注的点纳入其中，有助于激发学生的学习动力。

此外，本课程还设置了小组讨论与汇报。在学习文献检索和阅读方法之后，让学生自行组队，选择一篇自己感兴趣的前沿工作论文进行讨论与汇报，在这一过程中学生扮演不同的角色，比如作者（设计论文展示）、评论者（对论文进行点评）等，让学生站在不同的角度去体会研究的整体设计。同时，在这个过程中培养学生的团队协作能力，发扬学生的批判性思维。

四、本科生研究方法教学的实践总结

在本研究中，我们不仅着重分析了学术能力提升对学生职业和学术发展的影响，而且探讨了提升大学生的研究方法和学术写作技能的重要性。此外，我们也强调了教学实践的持续改进与创新，这些方面都为本科生研究方法教学的实践总结提供了有力的支持。

研究方法和学术写作技能是大学生在学术研究和职业领域中的利器。通过对本科生研究方法的学习，学生能够掌握有效的研究方法，更好地理解学术文献，提出创新性的研究问题，并将研究成果清晰地表达出来。这不仅有助于他们在学术领域中取得更好的成绩，而且有助于他们在职业领域中更好地沟通和决策。通过对本科生研究方法的实践，学生在一学期的学习之后，不仅在学术方法的应用上能取得显著的进步，而且能促进未来职业生涯的发展，帮助他们更好地适应不断变化的职业环境，更好地分析问题、提出解决方案。此外，他们还更有可能进一步深造，开展研究工作，为社会和学术界的发展作出贡献。

本研究强调了教学实践的持续改进和创新，以适应不断变化的教育需求和学生背景。在这一过程中，我们需要重新审视对学生的评价标准，将更多的注意力放在创造能力的考核上（张进民等，2005），这有助于激发学生的创新思维和创造力，培养他们更全面的能力。

本科生科研一直以来都被视为培养学生创新能力的有效方法（郭建如和邓峰，2020）。通过接受系统性的研究方法教育，学生能够获得关键的学术和职业技能，他们在未来将更有竞争力。教学模式和内容的不断改进和创新是持续提高本科生研究方法教育质量的关键因素，因此，高校教师应不断反思和调整教学方式，确保学生能够充分发展其创新潜力和学术能力，应建设更多以学生为中心的学术能力培养课程，为学生未来的职业和学术发展创造更广阔的机会和前景。

参考文献

[1] 郭建如，邓峰. 高校人才培养改革对大学生创新能力的影响[J]. 高等教育研究，2020（7）：70—77.

[2] 刘元胜. 大数据背景下财经类大学生文献阅读能力培养机制研究[J]. 经济研究导刊，2020（12）：158—159.

[3] 严学勤. 基于项目推动的社会学学科学生学术能力培养[J]. 教育教学论坛，2021（7）：165—168.

[4] 张进民，唐帼丽，汪家惠. 改进大学生毕业论文写作的思考与实践[J]. 教育研究，2005（8）：85—88.

Undergraduate Teaching Practices in Research Methods of Economics and Management

Abstract: Research methods teaching is a crucial cornerstone in achieving the goal of cultivating undergraduate students' innovative capabilities in disciplines. In recent years, with the increasing demands for talent development, the cultivation of students' academic innovation capabilities has garnered more attention from universities. This paper takes the teaching practice of the course Research Methods of Economics and Management as an example. Through an in-depth analysis of the current status of research capability cultivation among undergraduate students, and by incorporating advanced teaching experiences from domestic and international universities, this paper explores curriculum designs for cultivating research capabilities tailored to the practical situations in Chinese universities. This paper summarizes valuable experiences accumulated in teaching practices, engages in profound reflection, and proposes a series of teaching suggestions and improvement directions aimed at helping undergraduates master research methods in economics and management. These measures are intended to provide students with more challenging and meaningful academic experiences, so as to meet the needs of universities in cultivating future leading talents.

Key Words: Undergraduate Students, Research Methods, Economics and Management, Teaching Practice

上市公司股票激励失败机制及原因分析

林　洁　陈舒婷*

摘　要：随着我国资本市场的逐步发展和规范，上市公司日益把股票激励视为中长期的有效激励手段。2022年度，A股743家上市公司共计公告762个股票激励计划。但随着公告实施的数量上升，计划终止的数量也在大幅上升。终止的表象原因主要是股价波动和业绩不达标。为探究其深层次原因，本文选取三家公司进行样本研究，对比分析三家公司股票激励要素设计的异同点，以及最终的实施效果，以期找出造成激励计划终止的影响因素。

关键词：上市公司　股票激励　失败机制

近十年里，股票激励一直是我国资本市场上的流行话题，无论是初创企业还是上市公司，各家都在制订股票激励计划，并且在招聘新员工时通过在拟或已有的股票激励方案来吸引人才。这一方面反映了企业家对人力资本的认可程度日益加深，愿意从投资的角度来追求企业和人才两者共同价值的最大化；另一方面也说明拥有管理能力以及关键技术能力的核心骨干不再满足于基本工资加奖金的回报模式，他们更希望能通过自身的努力分享公司的成长业绩回报。

*　林洁，上海对外经贸大学金融管理学院副教授，研究方向为投融资决策分析。陈舒婷，上海对外经贸大学金融管理学院硕士研究生。

随着我国资本市场的逐步发展和规范，上市公司日益把股票激励视为中长期的有效激励手段。上市公司每年股票激励公告数量都在提升，2010年首期公告数量为66个，2022年增加了4.5倍。在这期间，相关部门对管理办法及配套财税政策进行了修订，上市公司对于实施股票激励有了更明确的指导手册和自主选择。带来的变化是增加了个人绩效条件但放宽了公司绩效考核的指标要求，比如允许大股东向员工直接转股或赠股，解决了员工出资难的问题。相关管理办法的出台保障了上市公司股票激励机制的健全发展，2021年和2022年股票激励的公告数量每年都在700个以上，上市公司对股票激励开始进行深度探索与大力实施。随着公告实施的数量上升，计划终止的数量也在大幅上升。2022年宣布终止实施激励计划的上市公司近百家，终止的表象原因主要是股价波动和业绩不达标，但深层次的因素值得进一步研究。

一、上市公司股票激励现状分析

（一）总体现状分析

总体上看，2020—2022年，我国A股上市公司总共发布股票激励公告2046个，其中首期股票激励计划达1044个，占整体的51.03%，多期股票激励计划的数量为1002个，占整体的48.97%。

2021年A股上市公司股票激励计划公告数量为832个，较2020年的452个增长84.07%，其中首期公告数量为440个，较2020年的242个增长81.82%，首期激励计划年度占比为52.88%。2022年A股上市公司累计公告762个股票激励计划，较上年下降8.41%，其中累计公告362个首期股票激励计划，较上年下降17.73%，首期激励计划年度占比为47.51%，但是2022年度多期股票激励公告的数量为400个，较上年增长了2.04%，多期激励计划年度占比也从47.12%提高到52.49%。

从公告数量来看，2021年的激励公告数量是历年来最多的，这表明2021年度中国经济的持续恢复与发展提升了中国上市公司进行股票激励的意愿。而2022年的激励公告数量有所下降，其主要原因可能是2022年A股大盘走势一直较为低迷，使一些有意向进行股票激励的公司选择暂缓实施。从公告结构来看，多期激励计划从2020年占年度的46.46%，到2021年占年度的47.12%，再到2022年占年度的52.49%，保持着持续上升的态势，并且2022年多期激励计划的占比也是历年来最高的，这也表明股票激励计划已成为上市公司改善公司治理的常态化手段。

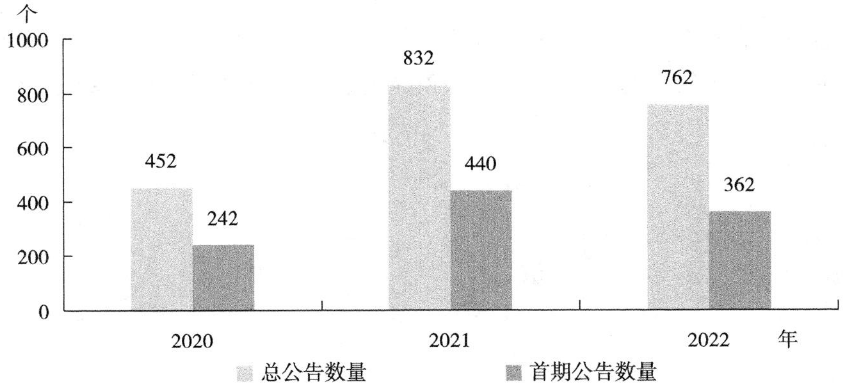

图1　2020—2022年我国上市公司股票激励公告数量

（二）板块分布情况

2022年，创业板的股票激励公告数量为240个，占总体公告的31.5%；主板的股票激励公告数量为349个，占总体公告的45.8%，其中深主板占23.1%，沪主板占22.7%；科创板上市公司总共公告了155个股票激励计划，占总体数量的20.34%；北交所上市公司总共公告了18个股票激励计划，占比较低。

创业板上市公司发布的激励公告数量远远超过了深主板、沪主板、科创板以及北交所。其主要原因是创业板上市公司的主要特征是成立时间短、公司规模小、业绩不突出、成长性较高，故而该板块的企业更倾向于通过实施股票激励计划使员工利益与公司利益进行深度捆绑，从而激发员工的工作积极性，更好地为公司服务。

（三）企业属性分布情况

2022年，民营企业发布股票激励公告的数量为663个，占整体的87.01%；国有企业发布公告的数量为68个，占整体的8.92%；外资企业总共公告了31个股票激励计划，占比较低。

从数据上可以直观看出，民营企业和国有企业公告数量占比约为10：1，民营企业的股票激励数量超出国有企业一大截。国有企业股票激励数量较少的原因主要有三个方面：一是国有企业进行股票激励的业绩要求更为严苛，二是股票激励方案设计有着更多的约束条件，三是激励对象的收益也设置了非常明确的上限。

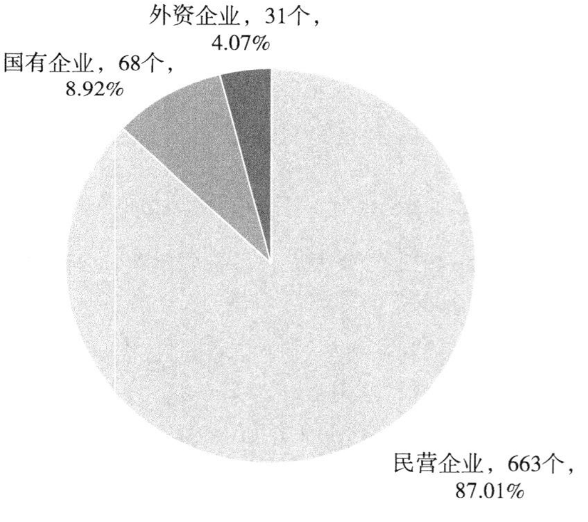

图2　2022年我国上市公司股票激励企业属性分布

（四）行业分布情况

2022年，制造业股票激励公告的数量为566个，占整体的74.28%；信息传输、软件和信息技术服务业发布的公告数量为92个，占整体的12.07%；制造业以及传输、软件和信息技术服务业股票激励数量遥遥领先于市场平均水平，其余行业公告的股票激励计划均较少。

从行业分布来看，制造业一直都是发布股票激励公告数量最多的行业，其原因主要是，我国本身就是制造业大国，并且党的十八大以来，以习近平同志为核心的党中央高度关注制造业发展，多次提出要把制造业高质量发展作为构建现代化产业体系的关键环节，做实做优做强制造业，推动我国从“制造大国”向“制造强国”迈进。从量上来看，制造业上市公司的数量以及产值都是最大的，且在不断提升；从质上来看，想成为制造强国，关键核心技术的研究与应用必不可少，故而，制造业公司更想要通过股票激励计划吸引并留住高级技术人才。

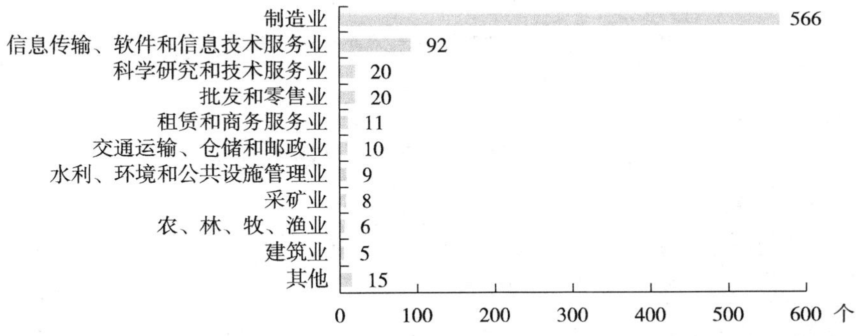

图3　2022年我国上市公司股票激励行业分布

（五）激励工具类型

在2022年度公告的762个股票激励计划中，选择第二类限制性股票作为激励工具的数量为287个，占整体的37.66%；选择第一类限制性股票作为激励工具的数量为252个，占整体的33.07%；选择股票期权作为激励工具的数量为129个，占整体的16.93%。采用复合工具的激励计划较少。

从上市公司激励工具选择来看，限制性股票是各公司激励计划中的首选激励工具，占市场使用量的三分之二，其中第二类限制性股票已经成为市场主流的激励性工具。另外，上市公司采用复合股票激励工具的比例也在持续提升。这表明越来越多的公司正在按照自己的特征与需求采用差异化的激励工具。

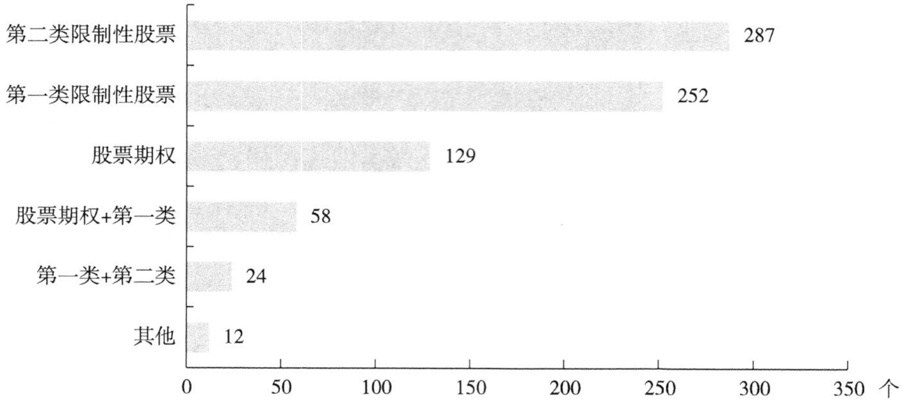

图4　2022年我国上市公司股票激励工具选择

二、上市公司股票激励计划的基本设计要素

股票激励通过使经营者获得公司股权的形式而给予企业经营者一定的经济权利，使他们能够以股东的身份参与企业决策、分享利润、承担风险，从而勤勉尽责地为公司的长期发展服务。它是企业为了激励核心人才而实行的中长期激励机制。一个好的激励方法需要有明确的激励目的、正确的实施路线、有效的操作体系和完备的保障措施。

成功的股票激励方案首先要考虑企业的发展周期，并选择适合企业的方法，其次才开始设计方案。方案的设计主要着眼于六个关键因素。

（一）激励对象

激励对象也就是股权的受益者，一般有三种选择：第一种是全员参与，这主要在初创期；第二种是大多数员工持有股份，这主要适用于高速成长期，留住更多的人才支持企业的发展；第三种是关键员工持有股份，受益者主要是管理人员和关键技能人员。对激励对象的选择要遵循一定的原则，宁缺毋滥，不要把股票激励变成股权福利、股权奖励。

（二）激励方式

常用的中长期激励方式有三类：股权类、期权类和利益分享类。每一种方法都有优缺点，以及具体适用的前提条件。无论采取哪一种方法，都要考虑到激励机制和约束机制的有机结合，真正发挥员工的积极性。

（三）员工持股总额及分配

这主要解决的是股票激励的总量、每位收益人的股票激励数量、用于后期激励的预留股票数量的问题。这可以根据公司的实际情况来确定，大体上每位收益人的股权数量基本上是按照职位和个人的价值能力来确定的。

（四）股票来源

在股票的分配上，上市公司的股票来源要经过证监会审核以及股东大会审批。股票来源一般包括定向发行、股市回购、大股东出让、库存股票等。其中，库存股票是指一个公司将自己发行的股票从市场购回的部分，根据股票期权或其他长期激励机制的需要，留存股票在未来某时再次出售。

（五）资金来源

购买股票的资金来源一般包括员工现金出资、公司历年累计公益金、福利基金、公司或大股东提供融资、员工用股权向银行抵押贷款。这几种方式都好操作，有些方式会产生财务支出，要重复交税。公司更多会采用员工出资购买的方式，直接从工资中按比例扣钱，这有利于对员工的控制。

（六）退出机制

退出机制对员工退出激励方案做了一些约定，包括以下三种情况下：第一种是正常离职，企业往往会按照合同继续让这些员工享受股权或者期权；第二种是非正常离职，如果员工的离职没有给公司造成损失，也不违反保密协议等，大部分公司还是允许其享受已经被授予的股权收益；第三种是开除，这种情况都是按照相关规定取消享受股权收益的权利的。

三、上市公司终止股票激励计划的内外因素分析

上市公司终止股票激励计划的原因包括外部因素的影响和内部因素的影响。从外部因素来看，经营环境发生改变以及资本市场出现波动都可能会造成激励计划无法实现；从内部因素来看，主要是在制定激励方案时生搬硬套，未综合考虑公司实际情况与希望达成的战略目标。具体来看，主要体现以下三个方面：

（一）经营环境及资本市场变化

上市公司在制定激励模式、行权价格和解锁条件时要考虑到市场因素，一般上市公司会在股价相对低位时实施激励计划。如果在大盘高位时制定授予价或行权价，到真正可行权时则大概率会面临市价低于行权价的局面，造成员工达成了考核业绩却不得不放弃行权机会的局面，导致股票激励计划终止。

（二）业绩未达解锁条件

大多数上市公司都以收入增长率和利润增长率作为解锁的业绩考核指标，一旦企业预估真实业绩无法达到行权条件，则会造成对全部激励对象丧失激励动力。不少企业在制订股票激励计划时，仅以固有的增长率为条件，很多时候没有充分评估增长幅度的可实现性，制定了过高的指标造成激励计划被迫终止。

（三）激励范围和对象变化

当出现高比例离职潮时，说明原有的激励计划已丧失激励效果。这也从侧面说明公司在制定计划方案时存在问题，没有达到挽留并激励人才的目的。

四、多案例股票激励方案比较及其效果分析

为了更有效地说明上市公司股票激励方案特点及其效果，我们选择了三家案例公司，对其股票激励方案要素进行对比研究，并分析其激励效果。第一家是山东高速，属于成功案例，2020年股票激励计划顺利解锁。第二家是沃森生物，2012年股票激励方案失败，2018年顺利行权，2020年股票激励计划业绩目标未完成。第三家是虹软科技，公司2021年度营业收入增长率未达成激励计划设定的第一个归属期公司层面的业绩考核目标，在此情况之下，公司达成激励计划设定的剩余考核期公司层面业绩考核目标的可能性极小，公司拟决定提前终止激励计划。

（一）三家案例公司股票激励方案及其效果

1.山东高速股票激励方案

山东高速公路股份有限公司成立于1999年11月16日，由山东高速集团有限公司与华建交通经济开发中心共同发起设立，从事对高等级公路、桥梁、隧道基础设施的投资、管理、养护、咨询服务及批准的收费。2002年3月18日在上海证券交易所挂牌上市。

2020年6月29日，山东高速正式推出股票期权激励计划（见表1），从方案中可以看出，公司高管对公司未来发展充满信心。从公司解锁条件来看，采用营业收入增长率、税前每股分红等多种指标，并与行业平均水平进行比较，能够较为全面地对公司经营状况进行评价。从个人解锁条件来看，激励对象当年的行权额度与其考核结果有直接关系，有利于消除员工中的“搭便车”现象。

表1　　　　山东高速股票激励方案明细

<table>
<tr><td>方案要素</td><td colspan="5">2020年方案</td></tr>
<tr><td>激励方式</td><td colspan="5">股票期权</td></tr>
<tr><td>激励对象</td><td colspan="5">共206人</td></tr>
<tr><td>授予价格</td><td colspan="5">行权价格为4.34元/股</td></tr>
<tr><td>授予日</td><td colspan="5">2020年6月29日</td></tr>
<tr><td>有效期</td><td colspan="5">最长不超过72个月，从本期激励计划授予日起24个月为行权等待期</td></tr>
<tr><td>激励来源</td><td colspan="5">定向增发</td></tr>
<tr><td>激励数量</td><td colspan="5">4320万份股票期权</td></tr>
<tr><td>解锁期</td><td colspan="5">等待期后，激励对象应在未来36个月内分三期行权，比例分别为40%、30%、30%</td></tr>
<tr><td rowspan="3">公司解锁设置条件</td><td colspan="5">（1）以2018年营业收入为基数，2021年营业收入增长率不低于25%，2021年税前每股分红不低于0.155元，且上述指标不低于同行业平均水平</td></tr>
<tr><td colspan="5">（2）以2018年营业收入为基数，2022年营业收入增长率不低于30%，2022年税前每股分红不低于0.16元，且上述指标不低于同行业平均水平</td></tr>
<tr><td colspan="5">（3）以2018年营业收入为基数，2023年营业收入增长率不低于35%，2023年税前每股分红不低于0.165元，且上述指标不低于同行业平均水平</td></tr>
<tr><td rowspan="4">个人考核条件</td><td colspan="5">个人当年实际行权额度＝标准系数×个人当年计划行权额度</td></tr>
<tr><td>考核结果</td><td colspan="3">合格</td><td>不合格</td></tr>
<tr><td>标准等级</td><td>优秀A</td><td>良好B</td><td>一般C</td><td>差D</td></tr>
<tr><td>标准系数</td><td>1.0</td><td>1.0</td><td>0.8</td><td>0</td></tr>
</table>

注：公司解锁设置条件中的指标为剔除京台齐河至德州路段、京台济南至泰安路段及黄河二桥路段产生的影响。

资料来源：巨潮资讯网。

2022年6月28日，山东高速首次股票期权等待期已经届满。公司公告称，第一个行权期业绩考核满足行权条件。在第一个行权期中，公司2021年营业收入为146.93亿元，以2018年营业收入为基数，2021年营业收入增长率为228.92%，高于25%。上述指标高于同行业平均水平。公司2021年税前每股分红为0.33元，高于0.155元。上述指标高于同行业平均水平。

在首次授予的激励对象206人中，有11人离职。剩余195名激励对象中有183人2021年度个人绩效考核等级为“A”或“B”，个人层面可行权比例为100%；12名激励对象2021年度个人绩效考核等级为“C”，个人层面可行权比例为80%，其当期不得行权的股票期权由公司注销。本次行权激励对象2021年度个人绩效考核结果合规、真实，满足公司《股票期权激励计划（草案修订稿）》规定的行权条件。

2. 沃森生物股票激励方案

云南沃森生物技术股份有限公司成立于2001年，是专业从事人用疫苗等生物技术药，集研发、生产、销售于一体的高科技生物制药企业。2010年，沃森生物在深交所成功挂牌上市，成为云南省首家在创业板挂牌上市的企业。

沃森生物自2010年上市至今，共发布了三次股票激励计划，分别在2012年、2018年和2020年。希望通过连续实施股票激励计划，提高核心管理人员、核心骨干的积极性，进而提升公司的核心竞争力，促进公司业绩持续增长，最终实现公司的长期发展。从沃森生物三次股票激励方案可以看出，激励方式由原来的限制性股票转向股票期权，激励对象和激励数量均是先增后减。公司解锁条件也从考察净利润增长率、归属于公司普通股股东的加权平均净资产收益率转向考察两年累计净利润。

表2　　沃森生物股票激励方案明细

方案要素	2012年方案	2018年方案	2020年方案
激励方式	限制性股票	股票期权	
激励对象	共65人	共309人	共164人
授予价格	21.66元/股	行权价格为25.00元/股	行权价格为75.00元/股
授予日		2018年8月16日	2020年11月24日
有效期	有效期为48个月，从首次授予之日起12个月为禁售期	最长不超过60个月，从本期激励计划授予日起24个月为行权等待期	最长不超过54个月，从本期激励计划授予日起18个月为行权等待期
激励来源	定向增发		
激励数量	240万股限制性股票，占公司总股本的1.33%	7610万份	7260万份

续表

<table>
<tr><th>方案要素</th><th colspan="2">2012年方案</th><th colspan="2">2018年方案</th><th colspan="2">2020年方案</th></tr>
<tr><td>解锁期</td><td colspan="2">禁售期后36个月为解锁期，每次解锁比例分别为30%、30%、40%</td><td colspan="2">等待期后，激励对象应在未来24个月内分两期行权，比例分别为50%、50%</td><td colspan="2">等待期后，激励对象应在未来36个月内分三期行权，比例分别为40%、30%、30%</td></tr>
<tr><td rowspan="3">公司解锁设置条件</td><td colspan="2">（1）2012年的净利润较2011年的净利润增长率不低于20%，且截至2012年12月31日归属于公司普通股股东的加权平均净资产收益率不低于6.5%</td><td colspan="2">（1）公司2018年及2019年两年累计净利润不低于10亿元</td><td colspan="2">（1）公司2021年及2022年两年累计净利润不低于22亿元</td></tr>
<tr><td colspan="2">（2）2013年的净利润较2011年的净利润增长率不低于40%，且截至2013年12月31日归属于公司普通股股东的加权平均净资产收益率不低于7.5%</td><td colspan="2" rowspan="2">（2）公司2019年及2020年两年累计净利润不低于12亿元</td><td colspan="2">（2）公司2020年及2021年两年累计净利润不低于27亿元</td></tr>
<tr><td colspan="2">（3）2014年的净利润较2011年的净利润增长率不低于70%，且截至2014年12月31日归属于公司普通股股东的加权平均净资产收益率不低于9.0%</td><td colspan="2">（3）公司2021年及2022年两年累计净利润不低于27亿元</td></tr>
<tr><td rowspan="4">个人考核条件</td><td colspan="2">考核结果</td><td>考核结果</td><td>行权比例</td><td>考核结果</td><td>行权比例</td></tr>
<tr><td>优秀</td><td>良好</td><td>A合格</td><td>100%</td><td>A优秀</td><td>100%</td></tr>
<tr><td rowspan="2">合格</td><td rowspan="2">不合格</td><td rowspan="2">B不合格</td><td rowspan="2">0</td><td>B合格</td><td>70%</td></tr>
<tr><td>C不合格</td><td>0</td></tr>
</table>

资料来源：巨潮资讯网。

（1）2012年方案股票激励效果

2012年的股票激励实施实际上是失败的。由于经营环境的改变，沃森生物在业务经营上面临较大的压力，从而决定扩张规模。按照公司的发展战略，在各方面都要实现规模扩张，再加上非经营性因素导致的成本费用也较上年同比增加，并且还需要实施并购，从而产生了大量的无形资产摊销，因此使公司绩效指标的提升受到限制。2012年实际发生的净利润增长率为15.62%，而第一期限制性股票的解锁条件的目标净利润增长率为20%，并没有达到公司层面指标。同时，2013年预计未来的业绩指标也不能达到第二期限制性股票的解锁条件。事实上，2013年实际的净利润增长率指标确实也未达到股票激励计划中的行权指标，且相差较大。如果在2013年继续实施该计划，达到预期的激励效果是不现实的。因此，在2013年股票激励计划终止，在此期间一共223.2万股为已授予但尚未解锁限制性股票，由公司回购注销。此次激励计划达不到公司所预期的效果。

（2）2018年方案股票激励效果

沃森生物完成了第一个行权期的股票激励目标。截至2020年9月11日，90位激励对象的个人评价都是合格，符合行权条件。2018年股票期权激励计划预留授予股票期权最初授予的总数为1520万份，激励人数95人。此后，有5名激励对象在第一个行权期的等待期内离职，注销其持有的股票期权42万份。截至预留授予股票期权第一个行权期行权条件成就时，有效的预留授予股票期权总数为1478万份，激励对象为90人，第一个行权期可行权的股票期权份数为739万份（占有效的预留授予股票期权总数的50%）。2018年，股票期权激励计划首次授予股票期权最初授予的总份数为6090万份，激励人数为209人。一共有12名激励对象在第一个行权期的等待期离职，注销了340万份股票期权。授予股票期权第一个行权期行权条件成就时有效的首次授予股票期权总份数为5750万份，激励人数为197人。第一个行权期可行权的股票期权份数为2875万份（占有效的首次授予股票期权总数的50%）。第一个行权期可行权的股票期权已于2021年5月10日全部行权完成。

沃森生物完成了第二个行权期的股票激励目标。此次激励计划首次授予股票期权第二个行权期行权条件成就时，在第二个行权期的等待期内新增2名激励对象离职，35万份股票期权已注销。首次授予股票期权，在第二个行权期符合行权条件的激励对象共195人，个人考核结果均为“合格”及以上，2840万份股票期权可行权，占公司股本总额的1.81%，行权价格为24.90元/股。2018年股票激励方案要求的指标已经达成，两年净利润指标均达到12亿元以上，沃森生物满足了行权指标条件。

（3）2020年方案股票激励效果

2020年第一期、第二期、第三期股票激励计划的业绩目标均未完成。

根据2020年和2021年的年报，两年累计的净利润为15.7亿元，而第一个行权期的业绩目标为两年累计净利润达到22亿元。因此，沃森生物注销了2020年股票期权激励计划第一个行权期对应的股票期权。同时注销1名离职人员的股票期权10万份。此时，激励对象人数变为163人，对应注销的股票期权的数量为2900万份。在进行注销之后，2020年股票期权激励计划的激励对象人数为163人，激励对象持有的已授予但尚未行权的股票期权数量为4350万份。

根据2021年和2022年的年报，两年累计的净利润为11.9亿元，而第二个、第三个行权期的业绩目标为两年累计净利润达到27亿元。因此，公司将注销激励对象获授的2020年股票期权激励计划第二个行权期和第三个行权期对应的股票期权，注销所涉及的激励对象人数共163人，对应注销股票期权的数量为4350万份。本次注销完成后，公司2020年股票期权激励计划结束。截至2023年，公司2020年股票期权激励计划第二个行权期和第三个行权期的股票期权尚处于行权等待期。

3. 虹软科技股票激励方案

虹软科技股份有限公司成立于2003年2月25日，是计算机视觉行业领先的算法服务提供商及解决方案供应商，服务于世界各地的客户，将领先的计算机视觉技术与人工智能技术商业化应用在智能手机、智能汽车、智能家居、智能零售、互联网视频等领域，并且仍在不断探索新的领域与方向。2019年7月22日，虹软科技在上交所科创板上市。

虹软科技上市1年后就进行了首次股票激励计划，激励方案的详细信息见表3。为了吸引和留住优秀人才，保证公司的长期发展，虹软科技此次股票激励对象均为技术骨干和业务骨干，覆盖了46.57%的员工。从公司解锁条件可以看出，公司高管对公司的未来发展充满信心。

表3　　　　　　　　　　虹软科技股票激励方案明细

<table>
<tr><td>方案要素</td><td colspan="5">内容</td></tr>
<tr><td>激励方式</td><td colspan="5">第二类限制性股票</td></tr>
<tr><td>激励对象</td><td colspan="5">共312人，其中技术骨干173人，业务骨干133人，其他6人，约占2019年底总人数670人的46.57%</td></tr>
<tr><td>初始授予价格</td><td colspan="5">38.88元/股，计算方式：自主定价（草案公告日前20个交易日交易均价的55.72%）</td></tr>
<tr><td>授予日</td><td colspan="5">2020年9月11日</td></tr>
<tr><td>有效期</td><td colspan="5">6.7年</td></tr>
<tr><td>激励来源</td><td colspan="5">定向增发</td></tr>
<tr><td>激励数量</td><td colspan="5">410万股，预留13.76%，占总股本的1.01%</td></tr>
<tr><td>解锁期</td><td colspan="5">自授予日起满18个月后分五期行权，比例分别为20%、20%、20%、20%、20%</td></tr>
<tr><td>公司解锁条件</td><td colspan="5">以2019年为基数，考察营业收入增长率，五期中2021年、2022年、2023年、2024年、2025年营业收入增长率分别不低于50%、88%、134%、193%、266%</td></tr>
<tr><td rowspan="3">个人考核条件</td><td colspan="5">激励对象当年实际归属的限制性股票数量=个人当年计划归属的数量×个人层面归属比例</td></tr>
<tr><td>考核结果</td><td>优秀A</td><td>良好B</td><td>合格C</td><td>不合格D</td></tr>
<tr><td>归属比例</td><td>100%</td><td>100%</td><td>80%</td><td>0</td></tr>
</table>

资料来源：巨潮资讯网。

公司财报显示，2019年虹软科技实现营业收入5.64亿元。这意味着要达到股票激励业绩考核目标，虹软科技2021—2025年的营业收入应分别不低于8.47亿元、10.61亿元、13.21亿元、16.54亿元、20.66亿元。

然而令人尴尬的是，2021年虹软科技实现营业收入5.73亿元，同比减少16.12%，归属于上市公司股东的净利润1.41亿元，同比减少44.01%。其中，公司两大核心业务全线下滑：移动智能终端视觉解决方案期内实现营业收入5.35亿元，同比减少10.73%，智能驾驶及其他IoT智能设备视觉解决方案期内实现营业收入2010.74万元，同比减少70.22%。其他产品实现营业收入1755.41万元，同比增加7.70%。

虹软科技称，近两年全球智能手机出货量萎缩，未恢复至疫情前水平。

公司所提供的软件算法产品主要应用于安卓智能手机，该业务收入增长受到影响。在汽车产业，疫情所带来的供应链短缺等问题于2020年底开始显现，对公司智能驾驶后装业务造成较大影响，也导致公司该业务收入下滑；前装业务从完成定点测试到规模量产、完成终端销售需要较长周期，确认收入时间拉长。受前述因素影响，公司2021年度营业收入增长率未达成激励计划设定的第一个归属期公司层面的业绩考核目标，在此情况之下，公司达成激励计划设定的剩余考核期公司层面业绩考核目标的可能性极小，继续实施本次激励计划难以达到预期的激励目的和效果。为充分落实对员工的有效激励，保障广大投资者的合法权益，从公司长远发展和员工切身利益出发，经审慎研究，公司拟决定终止实施激励计划。

（二）三家案例公司的股票激励要素的差异性

为了更加有效地比较股票激励方案的效果，我们分别从激励对象和授予数量、激励工具及股票激励解锁条件分析上市公司股票激励要素设计的异同点，并给出最终的实施效果评价。

表4　山东高速、沃森生物、虹软科技的激励方案对比

方案要素	山东高速	沃森生物			虹软科技
股权性质	省属国资控股企业	民营企业			外资企业
激励工具	股票期权	限制性股票	股票期权	股票期权	第二类限制性股票
激励对象	共206人，其中高管17人，中层131人，其他58人，约占2019年底总人数5939人的3.47%	共65人，其中高管4人，核心技术（业务）人员61人，约占2011年底总人数863人的7.53%	共209人，其中核心管理人员13人，核心骨干196人，约占2017年底总人数1225人的17.06%	共164人，其中核心管理人员15人，外籍人员1人，核心骨干148人，约占2019年底总人数1237人的13.26%	共312人，其中技术骨干173人，业务骨干133人，其他6人，约占2019年底总人数670人的46.57%

续表

方案要素	山东高速	沃森生物			虹软科技
激励数量	4800万份，预留10%，占总股本的1.00%	240万股，预留7%，占总股本的1.33%	7610万份，预留19.9737%，占总股本的4.95%	7260万份，占总股本的4.7037%	410万股，预留13.76%，占总股本的1.01%
授予价格（初始）	4.34元/份，计算方式：不低于股票票面金额，且不低于草案公布前1个、20个交易日的公司股票交易均价以及不低于草案公布前1个、30个交易日公司股票平均收盘价中的较高者，后续根据每股的派息额进行调整	21.66元/股，计算方式：草案首次公告前20个交易日公司股票均价的60%，后续根据分红派息方案和资本公积金转增股本方案进行调整	25.00元/股，计算方式：不低于股票票面金额，且不低于草案公布前1个、20个、60个、120个交易日的公司股票交易均价中较高者，后续根据每股派息额进行调整	75.00元/股，计算方式：不低于草案公布前1个、20个、60个、120个交易日的公司股票交易均价中的较高者，后续根据每股派息额进行调整	38.88元/股，计算方式：自主定价（草案公告日前20个交易日交易均价的55.72%），后续根据每股派息额进行调整
授予日	2020-06-29	2012-09-04	2018-08-16	2020-11-24	2020-09-11
有效期	6年	4年	5年	4.5年	6.7年
激励来源	定向增发	定向增发	定向增发	定向增发	定向增发
公司层面解锁条件	以2018年为基数，考察营业收入增长率、税前每股分红，且不低于同行业平均水平；三期营业收入增长率分别不低于25%、30%、35%；三期税前每股分红分别不低于0.155元、0.16元、0.165元	以2011年为基数，考察净利润增长率、归属于公司普通股股东的加权平均净资产收益率；三期净利润增长率分别不低于20%、40%、70%；三期归属于公司普通股股东的加权平均净资产收益率分别不低于6.5%、7.5%、9.0%	考察两年累计净利润；两期两年累计净利润分别不低于10亿元、12亿元	考察两年累计净利润；三期两年累计净利润分别不低于22亿元、27亿元、27亿元	以2019年为基数，考察营业收入增长率，五期营业收入增长率分别不低于50%、88%、134%、193%、266%

资料来源：根据三家公司股票激励计划整理而成。

1. 激励对象的数量及结构

按照《上市公司实施股票激励管理办法》等法规的要求，上市公司的股票激励对象可以包括上市公司的董事、高级管理人员、核心技术人员或核心业务人员以及公司认为会对公司经营业绩和公司未来发展有直接作用的其他员工，不可以包括独立董事和监事，并且外籍员工也可成为激励对象。激励范围要适中，范围过小会使其他核心员工产生消极情绪，范围过大会出现“搭便车”现象。在激励对象的选择上，要注意公平公正，应该注重员工的不可替代性，考虑员工对公司未来发展的贡献度，而不是员工的历史成绩，选择对企业具有战略价值的核心人才作为股票激励对象。

无论是从激励对象的数量、构成来看，还是从激励份额的数量、分配比例来看，山东高速在股票激励对象与授予数量的选择上都较为适中，故而激励效果较为明显。然而，虹软科技激励对象占总人数的近一半，激励对象的覆盖范围较广，可能存在“搭便车”的现象。同时，激励份额只有410万股，人均激励数额较少，导致最终激励效果不明显。

沃森生物推出了三次股票激励，下文我们比较三次方案的特点，以了解股票激励对象对激励方案的影响程度。

表5　沃森生物连续三次激励对象人数分布变化

激励对象	2012年	2018年	2020年
高管/核心管理人员人数及占比	4人(6.15%)	13人(6.22%)	15人(9.15%)
外籍人员人数及占比	—	—	1人(0.61%)
核心骨干人数及占比	61人(93.85%)	196人(93.78%)	148人(90.24%)
人数合计	65人	209人	164人
占总人数的比例	7.53%	17.06%	13.26%

资料来源：沃森生物股票激励公告。

表6　　沃森生物连续三次激励对象股权分布变化

激励对象	2012年	2018年	2020年
高管/核心管理人员份数及占比	28份（14%）	1300份（17.08%）	4180份（57.58%）
外籍人员份数及占比	—	—	15份（0.21%）
核心骨干份数及占比	158份（79%）	4790份（62.94%）	3065份（42.22%）
预留部分及占比	14份（7%）	1520份（19.97%）	—
合计份数	200份	7610份	7260份
占总股本的比例	1.33%	4.95%	4.70%

注：上表数值若出现总数与各分项数值之和尾数不符，均为四舍五入原因所致。

资料来源：沃森生物股票激励公告。

通过表5和表6可以看出，沃森生物在三次股票激励对象选择上，无论是从激励人数上还是份数上都在不断变化。第一次股票激励的人数和份数都较少，第二次股票激励的人数和份数都较第一次有大幅增长，而第三次股票激励的人数和份数都较第二次有小幅减少。

从激励对象的人数来看，激励对象的人数和占总人数的比例经历了先增后减的过程。从激励对象的人数分布来看，沃森生物在第三次股票激励对象中首次增加了一位担任国际法规事务经理的外籍人员，并且核心骨干的激励人数与总激励人数的变化趋势一致，但是高管以及核心管理人员的激励人数仍保持逐步上升的趋势。这说明与第二次股票激励计划相比，公司第三次股票激励计划的激励对象的覆盖面有所缩小，对核心骨干的重视程度有一定程度的降低。

从激励对象的份数来看，激励对象的份数和占总股本的比例也有先增后减的趋势。从激励对象的份数分布来看，高管及核心管理人员的激励份数占总激励份数的比例逐次上升，而核心骨干的激励份数占总激励份数的比例逐次下降，特别是在第三次股票激励计划中，高管及核心管理人员的份数占比首次超过了核心骨干的份数占比。这表明公司越来越重视高管及核心管理人员，对核心骨干的重视程度逐年下降。作为一家研发、生产、销售疫苗产品的公司，为保证公司的长期发展，核心技术骨干和核心业务骨干才是股票激励的重点对象，应给予持续性激励。

2. 激励工具

从激励工具的选择来看，三家案例公司使用的工具有所不同。山东高速使用股票期权，沃森生物第一次股票激励选择限制性股票，沃森生物后两次激励选择股票期权，虹软科技使用第二类限制性股票。

股票期权、限制性股票、第二类限制性股票三种激励工具关注的都是长期绩效，而非短期波动，故而都设置了公司层面的业绩指标。但相比较而言，三种激励方式在出资时点、价格设定等方面又有所不同。从出资时点方面来说，限制性股票的激励对象需要提前出资购买股票，并且可能承担股票贬值带来的损失，其特征是激励约束对等、含有一定的惩罚性，而股票期权和第二类限制性股票的激励对象无须提前出资，减少了出资压力，也不用承担股价下行的风险，是权利与义务不对等、不具有惩罚性的激励方式；从价格设定方面来说，两类限制性股票都可以给予激励对象一定的价格优惠，比如让激励对象折价购买股票，而股票期权不可以折价授予，这导致股票期权的收益没有限制性股票那么丰厚。没有普适性的股票激励工具，企业应当根据自身的特点与条件、激励对象的范围等来选择适合自己的工具。

作为大型国有企业的山东高速，稳定的薪酬支付和良好的福利待遇本身就能对中层及其他员工形成较大的吸引力，那么企业股票激励的重点就并非是留住中层及其他员工，而是调动管理层的积极性，企业要激励管理层正确地把握国有企业经济性和社会性的双重属性，更好地完成国有企业同时追逐利润和社会效益的双重目标。与采用具有惩罚性的限制性股票相比较，采用股票期权能更好地激发管理层活力。因此，山东高速选择了正确的股票激励方式，使用了对管理层激励效果更好的股票期权。

对于处于成长期的沃森生物而言，选择股票期权作为激励工具是更为合适的，其原因主要包括两方面：一方面，成长期企业不易拿出大量的现金，选择股票期权不会占用企业过多资源，其激励成本较低；另一方面，成长期企业要善于把握投资机会，而这取决于经营者对风险的态度，采用股票期权能更好地鼓励经营者去承担风险、进行风险投资，因为在某种程度上，经营者不用承担其投资失败的风险，这可以减少他们投资的后顾之忧。因此，公司在第一次股票激励时，选择限制性股票作为激励工具是不妥的，而在第二次股票激励时，选择股票期权是比较符合公司当时情况的。此外，第三次股票激励草案公布前1个、20个、60个、120个交易日的公司股票交易均价中的最高价为62.09元，但沃森生物一开始设置的股票期权行权价为75元/股，超过最高价12.91元，一定程度上来说，提高行权价格会减少被激励对象的收益，会阻碍激励效应的释放。

对科创板的虹软科技来说，公司的激励对象均为技术骨干、业务骨干以及董事会想激励的其他人员，并未对董事、高级管理人员进行激励，那么采取第二类限制性股票能减轻员工提前出资的压力，并在不承担风险的情况下，使员工获得更高的收益。因此，就激励工具而言，虹软科技的选择没有突出问题。

3. 激励解锁条件

对比三家案例公司的激励解锁条件可以看出，股票激励失败的案例在解锁条件设置上有以下三个方面的问题。

（1）考核指标设置单一

虹软科技股票激励方案以营业收入增长率为考核指标，较为关注企业的经营成果，沃森生物2020年股票激励方案以两年累计净利润作为考核指标，较为关注企业的盈利能力。可以看出，这两个失败的股票激励案例均只从某一个方面去评价企业的情况，无法体现出企业的营运能力和偿债能力等财务业绩，因此，考核指标过于单一，存在局限性。相比之下，山东高速将考核指标设置为营业收入增长率和税前每股分红，能较为全面地从多个角度评价公司的财务业绩。

（2）考核指标设置标准过高

虹软科技的业绩考核指标要求以2019年营业收入为基数，2021—2025年这五个会计年度的营业收入增长率分别不低于50%、88%、134%、193%、

266%，2019年实际营业收入为5.64亿元。根据达标业绩的要求来测算，虹软科技五年的营业收入分别要达到8.47亿元、10.61亿元、13.21亿元、16.54亿元、20.66亿元。不难看出，虹软科技是希望借助股票激励来激发员工的潜力，从而实现企业营业收入的高增长。但事实上，在虹软科技发布激励方案之前，疫情已经出现，可是公司没有考虑到疫情对智能手机视觉解决方案以及智能驾驶两个主要业务会产生如此严重的负面影响，仍然设置了非常高的发展目标。

沃森生物2020年股票激励的业绩要求为2020年和2021年、2021年和2022年两年累计扣除股份支付费用影响后的归属于上市公司股东的净利润分别不低于22亿元、27亿元。该业绩目标要求公司平均每年的净利润达到10亿元左右。但是2010—2019年归属于母公司所有者的净利润一直在上下波动，上到盈利10.46亿元，下到亏损8.41亿元，如果扣除2018年转让嘉和生物46.45%股权的特殊业绩，该公司的历史最高净利润仅为2.33亿元。因此，在没有出现特殊状况的情况下，沃森生物很难达到2020年股票激励的业绩要求。

相反，山东高速是在2019年的营业收入相较于2018年增长了9%左右的情况下设置考核指标要求为2021年、2022年、2023年的营业收入相较2018年分别达到25%、30%、35%的增长。可以看出，对山东高速来说，该营业收入增长率并不是难以企及的，但也需要公司持续努力。激励目标不可过高或过低，过高会导致员工行动力不足，过低会造成员工工作懈怠，只有激励目标适中且合理，才能激发出员工的最大潜力。

（3）未设置行业指标

引入行业指标能使企业在和自身历史水平进行纵向比较的同时，和同行业或者同行业的标杆公司进行横向比较。可考虑采用行业排名、市场占有率等指标，这样会使评价结果更为真实客观。虹软科技和沃森生物在设定指标时并未考虑行业指标，而山东高速除了将营业收入增长率和税前每股分红作为考核指标外，还加上了不低于同行业平均水平的条件，有行业数据作为参考，山东高速能更好地评价本次股票激励效果。

综上所述，虹软科技、沃森生物从整体上来说，股票激励设置的指标较为单一、过于激进，也未设置合适的行业指标。而山东高速能根据当时自身的具体情况科学地制订股票激励方案，设定合理的解锁条件，因而能充分调动员工的工作积极性。

五、上市公司股票激励计划实施的对策建议

本文在案例分析的基础上对股票激励计划终止的原因进行了一定的探讨，得出的结论是：失败的主要原因是上市公司在股权激励方案设计时缺乏对公司内外因素的综合考虑。内部需要对公司未来经营情况形成合理预期，结合公司战略目标明确股权激励计划的激励目的，所有的激励要素都应该为实现激励目的而制定。同时，企业要关注外部环境的变化，目前的资本市场及公司股价是否是公告激励计划的好时机，授予价是否已经充分考虑了目前的股价影响，以及未来员工行权获益的可能性都是需要企业在设计方案时充分考虑的。

（一）多维度设计考核指标，避免单一化

国内目前推行的股票激励方案大多以财务指标为行权考核条件。财务性考核指标的优点在于直观明了，方便股东与投资者理解。但是单一的财务指标容易造成企业高管人员的短视行为，使高管人员有动机进行会计上的盈余操纵以达到考核要求。同时，由于会计业绩是结果导向型，受内外部众多因素的影响，难以合理评估高管人员在经营过程中的努力程度。因此，建议公司在设计考核指标时采用“财务指标+市场性指标+其他过程性指标”相结合的方式。此外，随着信息化程度以及企业管理方法的提升，未来利用平衡计分卡作为考核条件实施股票激励将成为一种可能。平衡计分卡与股票激励的结合能够更加契合企业的战略，并且其能够从多方面对企业的绩效进行全方位的考核，以此为依据对高管人员的努力程度进行评价能够促进企业战略目标的实现。

（二）设置合理的行权要素

宽松的股票激励行权条件让企业高管人员能在保持原有经营状态的情况下轻松实现，无法达到激励目的，此时的股票激励沦为高管谋取福利的一种工具。而过高的行权要求则会降低企业考核达标的可能性，高管经过努力后仍不能达到行权要求，容易引发高管人员离职。企业可以从纵向趋势分析和行业横向对比分析两个角度设定行权条件的难易程度。横向分析可以通过行业最近五年的整体发展趋势、同行业对标公司最近三年经营情况等角度进行，纵向分析可以通过企业最近3~5年的发展趋势进行。在设定行权条件时，可以将行业平均水平数据作为行权条件的参数，以激励高管人员，让企业发展保持在平均水平之上。

（三）"基期+滚动"相结合的考核指标

虹软科技激励方案中的绩效考核以2019年作为基准期，以激励期间各年的相应财务指标与基准期指标对比后得出能否行权的结果。虽然设立基准期有利于明确企业中长期目标，但是难以对高管人员各期间的努力程度作出恰当评价。因此，使用"基期+滚动"相结合的方式制定考核指标，一方面能够看出业绩相比基期的累计变化，另一方面也可以看出当年相对于前一年的业绩改变情况，有利于对高管人员的努力程度进行更合理的评估。

参考文献

[1] 张莉莎. 大华股份实施限制性股票激励的有效性研究[J].财务管理研究，2022（1）：13-18.

[2] 郭熔嘉. 限制性股票激励计划实施效果分析——以中国建筑为例[J] .中国管理信息化，2015（5）：28-30.

[3] 肖霞. 国有控股上市公司股权激励制度浅析——以宝钢A股限制性股票激励计划为例[J] .产业与科技论坛，2008（8）：162-163.

[4] 尹渔清. 我国企业股票激励的瓶颈及其对策研究[J] .管理学报，2006（7）：455-459.

[5] 陈红，郭丹. 股权激励计划:工具还是面具?——上市公司股权激励、工具选择与现金股利政策[J] .经济管理，2017（2）：85–99.

[6] 山东高速：山东基建招股说明书，2001–09–30.

[7] 沃森生物：首次公开发行股票并在创业板上市招股说明书，2010–11–01.

[8] 虹软科技：首次公开发行股票并在科创板上市招股说明书，2019–07–17.

[9] 山东高速：股票期权激励计划（草案修订稿），2020–05.

[10] 沃森生物：2012年限制性股票激励计划（草案修订稿），2012–07.

[11] 沃森生物：2018年股票期权激励计划（草案），2018–07.

[12] 沃森生物：2020年股票期权激励计划（草案），2020–11.

[13] 虹软科技：2020年限制性股票激励计划（草案），2020–08.

Failure Mechanism and Reason Analysis of Equity Incentive in Listed Companies

Abstract: With the gradual development and standardization of China's capital market, listed companies regard equity incentives as an effective medium to long-term incentive method for implementation. In 2022, 743 A-share listed companies announced a total of 762 equity incentive plans. However, as the number of announcements implemented increases, the number of plans terminated is also significantly increasing. The apparent reasons for termination mainly include stock price fluctuations and underperformance. To explore the underlying reasons, this case selected three companies for sample research, and compared and analyzed the similarities and differences in the design of equity incentive elements among the three companies, as well as the final implementation effects, in order to identify the influencing factors that led to the termination of incentive plans.

Key Words: Listed Company，Equity Incentive，Failure Mechanism